经济管理学术文库·管理类

考虑行为的多属性决策方法研究

Research on Methods for Behavioral
Multi-Attribute Decison Making

张　晓　樊治平／著

图书在版编目（CIP）数据

考虑行为的多属性决策方法研究/张晓，樊治平著. —北京：经济管理出版社，2017.10
ISBN 978-7-5096-5370-8

Ⅰ. ①考… Ⅱ. ①张… ②樊… Ⅲ. ①决策学—研究 Ⅳ. ①C934

中国版本图书馆 CIP 数据核字（2017）第 238294 号

组稿编辑：杨国强
责任编辑：杨国强　张瑞军
责任印制：黄章平
责任校对：赵天宇

出版发行：经济管理出版社
　　　　　（北京市海淀区北蜂窝 8 号中雅大厦 A 座 11 层　100038）
网　　址：www.E-mp.com.cn
电　　话：(010) 51915602
印　　刷：北京玺诚印务有限公司
经　　销：新华书店
开　　本：720mm×1000mm/16
印　　张：14.5
字　　数：250 千字
版　　次：2017 年 11 月第 1 版　2017 年 11 月第 1 次印刷
书　　号：ISBN 978-7-5096-5370-8
定　　价：68.00 元

·版权所有　翻印必究·
凡购本社图书，如有印装错误，由本社读者服务部负责调换。
联系地址：北京阜外月坛北小街 2 号
电话：(010) 68022974　　邮编：100836

前　言

多属性决策是与多个属性有关的有限方案选择问题，其在经济管理领域中有着广泛的实际背景，如风险投资项目选择、新产品开发方案选择等问题。传统的多属性决策理论与方法大多是建立在决策者完全理性的假设基础之上，主要是基于理性决策理论（或期望效用理论），但大量事实或实验分析结果表明，在决策过程中，决策者具有一些有限理性的心理行为特征，因此，基于理性决策理论解决考虑行为的决策问题，有时是不合适的。目前，关于考虑行为的多属性决策问题的研究已经引起一些学者的关注，并取得了一些初步的研究成果，然而这些研究成果尚未形成系统的研究体系，并且缺乏决策分析方法与技术的支撑。因此，对考虑行为的多属性决策问题进行系统研究，并给出有针对性的决策分析方法，具有重要的理论意义和现实意义。

本书对考虑行为的多属性决策方法进行了深入研究，主要开展了以下几个方面的研究工作：

（1）给出了考虑行为的多属性决策问题的描述及研究框架。为了明确考虑行为的多属性决策问题的研究体系，将考虑行为的多属性决策问题分为三类：考虑行为的确定型多属性决策问题、考虑行为的风险型多属性决策问题和考虑行为的多属性群决策问题。此外，给出了考虑行为的多属性决策问题的一般性描述，并给出了解决考虑行为的多属性决策问题的研究框架。这些基础性研究工作为相关问题的研究提供了理论指导框架和分析框架，并为研究问题的扩展与应用提供了坚实的基础。

（2）研究了考虑行为的确定型多属性决策方法。具体地，针对属性值和决策者的期望水平为清晰数和区间数两种形式共存的多属性决策问题，提出了基于前景理论的考虑期望水平的多属性决策方法；针对决策者给出多种类型属性期望的多属性决策问题，提出了基于前景理论的考虑多种类型属性期望的多属性决策方法；针对属性值为清晰数、区间数和模糊数三种形式共存的混合多属性决策问题，提出了具有多种形式信息的扩展 TODIM 方法。

（3）研究了考虑行为的风险型多属性决策方法。具体地，针对属性值为随机变量、决策者的期望水平为清晰数的风险型多属性决策问题，提出了基于前景随机占优准则的风险型多属性决策方法；针对决策者给出期望信息的风险型混合多属性决策问题，提出了基于前景理论的风险型混合多属性决策方法；针对属性值和状态概率均为区间数的风险型多属性决策问题，提出了基于后悔理论的风险型多属性决策方法；针对属性值为区间数、状态概率为清晰数的风险型多属性决策问题，提出了考虑后悔规避的风险型多属性决策方法。

（4）研究了考虑行为的多属性群决策方法。具体地，针对参与决策人给出期望信息的多属性群决策问题，提出了考虑群体期望水平的多属性群决策方法；针对参与决策人没有给出期望信息的多属性多标度群决策问题，提出了基于后悔理论的多属性多标度群决策方法。

（5）针对现实中需要考虑行为的多属性决策问题，以考虑多种类型属性期望的产品设计方案选择问题、考虑行为的新产品组合决策问题、考虑投资者后悔规避的风险投资项目选择问题为背景进行了应用研究，提出了相应的行为决策分析方法。对于解决现实中需要考虑行为的多属性决策问题具有指导意义。

本书的研究成果是在笔者博士论文基础上结合近几年一些后续研究整理而成。在本书的撰写过程中，得到了许多专家、学者的帮助和指导，使本书的研究工作能够顺利开展并最终完成，这里一并表示感谢！本书的研究工作得到了国家自然科学基金项目（71401131）和陕西省自然科学基础研究计划（2016JM7002）的资助。

本书的一些内容是探索性的研究成果，由于笔者水平有限，书中的一些观点和叙述难免存在不妥以及疏漏之处，恳请读者给予批评指正。

张　晓

2017 年 8 月于西安

目 录

第一章 绪 论 1

  第一节 研究背景 1

  第二节 问题的提出 5

  第三节 研究目标与研究意义 6

  第四节 研究内容、研究思路与研究方法 9

  第五节 本书章节安排 13

  第六节 本书创新性工作说明 15

  第七节 数学符号及用语的说明 16

第二章 相关研究文献综述 17

  第一节 文献检索情况概述 17

  第二节 关于行为决策理论研究 19

  第三节 关于考虑行为的决策方法研究 25

  第四节 关于考虑行为的典型决策问题研究 28

  第五节 对已有研究的贡献与不足的总结 36

  第六节 本章小结 39

第三章 考虑行为的多属性决策问题研究的理论基础 41

  第一节 典型的心理行为特征 41

  第二节 多属性效用理论 47

  第三节 前景理论 49

  第四节 后悔理论 54

考虑行为的多属性决策方法研究

　　第五节　本章小结 ………………………………………………… 56

第四章　考虑行为的多属性决策问题的描述及研究框架 ………… 57
　　第一节　考虑行为的多属性决策问题的一般性描述 …………… 57
　　第二节　考虑行为的多属性决策问题的研究框架 ……………… 61
　　第三节　本章小结 ………………………………………………… 68

第五章　考虑行为的确定型多属性决策方法研究 ………………… 69
　　第一节　基于前景理论的考虑期望水平的多属性决策方法 …… 69
　　第二节　基于前景理论的考虑多种类型属性期望的多属性决策
　　　　　　方法 ……………………………………………………… 83
　　第三节　具有多种形式信息的扩展 TODIM 方法 ……………… 94
　　第四节　本章小结 ………………………………………………… 107

第六章　考虑行为的风险型多属性决策方法研究 ………………… 109
　　第一节　基于前景随机占优准则的风险型多属性决策方法 …… 109
　　第二节　基于前景理论的风险型混合多属性决策方法 ………… 117
　　第三节　基于后悔理论的风险型多属性决策方法 ……………… 127
　　第四节　考虑后悔规避的风险型多属性决策方法 ……………… 137
　　第五节　本章小结 ………………………………………………… 146

第七章　考虑行为的多属性群决策方法研究 ……………………… 149
　　第一节　考虑群体期望水平的多属性群决策方法 ……………… 149
　　第二节　基于后悔理论的多属性多标度群决策方法 …………… 158
　　第三节　本章小结 ………………………………………………… 168

第八章　潜在应用 …………………………………………………… 169
　　第一节　考虑多种类型属性期望的产品设计方案选择问题 …… 169
　　第二节　考虑行为的新产品组合决策问题 ……………………… 176
　　第三节　考虑投资者后悔规避的风险投资项目选择问题 ……… 183

第四节　本章小结 ………………………………………… 189

第九章　结论与展望 ………………………………………… 191

　　第一节　本书的主要成果及结论 ………………………… 191

　　第二节　主要贡献 ………………………………………… 194

　　第三节　研究的局限性 …………………………………… 196

　　第四节　对后续研究工作的建议 ………………………… 196

参考文献 …………………………………………………………… 199

第一章 绪 论

第一节 研究背景

关于考虑行为的多属性决策问题的研究是一个值得关注研究课题,其在现实中具有广泛的实际背景。本节将对本书的研究背景进行阐述。

一、大量现实决策问题需要考虑决策者的心理行为

决策是指为了达到某一目的而在若干个可行方案中经过分析、比较、判断,并从中进行选择并赋予实施的过程。决策在经济和管理领域中有着广泛的实际背景,例如,企业发展战略制定、风险投资项目选择、交通运输网络规划、企业合作伙伴选择等。

长期以来,决策问题一直是管理学、经济学和信息科学等领域的研究热点之一,关于决策理论与方法的研究也取得了丰硕的研究成果。这些研究大多建立在决策者完全理性假设的基础之上,即假设决策者既能够准确获得用于决策的所有信息,也能依靠自己的知识根据这些信息做出最优的决策。但是,大量的实验研究表明,在许多决策问题中,决策者通常很难准确获得所有相关决策信息,并且在进行决策时还会受到决策者的自身认知能力、心理、情绪、经验、直觉等主观因素的影响,从而难以做出完全理性的决策,往往表现出"有限理性"的行为特征,导致决策者在进行方案选择时并不总是追求效用最大,而是根据对环境的认知、有限的知识和经验、自身的利益等,做出让自己最满意的选择。因此,现实中的许多决策问题都需要考虑决策者的心理行为因素。

下面分别列举一些现实中需要考虑决策者心理行为的决策问题。

(1) 库存管理问题。在库存管理问题中，决策者的风险态度通常会对订货量产生影响，若决策者是风险规避的，则订货数量往往比较少；反之，若决策者是风险寻求的，则订货数量往往相对较多。另外，决策者的订货量还会受到上一周期需求量的影响，并且决策者经常会选择一个接近需求均值的订货量，即决策者具有需求追逐（Demand Chasing）和均值偏向（Pull-to-center）的非理性行为特征。因此，在库存管理问题中，考虑决策者的心理行为因素是必要的。

(2) 供应链管理问题。在供应链管理的定价问题中，批发商的定价通常会显著低于理论上的均衡价格，并且主要集中在成本价和零售价的均值附近。在供应链协调问题中，公平、利他、互惠等社会偏好以及文化背景等都会对供应链绩效产生影响。另外，实验研究表明，决策者的风险态度也对供应链绩效有一定的影响。例如，风险规避的决策者的订购量往往低于风险中性的决策者的订购量，并且供应链绩效也相对较差。因此，在供应链管理问题中，应该充分考虑决策者在决策过程中的心理行为。

(3) 投资决策问题。在投资决策问题中，通常存在着风险与不确定性，实证研究证明了人们面对风险与不确定情形时是有限理性的。例如，投资者在进行投资时，通常对投资项目的收益率有心理预期，当实际投资收益率高于其心理预期时，投资者心理上会感受到收益；反之，会感受到损失，并且投资者对损失比等量的收益更加敏感。因此，在投资决策中充分考虑投资者的心理行为，才能做出让投资者满意的决策。

(4) 投标与拍卖决策问题。一些实验研究表明，在投标决策问题中，投标人的实际标价往往与最优投标价格之间存在着一定偏差，这是因为投标人在投标决策中是有限理性的。例如，投标人通常对投标价格有明确的心理参照点，并且对相对于参照点的收益和损失有不同的风险态度。另外，在密封拍卖决策问题中，经常会出现超投标（Overbidding）现象，这种现象主要是由竞买人预期的失败后悔所引起的。当竞买人失败后，他会因为错失了一个良好的获胜机会而产生后悔，即失败者后悔（Loser's Regret）。因此，在出价之前，竞买人会对可能出现的后悔有所预期，并且避免这种后悔的产生，从而会给出较高的价格。

(5) 出行路径选择问题。现实生活中，出行者在决策时通常会受到个体习惯、风险态度、自身偏好以及经验等方面的影响。实验研究表明，如果出行时间的平均值低于某一参照出行时间时，出行者往往表现为风险规避，而当平均值高于某一参照出行时间时，表现为风险寻求；当出行者在一条较短但具有不确定性的路径和一条较长但是确定的路径之间做出选择时，表现出风险规避的行为，即选择距离较长的路径出行。因此，考虑出行者的心理行为建立一个更加符合出行者实际决策行为的路径选择模型，对于智能交通系统的实施具有重要意义。

二、传统多属性决策理论与方法研究面临新的挑战

多属性决策（Multi-Attribute Decision Making，MADM）是与多个属性有关的有限方案选择问题，具有广泛的实际背景。目前，关于如何解决多属性决策问题的研究已经取得了大量的成果。已有的多属性决策理论与方法大多建立在决策者完全理性的假设基础之上，主要是基于期望效用理论（Expected Utility Theory）。期望效用理论以"完全理性"为假设，假设决策者既能准确获得用于决策的所有信息，也能依据这些信息做出最优的决策，并通过构建精确量化的数学模型来指导人们的决策，是一种规范性的决策理论。

需要指出的是，在一些现实的决策问题中，由于决策者在信息获取、信息编辑和信息评价阶段存在各式各样的非理性行为特征，所以基于理性决策理论解决考虑行为的决策问题，有时是不合适的，因为其不能很好地分析和解释现实中的决策行为。随着对理性决策理论的不足与弊端的探索，研究人类实际决策行为及其影响的行为决策理论逐渐引起了学者们的重视。早在1945年，诺贝尔经济学奖获得者Simon就在Administrative Behavior一书中指出：理性的标准无法确切地解释管理者的决策过程，进而提出了"有限理性"的概念。1953年，诺贝尔经济学奖获得者Allais发现决策者的选择行为违背了期望效用理论的"独立性公理"，提出了著名的Allais悖论，从而引发了人们对行为决策理论的研究。其中，最具有代表性的研究成果是Kahneman和Tversky于1979年提出的前景理论（Prospect Theory）。Kahneman和Tversky通过实验发现了人们在决策过程中存在着一系列认知偏差，如代表性偏差、易获得性偏差、调整与锚定偏差，从而把心理学的研究成果引入经济学中，提出了前景理论，Kahneman因此获得了2002年诺贝尔经济学奖。此后，大量的认知心理学和实验心理学的研究成果也表明，决策者并非完全理性而是有限理性的。这样，建立在完全理性假设基础之上的传统多属性决策理论与方法所得到的决策结果就可能与决策者的实际行为之间出现偏

差，在这种情形下，传统多属性决策理论与方法就不能够描述与反映决策者在决策过程中的实际行为。

基于以上分析可以看出，传统多属性决策理论与方法的研究面临着新的挑战，需要进一步开展行为多属性决策理论与方法研究。

三、研究行为多属性决策理论与方法的必要性

传统多属性决策理论与方法大多建立在决策者完全理性的假设基础之上，然而，在一些现实的决策问题中，决策者在决策过程中具有一些有限理性的心理行为特征。大量的实证研究已经表明，决策者的心理行为会对决策分析结果产生一定的影响，因此，需要将决策者的心理行为引入决策分析中，研究行为多属性决策理论与方法，以便使得到的决策分析结果能够反映决策者在决策过程中的实际行为。

近年来，关于考虑决策者心理行为的决策问题的研究已经引起了一些学者的关注，但对考虑行为的多属性决策问题仍然缺少系统的研究。现实中的多属性决策问题有多种类型，如确定型多属性决策问题、风险型多属性决策问题、多属性群决策问题等，而已有研究大多是针对单一类型决策问题的某一方面展开研究的，较少对各类考虑行为的多属性决策问题进行系统研究。另外，已有的行为决策研究成果大多是针对决策行为特征及其行为描述性模型的，明显缺少考虑行为因素的方案选择的决策分析方法与相关技术研究。例如，在一些现实的多属性决策问题中，决策者可能对属性有一定的期望要求，属性值和决策者给出的期望水平也可能是多种信息形式的，因而需要提出新的决策方法对多种形式的信息进行集结与处理。还有一些多属性决策问题需要多个决策者参与，如何将多个决策者的心理行为进行集结，并给出相应的决策分析方法是十分必要的。

此外，考虑行为的多属性决策问题来源于强大的现实背景，同时也迫切需要使用科学、合理、有效的决策方法或决策模型解决相关的问题。由于考虑行为的多属性决策问题的背景非常宽泛，因而决策方法具有很强的扩展应用性，因此，行为多属性决策理论与方法的建立与提出，能够为解决现实中需要考虑决策者行为的多属性决策问题提供科学指导与必要支持，并将为相关研究奠定重要基础。

第二节 问题的提出

由于现实多属性决策问题的复杂与多样性，因此需要对现实中考虑行为的多属性决策问题进行提炼，给出解决考虑行为的多属性决策问题的研究框架，并进一步提出相应的行为多属性决策理论与方法。

一、提炼现实中考虑行为的多属性决策问题

考虑行为的多属性决策问题具有广泛的实际背景。例如考虑行为的投资决策问题、考虑行为的新产品开发与设计方案选择问题、考虑行为的供应商选择问题、考虑行为的消费决策问题、考虑行为的出行路径选择问题、考虑行为的收益管理问题、考虑行为的服务设计问题、考虑行为的投标与拍卖决策问题、考虑行为的资源分配问题、考虑行为的应急决策问题等。

关于上述问题的研究是凌乱而分散的，缺乏一个具有一般性的问题类型划分与提炼。因此，需要依据已有的相关研究成果对现实中考虑行为的多属性决策问题进行提炼、整理和分类，从而形成一个系统的、科学的、有价值的研究问题体系。

通过对现实中考虑行为的多属性决策问题进行提炼和分类，能够为进一步的研究工作提供一个清晰的研究视野、系统的研究问题体系，对推动行为多属性决策理论与方法的研究具有重要意义。

二、给出解决考虑行为的多属性决策问题的研究框架

对于考虑行为的多属性决策问题的研究与探讨，目前尚处于起步阶段。虽然关于考虑行为的多属性决策问题的研究已经引起了一些学者的关注，但对于考虑行为的多属性决策问题的高度概括与抽象描述、形式化分类以及研究框架等尚未做出探讨。

对考虑行为的多属性决策问题进行研究，首先需要把问题的决策分析框架作为指导，为后续对行为多属性决策理论与方法的研究奠定重要研究基础。

在行为多属性决策理论与方法的研究中，需要明确什么样的问题是考虑行为的多属性决策问题？考虑行为的多属性决策问题需要考虑哪些心理行为特征？如何将决策者的心理行为特征引入决策分析中？如何进行考虑行为的多属性决策问题的一般性形式化描述？如何给出考虑行为的多属性决策问题的决策分析框架？上述这些问题需要进一步深入研究。

三、提出行为多属性决策理论与方法

现实中大量的多属性决策问题需要考虑决策者的行为，因此如何解决此类问题十分重要。但是，目前已有的考虑行为的决策方法大多是针对特定背景、特定问题，较少看到对考虑行为的多属性决策问题进行系统研究，并且缺少考虑行为的方案选择方法与技术的研究，关于行为多属性决策理论与方法的研究与探讨，尚处于起步阶段。

此外，现实中考虑行为的多属性决策问题具有多种不同的类型，而且不同类型的决策问题又具有不同的问题特性。因此，需要针对不同类型的考虑行为的多属性决策问题建立相应的行为决策模型，提出相应的决策理论与决策分析方法，从而为解决现实中考虑行为的多属性决策问题提供科学的指导和必要的支持，也将为相关理论、方法与应用研究的扩展奠定基础。

具体地，首先，针对考虑行为的确定型多属性决策方法，需要给出多种形式信息的处理与集结方法，给出针对各种形式信息的收益和损失的计算方法，以及方案排序方法。其次，针对考虑行为的风险型多属性决策方法，需要给出针对各种形式信息的属性值的收益和损失的计算方法、状态概率的处理与集结方法以及方案排序方法。最后，对于考虑行为的多属性群决策方法，需要针对具体问题给出群体参照点的集结方法、群体评价信息的集结方法、群体感知收益和损失的计算方法以及方案排序方法。

第三节　研究目标与研究意义

本书旨在对考虑行为多属性决策方法进行深入研究，在研究过程中遵循由浅

入深、由易到难、循序渐进、由理论到实践的思路。下面给出本书的研究范围、研究目标与研究意义。

一、研究范围界定

首先，本书所研究的决策问题是多属性决策问题，即与多个属性有关的有限方案选择问题，并且在本书所研究的多属性决策问题中属性之间是相互独立的，暂不考虑属性间具有关联的情形。多属性决策问题，若按照决策的环境划分，可分为确定型多属性决策问题、风险型多属性决策问题和不确定型多属性决策问题；若按照参与决策人的数目划分，可分为个体决策问题和群决策问题。本书主要研究确定型多属性决策问题、风险型多属性决策问题和多属性群决策问题。

其次，本书研究问题中考虑的行为是指决策者的心理行为。由于行为决策涉及的领域非常广泛，因此决策问题中涉及的行为也有多种，例如决策者的心理行为、顾客的心理行为和顾客的购买行为等。本书主要关注决策者的心理行为，将一些通过心理学实验或者实证研究得到的人们在决策过程中的行为规律和行为因素引入到决策分析中，给出考虑决策者心理行为的决策理论与方法，从而使得到的结果能够反映决策者的实际行为。

此外，本书侧重研究考虑行为因素的方案选择的决策分析方法与相关技术。已有行为决策的相关研究大多是针对决策行为特征及其行为描述性模型，关于这方面的研究已经取得了较为丰硕的研究成果，但明显缺少考虑行为因素的方案选择的决策分析方法与相关技术研究。因此，本书在借鉴已有关于决策行为特征及其行为描述性模型的研究成果基础上，着重研究方案选择的决策方法与技术，为解决现实中需要考虑行为的多属性决策问题提供方法与技术支撑。

二、研究目标

针对需要研究的问题，确定本书研究的总体目标为：在总结与分析国内外相关研究的基础上，对考虑行为的多属性决策问题进行提炼和归纳，形成科学的、有价值的、系统性的研究问题；针对具体的研究问题，建立解决问题的研究框架，并研究有针对性的决策方法和技术来解决问题，确保所提出的决策方法的合理性和适用性。具体的研究目标如下：

（1）在理论层面，通过对考虑行为的多属性决策问题进行提炼和分类，给出研究问题的一般性描述以及解决问题的研究框架，为进一步深入研究考虑行为的多属性决策问题奠定理论基础，并为行为多属性决策理论与方法的系统研究提供理论框架及方向指导。

（2）在方法层面，针对各类考虑行为的多属性决策问题，提出若干具有针对性的决策分析方法，即考虑行为的确定型多属性决策方法、考虑行为的风险型多属性决策方法和考虑行为的多属性群决策方法。

（3）在应用层面，以考虑多种类型属性期望的产品设计方案选择问题、考虑行为的新产品组合决策问题、考虑投资者后悔规避的风险投资项目选择问题为背景，进行应用研究，提出有针对性的决策方法，并为本书提出的考虑行为的多属性决策方法在其他领域中的潜在应用，提供有益的参考。

三、研究意义

关于行为多属性决策理论与方法研究，是一个具有前沿性、挑战性的重要研究课题。为了解决现实中需要考虑行为的多属性决策问题，进一步发展或完善行为多属性决策理论与方法，建立较为系统的理论与方法体系是十分必要的，具有重要的理论与实际意义。本书的具体研究意义主要体现在以下几个方面：

（1）在理论层面，将行为多属性决策问题分为三类：考虑行为的确定型多属性决策问题、考虑行为的风险型多属性决策问题和考虑行为的多属性群决策问题，给出了考虑行为的多属性决策问题的一般性描述以及解决问题的研究框架，对于解决考虑行为的多属性决策问题的研究具有理论指导意义，为行为多属性决策理论与方法体系的形成奠定基础。

（2）在方法层面，针对不同的考虑行为的多属性决策问题，进行了有针对性的决策分析方法与技术的研究，提出了若干解决考虑行为的多属性决策问题的决策分析方法，有助于推动行为多属性决策研究工作的进一步开展，对于进一步发展和完善行为多属性决策理论与方法具有重要意义。

（3）在应用层面，对于解决现实中考虑行为的多属性决策问题具有重要意义。现实中存在大量的需要考虑行为的多属性决策问题。例如，考虑行为的投资决策问题、考虑行为的新产品开发与设计方案选择问题、考虑行为的供应商选择问题等，如何解决这些决策问题，是需要关注的。因此，针对考虑行为的多属性决策问题，提出有针对性的决策方法与技术，为解决现实中大量存在的需要考虑行为的多属性决策问题提供具体的、适用的、可操作的方法与技术支持，具有重要的实际意义。

第四节 研究内容、研究思路与研究方法

在对本书研究问题分析的基础上，根据本书的研究目标和研究意义，下面分别给出本书的研究内容、研究思路和研究方法。

一、研究内容

根据前面提及的研究目标，确定本书的研究内容如下：

(一) 考虑行为的多属性决策问题的描述及研究框架

通过对考虑行为的多属性决策问题进行提炼和分类，确定本书研究的问题为考虑行为的确定型多属性决策问题、考虑行为的风险型多属性决策问题和考虑行为的多属性群决策问题，分别针对这三类研究问题进行形式化描述，并给出解决问题的研究框架。

(二) 考虑行为的确定型多属性决策方法

关于这方面的研究内容主要包括：

（1）基于前景理论的考虑期望水平的多属性决策方法。具体地，针对属性值和决策者的期望水平为清晰数和区间数两种信息形式共存的情形，首先，给出属性值与期望水平比较的四种类型的描述；其次，针对四种类型分别给出收益和损失的计算方法；最后，给出前景值的计算与方案排序方法。

（2）基于前景理论的考虑多种类型属性期望的多属性决策方法。首先，依据参照依赖效应确定参照点；其次，针对三种类型的属性期望，分别给出收益和损失的计算方法；最后，给出前景值的计算与方案排序方法。

（3）具有多种形式信息的扩展TODIM方法。具体地，考虑属性值为清晰数、区间数和模糊数三种形式，首先，给出多种形式信息的处理方法；其次，给出方案两两比较的收益和损失的计算方法；最后，依据传统TODIM方法的原理与思想，给出方案排序方法。

（三）考虑行为的风险型多属性决策方法

关于这方面的研究内容主要包括：

（1）基于前景随机占优准则的风险型多属性决策方法。具体地，给出计算收益和损失的方法；然后，依据前景随机占优准则判断并确定方案两两比较所具有的占优关系；在此基础上，运用 PROMETHEE Ⅱ 方法进行方案排序。

（2）基于前景理论的风险型混合多属性决策方法。具体地，首先，将决策者的期望水平视为参照点，给出清晰数、区间数和三角模糊数三种形式属性值相对于参照点的收益和损失的计算方法；其次，给出前景值的计算与方案排序方法。

（3）基于后悔理论的风险型多属性决策方法。针对属性值和状态概率均为区间数的情形，首先，给出关于属性值的效用值的计算方法；其次，给出后悔值的计算方法；在此基础上，给出感知效用的计算与方案排序方法。

（4）考虑后悔规避的风险型多属性决策方法。具体地，首先，给出基于方案两两比较的后悔值和欣喜值的计算方法；其次，给出方案排序值的计算与方案排序方法。

（四）考虑行为的多属性群决策方法

关于这方面的研究内容主要包括：

（1）考虑群体期望水平的多属性群决策方法。具体地，首先，将各参与决策人的期望水平视为其参照点，并依据 D—S 证据理论的思想，给出群体参照点的确定方法；其次，给出群体前景值的计算与方案排序方法。

（2）基于后悔理论的多属性多标度群决策方法。具体地，首先，给出群体评价信息的集结方法；其次，给出方案两两比较的后悔值和欣喜值的计算方法；最后，给出一种方案排序方法。

（五）潜在应用

针对考虑多种类型属性期望的产品设计方案选择问题、考虑行为的新产品组合决策问题、考虑投资者后悔规避的风险投资项目选择问题进行应用研究，提出有针对性的行为决策方法。

二、研究思路

本书开展研究工作所遵循的基本思路如图 1-1 所示。

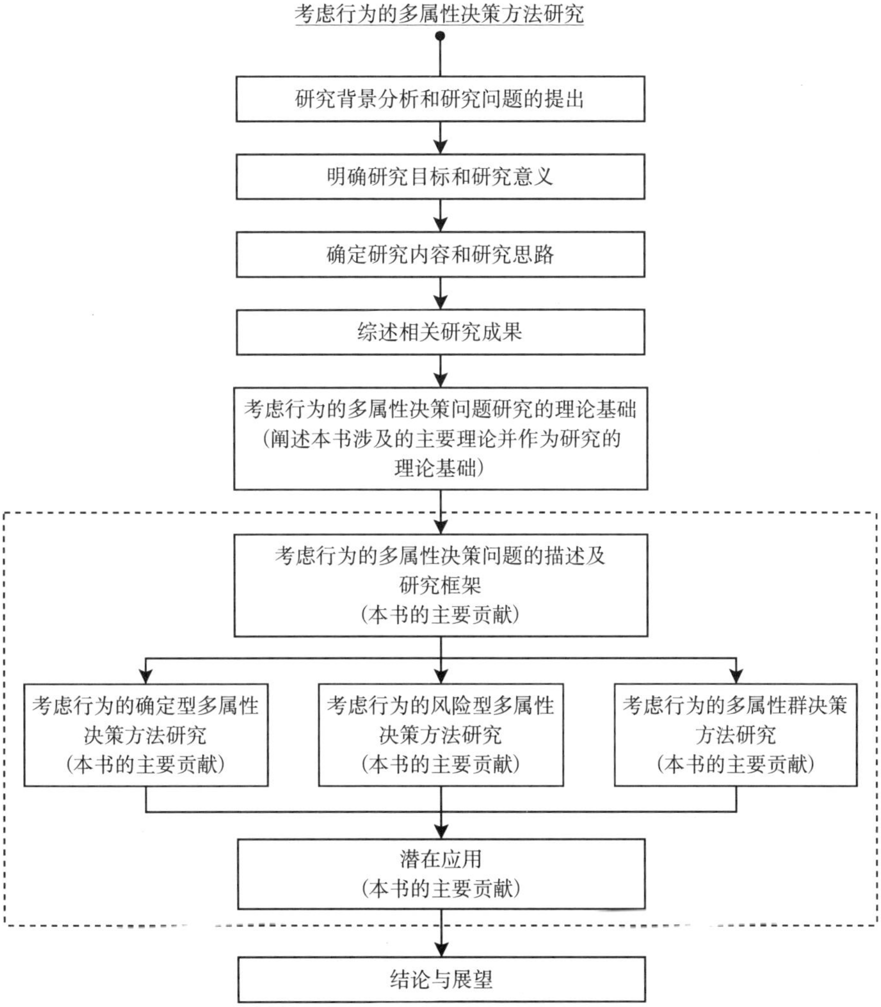

第一章　绪　论

```
                    考虑行为的多属性决策方法研究
                                │
                    ┌───────────────────────┐
                    │  研究背景分析和研究问题的提出  │
                    └───────────────────────┘
                                │
                    ┌───────────────────────┐
                    │    明确研究目标和研究意义    │
                    └───────────────────────┘
                                │
                    ┌───────────────────────┐
                    │    确定研究内容和研究思路    │
                    └───────────────────────┘
                                │
                    ┌───────────────────────┐
                    │      综述相关研究成果      │
                    └───────────────────────┘
                                │
                ┌───────────────────────────────┐
                │  考虑行为的多属性决策问题研究的理论基础  │
                │  （阐述本书涉及的主要理论并作为研究的   │
                │           理论基础）            │
                └───────────────────────────────┘
                                │
    ┌ ─ ─ ─ ─ ─ ─ ─ ─ ─ ─ ─ ─ ─ ─ ─ ─ ─ ─ ─ ─ ─ ─ ─ ─ ─ ─ ─ ─ ─ ┐
    │          ┌───────────────────────────┐                │
    │          │ 考虑行为的多属性决策问题的描述及 │                │
    │          │          研究框架           │                │
    │          │       （本书的主要贡献）        │                │
    │          └───────────────────────────┘                │
    │                          │                            │
    │     ┌────────────────────┼────────────────────┐       │
    │ ┌─────────────┐  ┌─────────────┐  ┌─────────────┐    │
    │ │考虑行为的确定型多属性│  │考虑行为的风险型多属性│  │考虑行为的多属性群决策│    │
    │ │   决策方法研究    │  │    决策方法研究   │  │    方法研究     │    │
    │ │  （本书的主要贡献）  │  │  （本书的主要贡献） │  │  （本书的主要贡献）  │    │
    │ └─────────────┘  └─────────────┘  └─────────────┘    │
    │            └────────────┬───────────┘                │
    │                  ┌─────────────┐                    │
    │                  │    潜在应用    │                    │
    │                  │ （本书的主要贡献） │                    │
    │                  └─────────────┘                    │
    └ ─ ─ ─ ─ ─ ─ ─ ─ ─ ─ ─ ┬ ─ ─ ─ ─ ─ ─ ─ ─ ─ ─ ─ ─ ─ ─ ┘
                       ┌─────────┐
                       │  结论与展望 │
                       └─────────┘
```

图 1-1　本书的研究思路

下面对图 1-1 中的内容加以阐述：

（1）针对现实中大量存在的需要考虑决策者行为的多属性决策问题，提炼出具有科学价值的研究问题。

（2）针对提出的研究问题，结合研究背景，界定研究范围、明确研究目标及研究意义。

（3）为了达到研究目标，体现研究意义，进一步确定具体的研究内容、研究思路与研究方法。

（4）针对研究内容，进行相关研究成果的总结与梳理，总结其贡献，分析其不足之处，从而为本书的后续研究工作奠定基础。

（5）在文献综述的基础上，从典型的心理行为特征、多属性效用理论、前景理论和后悔理论等方面对考虑行为的多属性决策问题的理论基础进行研究，为后续研究工作奠定理论基础。

（6）在相关研究成果的基础上，对考虑行为的多属性决策问题进行提炼与分类，分别给出所研究问题的形式化描述及解决问题的研究框架，形成本书的基础理论框架。

（7）针对考虑行为的确定型多属性决策问题、考虑行为的风险型多属性决策问题和考虑行为的多属性群决策问题，分别提出有针对性的决策分析方法。

（8）总结本书的主要成果及结论、主要贡献、指出本书研究尚存在的局限，并对未来将要开展的研究工作进行展望。

三、研究方法

本书的研究涉及管理科学、经济学、心理学和统计学等多个学科，因此，研究方法多种多样。在本书的研究工作中，针对不同的研究内容将采用有针对性的研究方法，本书采用的研究方法主要包括文献研究法、归纳研究法、优化建模方法、统计分析法等。具体说明如下：

（1）针对考虑行为的多属性决策问题的描述及研究框架，主要采用文献研究法和归纳研究法。

（2）针对考虑行为的确定型多属性决策方法研究，主要采用文献研究法、归纳研究法以及多属性决策方法等。

（3）针对考虑行为的风险型多属性决策方法研究，主要采用文献研究法、归纳研究法、风险决策方法以及优化建模法等。

（4）针对考虑行为的多属性群决策方法研究，主要采用文献研究法、归纳研究法以及统计分析法等。

第一章 绪 论

第五节 本书章节安排

本书共九章,大体上遵循由浅入深、由理论到实践、循序渐进的顺序,结构如图 1-2 所示。针对图 1-2 的具体说明如下。

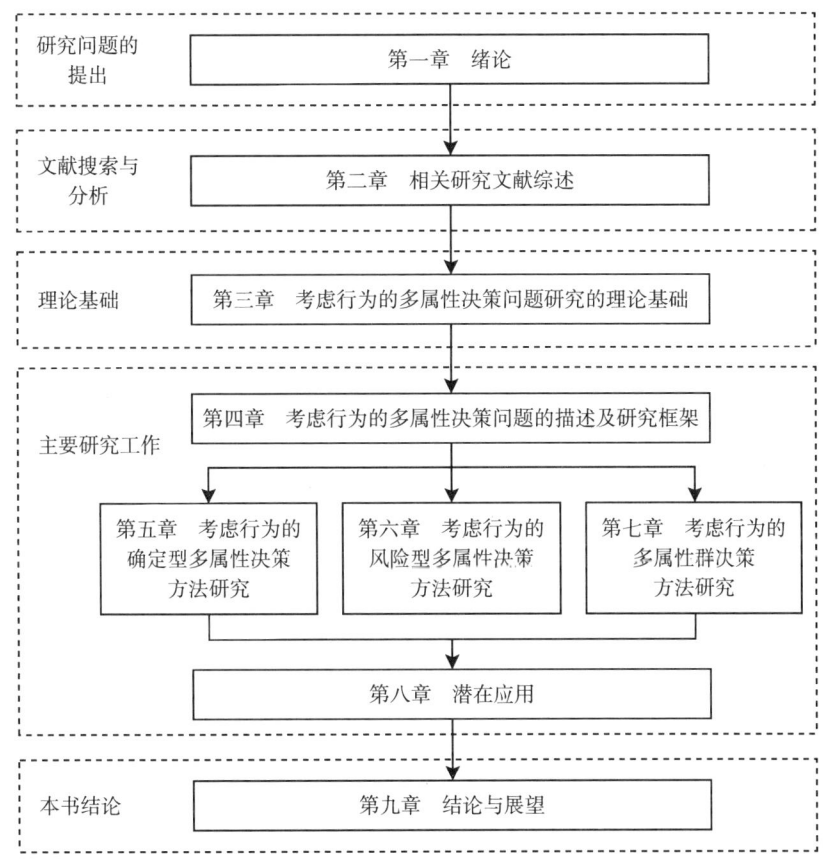

图 1-2 本书的结构

第一章,绪论。首先介绍本书的研究背景,明确本书的研究范围、研究目标与研究意义,确定具体的研究内容、研究思路与研究方法,并给出本书的结构。

· 13 ·

第二章，相关研究文献综述。首先对文献检索情况进行分析，然后对行为决策理论、考虑行为的决策方法以及考虑行为的典型决策问题研究的相关文献进行综述，最后对已有文献的贡献与不足之处进行总结。

第三章，考虑行为的多属性决策问题研究的理论基础。阐述本书研究所涉及的主要理论，主要包括典型的心理行为特征、多属性效用理论、前景理论和后悔理论等，该部分是本书研究的理论基础。

第四章，考虑行为的多属性决策问题的描述及研究框架。对考虑行为的多属性决策问题进行形式化描述，并提出解决考虑行为的多属性决策问题的研究框架。

第五章，考虑行为的确定型多属性决策方法研究。针对考虑行为的确定型多属性决策问题，分别给出基于前景理论的考虑期望水平的多属性决策方法、基于前景理论的考虑多种类型属性期望的多属性决策方法和具有多种形式信息的扩展TODIM方法，并通过算例说明给出方法的实用性和有效性。

第六章，考虑行为的风险型多属性决策方法研究。针对考虑行为的风险型多属性决策问题，分别给出基于前景随机占优准则的风险型多属性决策方法、基于前景理论的风险型混合多属性决策方法、基于后悔理论的风险型多属性决策方法和考虑后悔规避的风险型多属性决策方法，并通过算例说明给出方法的实用性和有效性。

第七章，考虑行为的多属性群决策方法研究。针对考虑行为的多属性群决策问题，分别给出考虑群体期望水平的多属性群决策方法和基于后悔理论的多属性多标度群决策方法，并通过算例说明给出方法的实用性和有效性。

第八章，潜在应用。针对产品设计方案选择问题、新产品组合决策问题、风险投资项目选择问题进行应用研究，提出有针对性的具体方法。

第九章，结论与展望。总结与阐述了本书的主要成果及结论、主要贡献，分析了本书研究工作的局限及后续研究工作展望。

第六节 本书创新性工作说明

本书对考虑行为的多属性决策问题进行了探讨，针对现有研究中的薄弱之处，主要开展了以下创新性工作：

（1）针对考虑行为的多属性决策问题的描述及研究框架研究，将本书研究的问题划分为三大类：考虑行为的确定型多属性决策问题、考虑行为的风险型多属性决策问题和考虑行为的多属性群决策问题。进一步地，分别对这三类决策问题进行了形式化描述，并给出解决问题的研究框架。

（2）针对考虑行为的确定型多属性决策方法研究，给出多种形式信息的处理方法；给出多种形式属性值与期望水平比较的收益和损失的计算方法；提出基于前景理论的方案排序方法；提出具有多种形式信息的扩展 TODIM 方法。

（3）针对考虑行为的风险型多属性决策方法研究，给出处理与融合多种形式信息的方法；给出多种形式属性值相对于期望水平的收益和损失的计算方法；给出后悔值和欣喜值的计算方法；给出区间数形式概率的处理方法；提出基于前景随机占优准则的方法排序方法；提出基于前景理论的方案排序方法；提出基于后悔理论的方案排序方法。

（4）针对考虑行为的多属性群决策方法研究，给出确定群体参照点的方法；给出多标度评价信息的集结方法；提出多标度概率分布信息比较的优势和劣势的定义以及后悔值和欣喜值的定义；提出基于前景理论的方案排序方法；提出基于后悔理论的方案排序方法。

本书提出的方法能够解决现实生活中大量的需要考虑行为的多属性决策问题，包括考虑行为的投资决策问题、考虑行为的新产品开发方案选择问题、考虑行为的地铁线路选择问题、考虑行为的供应商选择问题、考虑行为的制造系统选择问题、考虑行为的物流服务商选择问题等，还可以扩展到考虑行为的服务设计问题、考虑行为的投标与拍卖决策问题、考虑行为的资源分配问题、考虑行为的出行路径选择问题和考虑行为的应急决策问题等。本书的研究工作及研究成果对行为多属性决策的研究提供了理论、方法和应用方面的借鉴和指导。

第七节 数学符号及用语的说明

由于本书使用的符号、变量和参数较多,因此,在全书的撰写过程中,对每章各小节中不同研究问题用到的参数和变量均重新定义。同一章节的同一研究问题中,表示各参数和变量的数学符号具有一致的含义,不同研究问题之间的数学符号没有联系。

第二章 相关研究文献综述

行为决策是一个崭新的研究课题，其在现实中具有广泛的实际背景。目前，关于行为决策的相关研究已经引起了学者们的关注，探讨行为决策的文章多见于实证研究或实验研究之中，这些研究的思想和结论是本书后续研究的重要基础。同时，已有相关研究中涉及的理论与模型对于本书的研究也具有很好的借鉴和参考价值。本章分别从行为决策理论研究、考虑行为的决策方法研究和考虑行为的典型决策问题研究等方面进行相关研究成果的文献综述。在文献检索时，以公开的国内外学术数据库作为主要检索源。通过对关于行为决策的相关研究文献进行综述与分析，总结已有研究的贡献与不足，进而对本书的后续研究工作的开展奠定基础。

第一节 文献检索情况概述

本节主要对关于行为决策相关研究的文献检索情况进行简要说明，主要包括文献检索范围分析、相关文献情况分析和学术趋势分析。

一、文献检索范围分析

为了明确文献的综述范围，本书首先对行为决策研究的发展历史和脉络进行分析，从而进一步确定本书研究主题的范畴和所需的相关研究文献。

对于行为决策的研究始于对人类实际行为与理性决策预测结果出现背离的异象的研究，进而引发了学者们对人类实际决策过程和决策行为的探索。随着认知心理学和实验心理学的发展，学者们尝试着把心理学的概念和分析方法引入经济学中，提出一些新的思想，从而极大地推动了行为决策理论的形成与发展。目前，在关于考虑行为的决策问题的研究中，研究的范畴主要是决策者行为特征与规律的研究，采用的研究方法多为实验研究方法或实证研究方法，且已有的研究大多是针对特定问题的，而关于行为多属性决策理论与方法的研究成果还不多见。通过对已有研究的缜密分析，需要对考虑行为的多属性决策问题进行提炼与分类，并在此基础上针对不同类型的多属性决策问题进行决策理论与方法的深入研究。

综上，与本书相关的研究文献包括三个方面：一是关于行为决策理论的研究文献；二是关于考虑行为的决策方法的研究文献；三是关于考虑行为的典型决策问题的研究文献。基于上述分析，下面给出相关文献情况分析。

二、相关文献情况分析

本书检索行为决策相关文献采用的检索方式是题名或关键词检索，对英文期刊进行检索时，以 behavioral decision、psychosocial behavior、bounded rationality、behavior bias、prospect theory、regret theory 等为题名或关键词进行检索；在对中文期刊数据库进行检索时，以行为决策、心理行为、前景理论、后悔理论等为题名或关键词进行了检索，以 Elsevier Science、IEL 全文数据库、Springer Link 全文数据库、Wiley InterScience 期刊数据库、美国运筹与管理学会 Informs 平台（包括 12 种全文期刊）和中国学术期刊网全文数据库（CNKI）等作为检索源，进行了中英文文献检索。

通过对这些文献进行进一步浏览和分类，并根据本书研究需要，将从行为决策理论研究、考虑行为的决策方法研究和考虑行为的典型决策问题研究三个方面进行文献的简要综述。需要指出的是，由于本书涉及的决策问题比较多，为了使各研究问题论述清晰、明确，这里仅对一些具有典型意义的相关文献进行综述，针对一些具体问题的文献综述，将在后续章节中展开。

第二章　相关研究文献综述

第二节　关于行为决策理论研究

本节将从行为决策理论研究的兴起与发展、前景理论、后悔理论、失望理论、基于案例的决策理论和其他理论等方面对行为决策理论研究成果进行文献综述。

一、行为决策理论研究的兴起与发展

20世纪80年代中期以前，理性决策理论在现代决策理论中占据绝对主导地位。理性决策理论是在Von Neumann和Morgenstern提出的期望效用理论的基础上发展出来的。期望效用理论以"完全理性"为假设，认为决策者能够准确获得用于决策的所有信息，并根据这些信息做出最优的决策。

但是，一些实证研究表明，期望效用理论不能解释现实中的许多行为异象。1945年，诺贝尔经济学奖获得者Simon指出，理性的和经济的标准都无法确切地解释管理者的决策过程，进而提出了"有限理性"的概念。进一步地，诺贝尔经济学奖获得者Allais通过实验发现了人们在决策过程中会过度重视确定结果的现象，并于1953年提出了著名的Allais悖论，揭示了决策者在风险和不确定情形下的选择行为违背了期望效用理论的"独立性公理"，从而引发了人们对期望效用理论的反思。1961年的Ellsberg悖论表明人们偏好于概率分布已知的选择，规避概率分布不清楚的选择，即人们是模糊规避（Ambiguity Averse）的，反映了个体实际决策行为系统地违反了期望效用最大化的假定。Allais悖论和Ellsberg悖论的提出进一步证实了人们的决策中存在非理性，从而引发了学者们对人们实际决策过程的探索。Edwards（1961）对经济学和心理学在决策领域的研究成果进行了综述，标志着行为决策理论已成为决策科学领域研究的一个重要主题。

此后，有关行为决策理论的研究引起了一些心理学和经济学研究者的关注。特别是行为经济学奠基人Kahneman教授因提出前景理论而获得2002年诺贝尔经济学奖，表明行为经济学和实验经济学的研究得到了主流经济学界的充分认可，也奠定了行为决策理论在决策科学领域内的重要地位。

行为决策的研究广泛采用了经济学、心理学、统计学和管理学等学科的概念与方法，属于多学科交叉研究领域，其研究具有三个特点：①研究的出发点是决策者的实际行为；②研究主要集中在决策者的认知和主观心理过程，关注决策者实际行为背后的心理解释，而不是对决策正确与否的评价；③从认知心理学的角度来研究决策者在决策过程中信息的处理机制及其所受内外部环境的影响，进而提炼出理性决策理论所没有考虑到的行为变量，并以此修正和完善理性决策模型。因此，行为决策理论被认为是研究"人们在实际决策过程中是如何做决策的"以及"为什么会做出这样的决策"的描述性和解释性相结合的理论，而理性决策理论被认为是研究决策者应该如何做决策的理论。

二、前景理论

前景理论是目前最有影响力、最具代表性的一种行为决策理论。前景理论由 Kahneman 和 Tversky 于 1979 年提出，他们通过实验研究发现在风险条件下人们实际的决策行为与期望效用理论相背离的普遍现象，如确定效应、反射效应和隔离效应等，为了能够很好地解释与描述这些行为偏差，他们提出了价值函数和概率权重函数，用来描述决策者在风险环境下的行为特征。

为了使概率权重函数能够满足随机占优准则，Tversky 和 Kahneman（1992）在等级依赖效用理论（Rank Dependent Utility Theory）的基础上对原始前景理论进行了扩展，提出了累积前景理论（Cumulative Prospect Theory），用累积概率权重替代前景理论中分散的概率权重，并给出了价值函数和概率权重函数的计算公式。随后，关于前景理论的研究引起了学者们的广泛关注并取得了大量的研究成果，这些研究成果主要分为以下两个方面。

（一）关于价值函数、概率权重函数及其参数确定的研究

Tversky 和 Fox（1995）以及 Fox 和 Tversky（1998）分别提出了确定概率权重的两阶段模型。

Prelec（1998）研究了概率权重函数的几种形式，包括回归形式、S 型等，并对各种形式概率权重函数的公理进行了讨论。

Gonzalez 和 Wu（1999）、Abdellaoui（2000）、Bleichrodt 和 Pinto（2000）分别提出了确定价值函数和概率权重函数的无参数方法。

Weber 和 Kilka（2001）提出了一个依据不确定情形的类型来测度概率权重

的方法，并对提出的概率权重函数进行了实证检验。

周维和王明哲（2005）提出了确定概率权重的三步骤框架，对不同风险、不确定决策源类型做不同的处理，并对收益和损失采用不同的处理方式。

Abdellaoui 等（2008）提出了一种测度前景理论中价值和损失规避的启发式方法，分别给出了针对收益和损失的价值的计算公式以及确定损失规避参数的计算公式，并通过实验验证了提出方法的合理性。

刘明和刘新旺（2008）对前景理论研究的发展概况进行了介绍，重点综述了前景理论框架下的损失规避的定义及模型，并提出了一种新的前景理论模型。

（二）关于前景理论的扩展研究

Miyamoto 和 Wakker（1996）对多属性效用理论与前景理论、等级依赖效用理论以及 Choquet 期望效用理论等非期望效用理论的结合进行了研究，为基于前景理论的多属性决策方法的研究提供了理论基础。

针对参照点不确定的情形，Schmidt 等（2008）提出了第三代前景理论，给出了参照点不确定情形下的价值函数和概率权重函数的计算公式，该理论能够满足随机占优准则，并且更好地解释了偏好反转的现象。

Rieger 和 Wang（2008）、Kothiyal 等（2011）将前景理论扩展至连续型随机变量的情形下，提出了连续型随机变量的前景理论，使前景理论能够解决复杂不确定情形下的决策问题。

Birnbaum 和 Bahra（2007）、Wu 和 Markle（2008）通过实验对前景理论中收益和损失价值的可分离性进行了研究。

Bleichrodt 等（2009）对前景理论中多属性效用可加性问题进行了研究，提出了整体评估和各属性分别评估两种方法。

Schmidt 和 Zank（2009）将决策者对损失的态度和线性效用函数相结合，提出了一种简化的累积前景理论模型以解决不确定型决策问题。

Wakker（2010）对目前关于风险与不确定情形下前景理论的相关研究成果进行了总结与梳理，于 2010 年出版了 *Prospect Theory: For Risk and Ambiguity*，是目前关于前景理论的研究最全面的一本著作。

Abdellaoui 等（2011）针对概率分布已知和概率分布未知的情形，分别提出了基于描述的前景理论和基于经验的前景理论两种决策理论。

上述关于前景理论的研究，大多数都是认为决策权重的取值仅受到概率大小的影响,然而,Dyer 和 Jia(1997)、Tamura(2005)等学者对此提出了质疑,他们认为决策权重是受概率和结果共同影响的二元函数,但是,他们并没有给出决策权重函数的确定方法。基于此,李春好等(2010)提出了一种基于基元前景交叉判断的前景价值模型,克服了现有非参数法的固有缺陷。

三、后悔理论

后悔理论(Regret Theory)最早是由 Loomes 和 Sugden(1982)、Bell(1982)分别独立提出的,后悔理论的基本思想是:决策者不仅关注自己选择方案的结果,还关注如果选择其他方案可能获得的结果,这样就会产生后悔或欣喜的心理,因此,他们将后悔和欣喜因素引入效用函数,提出了修正的期望效用函数。

自后悔理论提出以来,许多学者在此基础上做了大量的研究。下面,对这些研究成果进行文献综述。

后悔理论最初是应用于逐对选择的决策问题,Loomes 和 Sugden(1987)针对有限方案选择问题进行了研究,给出了对于有限方案选择问题的一般化后悔理论模型。进一步地,Quiggin(1994)将后悔理论扩展至无限方案选择的情形,提出了一种广义后悔理论模型,并对提出的模型进行了性质分析。

Loomes 等(1991)通过实验研究得出后悔理论违背了传递性公理的结论,Loomes 和 Starmer(1992)通过实验得出后悔理论中的偏好违背了单调性的结论。

Zeelenberg(1999)在研究中指出决策者决策前的预期后悔会影响他们的决策,预期后悔既可以促使决策者风险规避又可以促使决策者风险寻求。

Connolly 和 Zeelenberg(2002)在后悔理论基础上,提出了后悔的决策判断理论,该理论假设后悔包含两个核心因素:一是与其他方案的结果比较形成的后悔情绪;二是由于选择了较差的结果而产生的自责。

Humphrey(2004)通过研究指出:被选择方案的结果不能完全显示出何种状态发生时,运用原始后悔理论进行决策会忽略被放弃方案在不同状态发生时出现的不同结果的信息。针对原始后悔理论的这一局限,Humphrey(2004)将被放弃方案的反馈信息引入后悔理论,提出了反馈条件下的后悔理论,并通过实证研究对反馈条件下的后悔理论进行了验证。

Krahmer 和 Stone(2005)、Hayashi(2008)将后悔理论扩展到动态环境中,分别提出了动态后悔理论模型。

Bleichrodt 等（2010）提出了一种权衡方法来定量测量后悔，给出了测度效用函数和后悔函数的公式。

四、失望理论

失望理论（Disappointment Theory）最早是由美国学者 Bell 于 1985 年提出的，失望理论的基本思想是：决策者会把自己所处的现状与他的期望值进行比较，当所处的现状小于期望值时，决策者会感到失望；反之，则会感到欣喜，在决策过程中，决策者会对潜在的失望有所预期。Bell（1985）提出了一个修正的效用函数，该函数由价值函数和心理效用函数构成。

Loomes 和 Sugden（1986）通过实验证明：把失望—欣喜函数加入个人的选择中，会出现许多传统公理被违背的现象，包括确定效应和隔离效应。

Gul（1991）提出了失望规避的概念，并建立了一个考虑失望规避的效用函数模型，这个模型仅比期望效用理论模型多了一个失望规避参数，具有直观、易于分析、引入参数少的特点。

Inman 等（1997）提出了一个考虑失望与后悔的广义效用理论模型，该模型由三部分组成，分别为期望、失望和后悔，并通过一个选择实验对该模型进行了验证。

Jia 等（2001）基于风险—价值框架提出了一个广义的失望理论模型，在该模型中，决策的价值由两部分组成，第一部分为实际平均收益，第二部分为决策者的感知风险，决策者的偏好由在二者之间的权衡构成。该模型可解释许多决策悖论，为基于失望和风险—价值权衡的非期望效用偏好提供了新观点。

Delquie 和 Cillo（2006）进一步完善了失望理论模型，并且把失望理论与等级依赖效用理论、期望效用理论，风险值模型、均值—方差模型等联系起来，提出了一个一般性的失望理论模型。

Abdellaoui 和 Bleichrodt（2007）发现 Gul（1991）的失望规避模型很少在实际中应用，因此，结合 Wakker 和 Deneffe（1996）的折中方法对 Gul（1991）的失望规避模型进行了改进。

Laciana 和 Weber（2008）将后悔理论和失望理论统一参数化并且将参数化后的后悔理论模型和失望理论模型进行了对比。

五、基于案例的决策理论

针对事件发生的自然状态难以确定以及各状态的发生的概率或结果难以确定的不确定型决策问题，Gilboa 和 Schmeidler（1995）提出了基于案例的决策理论（CBDT：Case-Based Decision Theory）。该理论将每种选择情形都视为一个案例，包括问题、行动、结果三个元素，通过考察该行动在先前各案例中所导致的结果和先前各案例与当前案例的相似程度进行方案选择。CBDT 是一个描述性的理论，或者是一个理论框架，其与已有决策理论相比，最大的区别在于从人的认知过程角度考察过去案例与当前案例的相似程度，而不是对未来的结果做概率判断。

之后，Gilboa 和 Schmeidler（1996）在 CBDT 中引入了期望水平（Aspiration level）的概念，并设置了"静态"和"动态"两种不同的期望水平调整规则。在进一步的研究中，Gilboa 和 Schmeidler（1997）发现，人们在计算相似度过程中不但可以依赖案例中问题的相似性选择行动方案，而且可以依赖"问题—行动"相似性进行相似度的计算，这样可以解决案例库中无完全相同的行动方案时相似度的计算问题。

Dubois 等（1997）将 CBDT 看作基于案例推理（Case-Based Reasoning，CBR）的一个特例进行了研究，给出了 CBR 的确定性与非确定性的模糊集模型，并对 CBDT 的模型进行了一般性的讨论。

Caramuta 等（2006）提出了一种有效刻画记忆中问题相似性的方法，该方法通过包含若干个节点的图表示记忆中的问题，并且通过求解问题间相对应节点的最短路长度实现相似性的计算。

Krause（2009）提出了一个改进的 CBDT 模型，不仅可以使用决策者自身曾经历过的案例进行决策，而且可以使用其他决策者的相关案例进行决策。

六、其他理论

自 20 世纪 70 年代以来，关于行为决策理论的研究有了重大的突破和进展，很多新的理论被提出，这其中比较有影响的还有心理账户理论、SP/A 理论和行为博弈论等。

心理账户（Mental Account）理论由 Thaler 于 1985 年提出，心理账户理论的思想是：人们会在心理上将财务划分到不同的账户进行管理，而且不同的心理账户有不同的记账方式和运算规则，即每个账户的财富不可互相替代，这使得人们决策时的行为常常偏离完全理性的基本假设。Thaler（1985）通过四个典型的现象说明了心理账户对传统经济规律中可替代性观点的违背，同时通过交易效用对上述现象进行了解释。

SP/A 理论最早由 Lopes 提出，该理论并不仅仅是一个投资组合选择理论，而是在不确定条件下进行选择的心理理论。SP/A 理论是对安全第一组合模型的扩展，从一般性的角度归纳分析了决策者在进行决策时会考虑的因素：决策方案的安全性（Security）、决策方案的潜力性（Potential）和利润的期望水平（Aspiration Level）。

Einhorn 和 Hogarth（1990）在 *Insights in Decision Making: A Tribute to Hillel J. Einhorn* 一书中正式提出了行为博弈论（Behavioral Game Theory）的概念。Camerer（1997）进一步指出，行为博弈论研究的目标是描述人们在现实博弈过程中确切的行为特征，研究手段主要包括实验观察和行为分析。传统博弈与行为博弈最大的区别在于行为博弈考虑了参与人具有有限理性、有限记忆力和有限预见力的特点，传统博弈的特点是用数学模型进行推理分析，而行为博弈侧重在大量实验研究的基础上，运用行为经济学与心理学相结合的方法来理解策略互动中的个体行为。

第三节　关于考虑行为的决策方法研究

本节将从基于前景理论的决策方法、基于后悔理论的决策方法和其他决策方法等方面对考虑行为的决策方法的相关研究成果进行文献综述。

一、基于前景理论的决策方法

目前，基于前景理论的决策方法的相关研究成果主要有两方面：一方面是解决实际决策问题的决策模型与方法，另一方面是基于行为决策理论的多属性决策方法的研究。因本书的研究偏重于多属性决策，因而在该部分重点综述了基于行为决策理论的多属性决策方法的研究。

针对属性值为清晰数的确定型多属性决策问题，Gomes 和 Lima（1992a，1992b）在前景理论的基础上提出了一种 TODIM 方法，该方法将方案进行两两比较，通过构建一个方案相对于另一个方案的优势度函数来进行方案排序。在 Gomes 和 Lima（1992a，1992b）提出的 TODIM 方法基础上，Chen 等（2010）和樊治平等（2011）将 TODIM 方法扩展至属性值为区间数的情形；Lourenzutti 和 Krohling（2013）将 TODIM 方法扩展至直觉模糊情境下，Zhang 和 Xu（2014）将其扩展至犹豫模糊情境下；Sang 和 Liu（2016）、Qin 等（2017）针对供应商选择问题将 TODIM 方法扩展至区间模糊环境下。

Salminen（1994）提出了一种基于前景理论的交互式多属性决策方法，在提出的方法中，运用分段线性价值函数来替代前景理论中的 S 型价值函数，通过交互式调整决策者的期望水平来得到最满意的方案。

Lahdelma 和 Salminen（2009）针对偏好信息不完全的随机多属性决策问题，将前景理论与随机多属性可接受分析（Stochastic Multicriteria Acceptability Analysis，SMAA）方法相结合提出了一种基于前景理论的 SMAA 方法。

刘成明（2009）基于前景理论的思想，对多属性行为决策方法进行了研究；王坚强等（2009）对基于前景理论的模糊多属性决策方法进行了研究；胡军华等（2009）提出了基于语言评价和前景理论的多准则决策方法；王正新等（2010）提出了基于累积前景理论的多指标灰关联决策方法；Wang 等（2012）针对属性值为区间直觉模糊数的多属性决策问题，提出了一种基于前景得分函数的区间直觉模糊多属性决策方法。

为了解决不确定环境下决策成员具有有限理性行为特征的两层决策问题，李春好和杜元伟（2010）从平衡上下两层满意度的视角提出了确定最优结果价值和最优概率权重的两层决策模型，并给出了实施交互式决策的具体方法步骤。为了解决风险型多属性决策问题，王坚强和周玲（2010）、Liu 等（2011）、刘培德（2011）分别提出了基于前景理论的决策方法；李鹏等（2013）提出了基于 MYCIN 不确定因子和前景理论的随机直觉模糊决策方法；张尧和樊治平（2013）针对多个决策者给出不同指标期望的多指标风险决策问题，提出了基于累积前景理论的决策方法；郝晶晶等（2015）提出了基于前景理论的多阶段随机多属性决策方法；刘云志和樊治平（2015）针对决策者给出单一与组合指标期望情形的多指标决策问题，提出了基于前景理论的决策方法；谭春桥和贾媛（2017）提出了基于证据理论和前景理论的犹豫—直觉模糊语言多属性决策方法；王应明等（2017）提出了基于前景理论的犹豫模糊 TOPSIS 多属性决策方法；Zhu 等（2017）基于前景理论提出了针对区间数的风险型多属性决策方法。

另外，还可看到一些考虑多参照点的基于前景理论的多属性决策方法，例如，Grabisch 等（2003）、Labreuche 和 Grabisch（2006）和 Grabisch 等（2008）考虑了决策者对属性有两个参照点（期望水平）的情形，即一个能接受的参照点和一个最希望达到的参照点。李欢等（2014）提出了考虑三参照点累积前景理论的风险型动态决策方法；李欢等（2016）提出了考虑双参照点累积前景理论的风险型群决策方法。

二、基于后悔理论的决策方法

Kujawski（2005）提出了一种参照依赖的后悔决策模型，在该决策模型中决策者的后悔水平依赖于一个绝对的数值，而不是与没有选择的方案进行对比而形成的差值。

Huang 等（2009）对传统 VIKOR 模型的局限进行了分析，针对 VIKOR 模型存在的问题，依据后悔理论的思想提出了一种修正的 VIKOR 模型，并将修正的 VIKOR 模型、后悔理论、传统的 VIKOR 模型进行了对比分析。

Ozerol 和 Karasakal（2008）对属性权重不确定的多属性决策问题进行了研究，考虑了决策者后悔规避的心理行为，将后悔理论的思想引入到 PROMETHEE Ⅱ方法中，提出了一种基于后悔理论的 PROMETHEE Ⅱ方法。

张世涛等（2014）提出了方案对多维偏好信息下基于后悔理论的群决策方法。

郭三党等（2015）针对属性值为区间数、权重信息不确定的多目标决策问题，提出了基于后悔理论的多目标灰靶决策方法。

Zhang 等（2016）针对具有多维偏好及属性权重不完全的群决策问题，提出了一种基于后悔理论的模糊多属性群决策方法。

汪新凡和王坚强（2016）提出了基于后悔理论的具有期望水平的直觉语言多属性决策方法。

余高峰等（2017）针对异质多属性决策问题，提出了一种基于后悔理论的变权决策方法。

Peng 和 Yang（2017）针对随机多属性决策问题，分别提出了基于后悔理论和前景理论的区间模糊软集算法。

钱丽丽等（2017）针对属性值和状态概率均为区间灰数的随机多属性决策问题，提出了一种基于后悔理论的决策方法。

三、其他决策方法

除了基于前景理论与后悔理论之外，还有一些学者从其他角度给出一些考虑决策者心理行为的决策方法。

Ang等（2000）考虑了投资者失望厌恶的心理和参照水平，建立了一个基于失望理论的投资决策模型。

Bramsen（2008）通过实验探索互联网拍卖，考虑投标者损失厌恶和参照依赖的心理行为，建立了一个网上投标决策模型。

周凯波等（2003）针对基于可能性理论的案例决策方法进行了研究，提出基于可能性理论与基于案例推理相结合的双层CBDT决策方法，该方法有效避免了CBDT中所蕴含的一些技术难题。李永海等（2014）针对广义不确定型决策问题，提出了一种基于CBDT的决策方法。

第四节 关于考虑行为的典型决策问题研究

本节将针对运作管理、收益管理、投标与拍卖、金融学中考虑行为的决策问题的相关研究成果进行文献综述。

一、运作管理中考虑行为的决策问题

运作管理的研究范畴主要包括产品开发、库存管理、质量管理控制、生产和作业流程管理、采购和战略外包、供应链管理。目前，考虑行为的运作管理问题的相关研究主要集中在库存管理和生产管理方面，本节将重点综述关于新产品开发与设计、订货和库存管理、供应链管理等方面的问题。

（一）关于新产品开发与设计问题

Li和Azarm（2000）提出了一种考虑设计者心理行为的产品设计方案选择模

型，该模型在计算方案综合评价值时引入了设计者偏好系数和客户偏好系数。

Krishnan 和 Ulrich（2001）通过研究发现，个体和团队的有限理性、组织文化和个体行为都会影响新产品开发的有效性。

Bendoly 等（2010）认为，决策者的乐观心理会导致新产品开发中过高的投入、过高的估计产品需求，而且以往新产品开发成功或失败的经验也会影响决策者对于是否引入或开发一个新产品的决定。

姜艳萍和程树磊（2012）针对新产品开发中考虑竞争产品方案评价信息的方案选择问题，提出了基于前景理论的新产品开发方案选择方法。

李永海等（2015）针对新产品开发项目的风险应对方案选择问题，给出了一种基于 CBDT 的决策方法。

郭茜等（2015）针对新产品开发项目中止问题，提出了一种基于累积前景理论的产品开发项目中止决策方法。

（二）关于订货和库存管理问题

Schweitzer 和 Cachon（2000）对不同利润条件下报童的实际订货决策问题进行了研究，实验结果表明实际订货量偏离了最优订货量。

Katok 等（2008）针对多周期报童问题进行了研究，通过实验发现了决策者的订货量会受到上一周期需求量的影响，并且订货量会选择在需求均值和最优值之间，该实验验证了 Schweitzer 和 Cachon（2000）实验中的现象。

Choi 和 Ruszczynski（2008）针对风险规避报童的最优订货策略进行研究，结果表明：在一致风险度量准则下，风险厌恶程度越高的报童订货量越少。

Su（2008）研究了报童模型中决策者的有限理性行为，将决策者的有限理性通过随机选择规则（如决策噪声）表示，并通过实验对建立的模型进行了验证。

Wu 等（2009）针对考虑缺货成本的最优订货策略问题进行了研究，将利润的均值和方差引入到效用函数中，分析了缺货成本对于报童订货策略的影响，发现考虑缺货成本的风险厌恶报童订货量比风险中性报童订货量多。

Zhao 等（2009）针对定期盘点库存问题进行了研究，通过将指数型 S 效用函数引入期望利润函数中建立了订货模型，并通过模型的求解确定最优订货策略。

Ho 等（2010）对多地点报童问题中的参照依赖效应进行了研究，建立了一个考虑行为的订货模型来预测与描述报童的实际订货行为。

刘咏梅等（2010）建立了基于前景理论的订货模型，并与传统的订货模型进行了比较分析，结果表明，基于前景理论的订货模型能够更好地描述零售商的订货行为。

崔鉴等（2011）构建了行为库存管理的整体研究框架，并对行为库存管理的相关研究成果进行了综述，进一步指出了未来值得关注的研究方向。

周艳菊等（2013）针对需求不确定条件下的两产品订货问题，基于前景理论的框架建立了订货模型。

褚宏睿等（2015）在前景理论的框架下，考虑回购和缺货惩罚因素研究了3种情形下报童最优订货量问题，给出了前景理论最优订货量与回购价格及缺货惩罚价格的函数变化关系。

（三）关于供应链管理问题

考虑行为的供应链管理问题的研究始于一系列探讨牛鞭效应的行为实验研究，此后，行为供应链逐渐引起了国外学术界的重视。

Sterman（1989）首次对供应链管理中的有限理性行为进行了实验研究，通过相关的实验研究，发现了供应链管理中存在着锚定效应等行为特征。

Cruson 和 Donohne（2002）针对传统供应链中理论订货量与实际订货量存在偏差的现象，设计了一系列实验，结果发现管理者的认知存在局限性。

Zhang 等（2009）在考虑零售商风险偏好情况下，提出了一种计算最优订货量的方法。

Hsieh 和 Lu（2010）针对风险规避的零售商的最优退货价格制定问题，提出了一种 CVaR 法评估零售商的退货风险。

刘咏梅等（2011）给出了行为供应链的定义：行为供应链作为行为运作管理研究的分支，是结合认知心理学和社会心理学的理论研究供应链管理的新领域。它研究人的行为和认知对供应链系统的设计、管理与改进产生影响的相关属性，并研究这些属性与供应链系统的相互作用。

Chen 等（2012）、Chen 和 Zhao（2015）、Zhao 等（2016）分别对供应链配货博弈的决策行为进行了研究。

二、收益管理中考虑行为的决策问题

收益管理起源于 20 世纪 70 年代美国航空业，最早用于提高航空公司的收入。近 40 年来，收益管理已在许多领域内得到了推广应用，如酒店经营和高科技产品零售等，其相关研究也引起了国内外学者们的广泛关注。

Kalyanaram 和 Winer（1995）通过实验研究发现，顾客的总需求水平受到顾客心中的参照价格的影响，顾客在做购买决策时会将参照价格作为重要的决策依据。

Kopalle 等（1996）针对参照价格对市场需求所造成的影响进行了分析，建立了考虑参照依赖效应的线性需求模型。

Fibich 等（2003）研究了连续时间情况下考虑参照依赖效应的线性需求模型，并把该模型的求解问题简化为一个线性欧拉方程的求解问题。

针对企业产品是否应进行动态定价以及如何进行动态定价的问题，李荣喜（2006）建立了考虑参照依赖效应的顾客需求和产品定价模型。

Popescu 和 Wu（2007）对市场垄断情况下考虑参照依赖效应的动态定价问题进行了研究，建立了基于参照依赖的动态定价模型。

Su（2007）研究了顾客心理行为对动态定价的影响，依据顾客的心理行为将顾客分为四类，并针对不同顾客的不同行为给出了不同的价格策略。

三、投标与拍卖中考虑行为的决策问题

近年来，随着对行为决策的研究不断发展与完善，考虑行为的投标与拍卖决策问题研究越来越受到了国内外学者们的关注。下面分别对这两方面的相关研究进行文献综述。

（一）考虑行为的投标决策问题

Dholakia（2005）研究指出，设定参照点可以减少连续投标价格中相邻价格之间的相互影响，使投标人更晚地提交更低的投标价格。Lu 等（2008）运用心理账户理论分析投标决策中发电厂商的心理行为，他们认为发电厂商的总电量被分别存储在避免停产损失、获得正常利润、获得超额利润三个心理账户中。Lin 等（2010）在研究中指出，电力市场的边际价格服从正态分布，并在前景理论的基础上，提出了一种考虑决策者心理行为的发电厂商投标定价方法。Cattell 等（2011）分析了在不平衡投标过程中传统投标定价方法无法高效、快速获得最优投标价格的原因，并给出了基于累积前景理论的投标定价模型。郑君君等（2015）将前景理论引入演化博弈中，研究了股权拍卖异质投标者竞价策略演化均衡的规律。

（二）考虑行为的拍卖决策问题

Engelbrecht-Wiggans（1989）用后悔行为解释了超投标现象，他认为竞买人在一级价格密封式拍卖中的行为不仅仅依赖于他们期望的货币收入，同时也依赖于获胜者后悔和失败者后悔这两方面的情绪。

Engelbrecht-Wiggans 和 Katok（2007）通过建立竞买人期望效用模型来确定后悔权重，从而计算后悔的效用值，并进一步确定最优竞买价格。

Filiz 和 Ozbay（2006）通过实验研究了在一级价格密封式拍卖中的超投标现象，指出这种现象主要是由人们预期的失败者后悔所引起的。

Engelbrecht-Wiggans 和 Katok（2008）从理论和实验角度研究了一级价格拍卖中后悔对平均竞买价的影响。

Engelbrecht-Wiggans 和 Katok（2009）通过改变反馈信息将后悔规避和损失规避区别开来进行实验和理论研究，结果表明，相对于损失规避来说后悔理论更具优越性。

Wu 等（2009）分析了在线拍卖中各元素之间的关系以及各元素对在线竞买人满意程度的影响，并提出了基于前景理论的最优竞买策略理论模型和方法。

Filiz-Ozbay 和 Ozbay（2010）针对三级价格拍卖中的超投标现象，构建了失败者后悔的效用函数，指出超投标现象的出现是由于预期的失败者后悔引起的。

Trautmann 和 Traxler（2010）研究了在线拍卖中卖方保留价对交易价格的影响，并通过实验研究了机械效应和心理参照依赖效应对拍卖的影响。

Huang 等（2016）针对多属性逆向拍卖问题，考虑投标者风险规避的行为，建立了基于前景理论的模型。

四、金融学中考虑行为的决策问题

金融学领域中考虑行为的决策问题研究主要包括投资决策和资产定价等方面，下面分别对考虑行为的投资决策问题和资产定价问题的相关研究成果进行综述。

（一）关于投资决策问题

Berkelaar（2004）基于累积前景理论分析了损失规避投资者的最佳投资策略，给出了损失规避投资者的最优投资组合方案。

Schmidt 和 Zank（2007）提出了一种基于线性累积前景理论的投资组合模

型，并通过实例分析得出在投资组合问题上线性累积前景理论比对偶理论更具实际意义的结论。

Jin 和 Zhou（2008）对连续时间的行为投资组合问题进行了研究，建立了一个基于累积前景理论的连续时间行为投资组合选择模型。

Bernard 和 Ghossoub（2010）基于累积前景理论的思想，结合了"Omega 测度"，提出了一种最优投资组合的模型，对最优投资组合的性质进行了分析。

Saltari 和 Travaglini（2010）依据失望理论的思想，建立了一种考虑投资者失望规避的投资组合选择模型，并给出了当风险很小时，失望规避如何影响最优投资组合选择的结论。

Das 等（2010）针对投资组合选择问题，依据均方差投资组合理论和行为投资组合理论，建立了基于心理账户的资产组合选择模型。

曹兵兵等（2015）针对证券投资组合选择问题，考虑投资者的心理行为，给出了一种基于累积前景理论和心理账户的决策方法。

林祥亮等（2015）基于离散情形下的累积前景理论模型，建立了最优投资组合选择模型。

王佳和金秀（2015）依据前景理论，建立了基于动态损失厌恶的多阶段投资组合优化模型，并以我国股票市场为依托对该模型进行了实证研究。

Shi 等（2015）针对多期投资组合选择问题，在累积前景理论的框架下，建立了行为投资组合选择模型。

Terol 等（2016）针对社会责任投资选择问题，提出了一种基于行为投资组合理论的多属性决策方法。

（二）关于资产定价问题

在传统的资本资产定价模型中，投资者被假设是完全理性的，然而一些金融学家却通过大量的实证研究发现，投资者是有限理性的，投资者的价值观和情绪波动等都可能对资本资产的定价产生影响。

Shefrin 和 Statman（1994）提出了行为资本资产定价理论，假设了一个由信息交易者和噪声交易者共同参与的市场，信息交易者不犯错误，而噪声交易者会犯代表性启发式错误。结果发现，当市场有效时，任何证券的风险补偿由其相对均值—方差的基准值来决定。当市场无效时，均衡的价格由基本风险和投资者情绪共同决定。

Barberis 等（2001）依据前景理论的思想，对资产定价问题进行了研究，研究表明，投资者的效用函数不仅与消费水平有关，还与财富的变化有关，投资者不但规避消费风险，还规避财富损失。

Mehra 和 Sah（2002）对投资者情绪波动对均衡股票价格的影响进行了研究，结果表明，投资者情绪的较小波动，可以引起股票价格的很大波动，从而解释了股票市场的过度波动性。

姜继娇和杨乃定（2006）将流动性因素纳入股票横截面收益的关键影响因素，构建了基于流动性风险调整的行为资产定价模型，利用欧拉方程确定了均衡价格。

马长青（2014）建立了基于损失规避效应的资产定价模型，采用随机增长模型和损失规避模型来探讨资产价格行为，刻画损失规避对随机贴现因子的影响。

李进芳（2016）在非对称信息条件下，建立了一个一般化的情绪资产定价模型，表明投资者情绪对资产价格具有显著的系统影响。

曾燕等（2016）将离散时间框架下的情绪资产定价模型扩展至连续时间框架下，把异质性纳入 Lucas 纯交换经济体，构建了含有异质性投资者的动态情绪资产定价模型。

五、其他考虑行为的决策问题

除了上述运作管理、收益管理、投标与拍卖、金融领域的研究中涉及考虑行为的决策问题，还有一些学者研究了其他考虑行为的决策问题，如应急决策问题、路径选择问题等。下面将针对这些问题的国内外相关研究成果进行综述。

（一）关于应急决策问题

Tamura 等（2000）提出了一个建筑物重建方案选择的方法。在提出的方法中，考虑到地震灾害发生的不确定性，基于前景理论的思想构建了人员伤亡和发生概率的双变量效用函数。

李纡等（2011）提出了发展应急决策的指导性模型，指导性模型是建立在描述性模型的基础上，通过设计一些方法加以引导，避免或减少决策偏差，使实际思维与决策的结果更符合规范性模型所要求的最优标准。

樊治平等（2012）针对应急方案对突发事件发展演变存在干预并可能导致不同的人员伤亡和财产损失的情形，提出了一种基于前景理论的应急响应风险决策方法。

王旭坪等（2013）考虑公众心理因素，将前景理论引入应急物资优化调度问题中，建立了以最小化公众心理风险感知程度和物资未满足度为目标的混合整数规划模型，并设计了相应的多层搜索求解算法。

Liu 等（2014）针对应急方案对情景概率无影响的应急决策问题，提出了一种基于累积前景理论的应急方案选择的风险决策方法。

郑晶等（2015）针对多时期应急方案生成问题，将前景理论和决策者的应急偏好引入案例相似测算中，利用时序加权算子集结案例相似度融入了决策者的时间偏好，更好地辅助决策者选择应急方案。

Wang 等（2015）将决策者的行为因素引入应急决策中，提出了一种基于累积前景理论的考虑区间动态参照点的应急决策方法。

袁媛等（2015）针对突发事件发展演变存在多种可能情景且实施不同应急方案时各情景发生概率不同的应急响应风险决策问题，提出了一种考虑后悔规避的决策方法。

王亮等（2016）针对突发事件的动态性及信息的不确定性等特征，提出了基于前景理论的应急方案动态调整方法。

王增强等（2016）针对突发事件的复杂性及决策团队损失规避的心理行为，提出了基于多粒度不确定语言和前景理论的应急方案选择方法。

Wang 等（2017）提针对突发事件应急响应问题，提出了一种基于前景理论的群决策方法。

（二）关于路径选择问题

赵凛（2004）建立了基于前景理论的先验信息下出行者路径选择的静态模型。此后，赵凛（2007）在出行路径通行时间为有限离散分布的条件下，基于前景理论的思想，提出了考虑出行者行为的路径选择模型。

Lu 和 Liu（2009）针对同步的路径选择行为建立了一个随机前景值模型，并通过分析得出同步的路径选择无法达到均衡，且参照点越大波动越小的结论。

Xu（2011）建立了一个基于累积前景理论的出行者路径选择模型，并根据实验确定了一套适用于路径选择情境的累积前景理论参数，在此基础上，给出了一种确定出行时间参照点的方法。

Chorus（2012）考虑了出行者在路径选择过程中后悔规避和风险规避的心理

行为，提出了一个基于后悔理论的路径选择模型，并通过实例分析了交通均衡与后悔规避参数之间的关系。

Kemel 和 ParaSchiv（2013）针对风险与不确定情形下的路径选择问题，考虑时间和金钱因素，提出了一种基于前景理论的多属性决策方法。

王倩等（2013）考虑了出行者有限理性行为，基于累积前景理论，建立了考虑路段通行能力退化情况下的用户均衡模型。

张波等（2014）建立了基于累积前景理论的动态交通流演化博弈模型，拓展了传统交通分配模型完全理性和均衡分析方法的局限。

第五节 对已有研究的贡献与不足的总结

通过对行为决策理论、考虑行为的决策方法、考虑行为的典型决策问题等方面相关研究成果的梳理和分析，可以发现对行为决策的研究已经引起越来越多学者的关注，并且形成了很多具有学术参考价值和实践指导价值的学术研究成果。下面将分别对已有研究的贡献和不足以及对本书研究的启示加以分析和阐述。

一、主要贡献

已有相关研究成果为本书的研究提供了丰富的现实背景、学术思想和研究方法，其主要贡献主要表现在以下几个方面。

（1）指明了考虑行为的决策问题的研究意义与价值。已有研究成果表明了行为决策是一个非常重要的研究课题，具有广泛的现实背景和实际意义。同时，一些文献指出决策者的心理行为在决策分析中有重要作用，如果忽视决策者的心理行为因素，将可能导致得到的决策分析结果不能准确反映决策者的实际行为。这为本书研究动机的形成和研究主题的确立提供了重要的方向指导。

（2）为考虑行为的多属性决策问题提供了现实背景和依据。已有研究中，考虑行为的新产品开发与设计问题、考虑行为的投资决策问题、考虑行为的项目选择问题、考虑行为的投标与拍卖决策问题、考虑行为的供应链管理问题、考虑行为的路径选择问题等，为本书的研究提供了丰富的研究背景和典型的决策问题，并进一步确定了本书研究的现实意义。

（3）为确定考虑行为的多属性决策问题中涉及的行为因素提供了依据。已有研究针对决策行为特征及规律进行了探索和挖掘，通过实验研究方法揭示了人们在决策过程中的一些具有代表性的行为特征与规律，如参照依赖、损失规避、敏感性递减和后悔规避等，这些关于决策行为特征与规律的研究成果为确定考虑行为的多属性决策问题中涉及的行为因素提供了依据，为行为多属性决策理论与方法的建立奠定了坚实的基础。

（4）为解决考虑行为的多属性决策问题提供了理论指导与依据。在行为特征与规律研究结果的基础上，已有研究通过构建能够描述这些行为特征与规律的函数，如反映决策者对结果感知的价值函数和对概率感知的权重函数等，提出了能够反映决策行为特征的描述性模型，其中最有代表性的是前景理论、后悔理论等，这些研究成果为解决考虑行为的多属性决策问题提供了理论指导与依据。

二、不足之处

目前，关于行为多属性决策理论与方法的研究尚处于初步阶段，对于研究问题缺乏系统、清晰的认识，未能使零散的研究问题形成一个系统的思想、理论和方法体系。已有研究成果的不足之处主要表现在以下几个方面。

（1）对考虑行为的多属性决策问题缺少系统的研究。已有研究中尚没有对考虑行为的多属性决策问题的分类与描述、解决考虑行为的多属性决策问题的研究框架进行系统研究。另外，现实中的决策问题有多种类型，如确定型决策问题、风险型决策问题和群决策问题等，已有研究大多是针对单一类型决策问题的某一方面开展研究，较少对各类考虑行为的多属性决策问题进行系统研究。这使得计划开展本课题研究的学者不能清晰、系统、深刻地认识考虑行为的多属性决策问题研究的总体脉络、研究体系和拓展性应用领域。

（2）缺少对考虑行为的决策方法的一般性研究。已有考虑行为的决策方法研究大都是针对特定背景与特定问题的，例如，考虑行为的投资决策模型、考虑行为的交通路线选择模型、考虑行为的资源分配模型等，上述这些考虑行为的决策模型只能用来解决特定的决策问题且涉及的领域还很有限，而针对一般情况下具有普适性的多属性决策方法与技术的研究成果还不多见，限制了行为决策方法的扩展与应用。

（3）缺少能够有效解决考虑行为的多属性决策问题的决策分析方法与技术。现有的多属性决策理论与方法中很少考虑决策者的心理行为因素，导致这些决策理论与方法不能直接用来解决考虑行为的决策问题。而已有行为决策的相关成果大多是针对行为特征与规律的描述性模型的研究，明显缺少考虑行为因素的方案选择的决策分析方法与相关技术研究。因此，需要将行为决策理论与多属性决策相结合，提出能有效解决问题的行为多属性决策理论与方法。

三、对本书研究的启示

已有研究为本书的研究奠定了坚实的基础，积累了宝贵的经验，并为本书的研究带来了一些有价值的启示。

（1）已有研究针对决策行为特征及其描述性模型进行了探索和挖掘，发现了参照依赖、损失规避、敏感性递减和后悔规避等有代表性的行为规律，在行为特征研究的基础上，提出了能够反映决策行为特征的描述性模型，例如前景理论、后悔理论等，这些研究成果都是经过大量实验与实证检验得到的，能够反映决策者的行为。因此，可以借鉴前景理论和后悔理论的思想，构建解决考虑行为的多属性决策问题的决策模型。

（2）已有研究成果表明了前景理论、后悔理论等行为决策理论与多属性决策是能够相结合的，为基于前景理论和后悔理论等行为决策理论的多属性决策方法的提出提供了理论基础与依据。

（3）已有研究较少对各类考虑行为的多属性决策问题进行系统研究，因此，可以考虑对现实中考虑行为的多属性决策问题进行归纳与总结。依据决策问题的特征，将考虑行为的多属性决策问题分为考虑行为的确定型多属性决策问题、考虑行为的风险型多属性决策问题和考虑行为的多属性群决策问题三大类，针对每一类问题，进一步考虑决策者给出期望信息和没有给出期望信息两种情形，针对每种情形，分别给出相应的决策方法，从而建立起具有系统性的行为多属性决策理论与方法体系。

（4）针对行为多属性决策方法的研究，可以借鉴前景理论和后悔理论的思想，建立起解决各类考虑行为的多属性决策问题的决策模型。具体地，针对决策者给出期望信息的确定型多属性决策问题和风险型多属性决策问题，可以考虑借鉴前景理论的思想，把决策者的期望水平视为参照点，通过计算决策者感知的收益和损失，建立前景决策矩阵，从而为方案选择提供决策支持；针对决策者没有给出期望信息的确定型多属性决策问题，可以借鉴TODIM方法的原理与思想，通过计算方案两两比较的优势度进行方案排序；针对决策者没有给出期望信息的风险型多属性决策问题，可以考虑借鉴后悔理论的思想，通过计算决策者感知后悔和欣喜，建立决策者的感知效用矩阵，从而为方案选择提供决策支持；针对考虑行为的多属性群决策问题，可以借鉴统计学原理与方法对参与决策人给出的评价信息进行集结，形成关于评价标度概率分布形式的群体评价信息，另外，还可以借鉴D—S证据理论的思想确定群体参照点，进一步地，依据前景理论或后悔理论的思想给出方案排序方法，从而为方案选择提供决策支持。

第六节　本章小结

本章围绕行为决策理论、考虑行为的决策方法和考虑行为的典型决策问题三个方面进行了文献综述，介绍了行为决策理论、考虑行为的决策方法和考虑行为的典型决策问题的研究现状，总结与分析了已有研究的贡献与不足以及对本书研究的启示，深化了本书的研究意义，明确了研究方向和具体研究内容，为其他章节的研究工作奠定了基础。

第三章 考虑行为的多属性决策问题研究的理论基础

通过行为决策相关研究的文献综述工作，明确了考虑行为的决策问题的研究现状，并总结了相关研究成果的贡献与不足以及对本书研究工作的启示。在此基础上，本章将进一步对行为多属性决策研究的有关理论基础进行深入剖析。首先对决策者的典型心理行为特征进行了归纳与总结，然后对多属性效用理论、前景理论、后悔理论的具体内容进行描述。通过本章的研究，为本书后续章节研究工作的展开奠定理论基础。

第一节 典型的心理行为特征

决策是从思维到做出决定的过程，在这个过程中，决策者需要进行信息处理、判断、形成决策框架、方案评价等工作，一个完整的决策过程可以分为三个阶段，即决策信息识别阶段、决策信息编辑阶段和决策信息评价阶段。通常，人们在决策过程中会表现出许多有限理性的心理行为特征，例如参照依赖、损失规避、敏感性递减、后悔规避、锚定效应等，而且不同阶段表现的心理行为特征也各不相同，下面将分别对三个阶段中典型的心理行为特征进行阐述。

一、决策信息识别阶段的心理行为

在决策信息识别阶段，决策者的心理行为特征主要有代表性偏差、易获得性偏差和从众行为等，下面分别对这些心理行为进行说明。

(一) 代表性偏差

Kahneman 等（1982）通过实验研究发现，人们在不确定性条件下对某一事物进行判断时，经常会将该事物与另一个具有代表性的事物进行比较，并简单地以类比方法进行判断，这种现象被称为"代表性偏差"。代表性偏差（Representativeness）是指人们倾向于把事物分为具有代表性的几个类别，然后在对事件进行概率估计时，过分重视这种代表性类别的重要性的一种认知倾向。

代表性偏差的现象广泛存在于现实生活中，例如，在金融市场中，人们往往认为好公司的股票就是好股票，公司过去的业绩能够代表其未来的业绩。事实上，一个业绩好的公司未来的市场表现也可能会不好，而一个业绩不好的公司未来的市场表现也可能会很好。

代表性偏差的具体表现主要有以下几个方面：①人们往往会忽视先验概率；②人们往往不能正确理解样本量大小的意义，经常误认为小样本与大样本具有近似相同的概率分布，甚至认为采用小样本事件发生的概率要大于大样本的概率；③人们经常会认为事件发生的频率应该依照其概率分布，否则这种频率发生的概率就很小；④人们经常选择代表性的数据来进行预测，而忽视自认为没有代表性的数据。

(二) 易获得性偏差

Kahneman 和 Tversky（1979）通过研究发现，人们经常将容易想到的事件误以为是常常发生的，这种现象被称为"易获得性偏差"。易获得性偏差（Availability）是指人们在做出判断时，经常会依赖于最快得到或者最容易想到的东西，即人们经常简单地根据信息获取的难易程度推断事件发生的概率，认为容易获得的发生的概率较高，不容易获得的发生的概率较低。例如，尽管飞机的安全性很高、事故率很低，有些人还是会因为"9·11"事件的影响而不敢选择飞机作为出行的交通工具。

Kahneman 和 Tversky 认为，易获得性偏差有四种表现形式：①由于事件的可追溯性造成的易获得性偏差；②被搜索集合的有效性造成的易获得性偏差；③想象力造成的易获得性偏差；④幻觉相关造成的易获得性偏差。

(三) 从众行为

1852 年，英国社会学家 Mackay（1852）通过大量事实说明了个体在群体中的行为容易表现出极端的模仿和合群现象。在此基础上，法国社会学家 Le Bon

(1895)对群体行为进行了较为系统的研究,撰写了一部研究群体行为的专著The Crowed,指出群体中的人们容易被动接受和模仿群体中其他人的行为和态度,也就是从众行为。

从众行为又称为"羊群效应"(Herd Behavior),是指处于群体中的个体在信息环境不确定的情况下,由于存在各种交流途径,在做出抉择时常常彼此相互影响,导致最终完全失去了自己的理性判断而做出相同或相似的决策结果。从众行为在金融和消费领域中广泛存在,例如,有些消费者在购物时由于缺乏自主性和判断力,便会选择购买人数多的物品进行购买,从而表现出从众行为;在股票市场中,投资者往往会跟随其他同类投资者的行动,在某段时间内买卖相同的股票。

产生从众行为的诱因是群体压力,群体成员的行为通常具有跟从群体的倾向,当发现自己的意见与群体不一致的时候,会感到一种心里紧张,即群体压力。

二、决策信息编辑阶段的心理行为

在决策信息编辑阶段,决策者的心理行为特征主要有参照依赖、锚定效应、框架效应和模糊规避等,下面分别对这些心理行为进行说明。

(一) 参照依赖

大量的实验研究表明,人们通常不会过多地关注财富的总量,而是对自己所处的现状与某一个参照水平之间的差异的感知更加敏感。行为经济学家Kahneman和Tversky(1979)在前景理论中将上述现象称为参照依赖(Reference Dependence),并给出了参照依赖的定义:价值的载体是相对于一个参照点(Reference Point)定义的"损失"(Loss)或"收益"(Gain)。也就是说,决策者在评价结果时,首先会将结果与某一参照点进行比较,决策者关注的是相对于参照点的收益或损失,而不是结果的绝对价值,这是因为收益或损失影响着人们的心理感受,对决策起着决定性作用。

同样的事物既可以看作"收益",也可以看作"损失",这取决于参照点的不同。例如,当手从热水中离开进入温水时,会感觉到冷,而从冷水离开而进入温水时,会感觉到热,这是因为两者的参照点不同。

（二）锚定效应

参照依赖反映了参照点在决策中的重要作用，不同的参照点会导致决策产生不同的结果，因此，如何确定参照点在决策分析中是非常重要的。

锚定效应（Anchoring Effect）是指当人们对某个事件做定量估测时，会将某些特定数值作为起始值，这些起始值像锚一样制约着估测值，使估测值落入某一区域内。锚定效应反映了决策者在做决策时，会过分重视最初获得的信息。

1973 年，Kahneman 和 Tversky（1973）通过研究指出，人们在进行判断时经常过于重视显著的、难忘的证据，并把这些证据视为参照点。1974 年，Kahneman 和 Tversky（1974）通过实验进一步证明了锚定效应。锚定效应主要有以下三种表现形式：①不充分的调整，即人们在估测某一数值时会受到某些起始值的影响，从而做出不准确的估计；②连续和独立事件的估测偏向，即人们往往高估连续事件发生的概率而低估独立事件发生的概率；③主观概率分布的估测偏差，即人们在估测某一数值的置信区间时，估计出的区间经常比实际区间狭窄。

（三）框架效应

Tversky 和 Kahneman（1981）通过实验发现，人们对事物的认识和判断过程中存在着对背景的依赖，因此不同的表现形式会影响人们的看法，这种现象被称为"框架效应"。框架效应（Framing Effect）是指针对一个问题的两种不同的描述，可能会导致不同的决策判断结果，即人们会对表达形式不同的同一组选项表现出不同的偏好，做出不同的选择。

框架效应反映了人们的判断与决策依赖于描述问题的形式，说明人们在决策过程中是有限理性的。产生框架效应的原因是参照依赖，框架的改变使得人们的参照点发生了变化，如果描述使决策者的感知落入收益的框架，则决策者将采用收益的价值函数进行判断；反之，决策者将采用损失的价值函数进行判断，从而得出不同的结果。例如，A 加油站的招牌上写着"付现折扣，93# 汽油现金 7.8 元/升，刷卡 8 元/升"，而 B 加油站的招牌上写着"93# 汽油现金 7.8 元/升，刷卡加收 0.2 元/升"，这两家加油站的收费实际上是相同的，但人们会对两种招牌有不同的心理感受，从而导致多数人会选择 A 加油站，这是因为人们喜欢在一定价格上有所折扣，而不喜欢在一定价格上加收费用。

（四）模糊规避

1961 年，Ellsberg 通过实验研究发现，人们在决策中偏好于概率分布已知的选择，会倾向于规避概率分布不清楚的选择，即模糊规避现象，从而提出了著名的 Ellsberg 悖论。

模糊规避（Ambiguity Averse）是指在相同奖赏的情况下，决策者会偏好于有精确概率的事件而不是从主观上判断具有相同模糊概率的事件。模糊规避揭示了人们对主观或模糊不确定的规避程度大于对客观不确定的规避程度。模糊规避在投资决策、新产品选择、投标与拍卖等领域中广泛存在，例如，人们往往宁愿放弃购买国外大公司的股票而选择购买本国小公司的股票，出现这种现象的原因是投资者认为自己对本国的股票市场更加了解，从而认为本国公司未来市场好的概率比较精确，而国外公司未来市场好的概率比较模糊。

三、决策信息评价阶段的心理行为

在决策信息评价阶段，决策者的心理行为特征主要有确定效应、禀赋效应和现状偏见、损失规避、敏感性递减和后悔规避等，下面分别对这些心理行为进行说明。

（一）确定效应

1953 年，法国经济学家 Allais（1953）通过实验结果发现，人们在决策过程中会过度重视确定的结果，表明人们的实际行为违背了期望效用理论的"独立性公理"，从而提出了著名的 Allais 悖论。

Kahneman 和 Tversky（1979）将上述现象称为确定效应（Certainty Effect）。确定效应是指在确定的收益和不确定的或带有风险的收益之间进行选择时，决策者更偏好于确定的收益，即决策者在做决策时，往往对确定的结果赋予较高的权重而过度重视。

确定效应在经济、金融等领域中广泛存在，例如，投资者在购买股票时，有两只股票可以选择，第一只股票红利虽小但是结果是确定的，第二只股票红利较大但结果具有不确定性，多数投资者都会选择红利虽小但是肯定能得到红利的第一只股票。

（二）禀赋效应和现状偏见

禀赋效应（Endowment Effect）是由美国学者 Thaler 于 1980 年提出的，指当一个人一旦拥有某项物品，那么他对该物品价值的评价要比未拥有之前大大增加。1990 年，Kahneman 等通过著名的"瓷杯实验"对禀赋效应进行了验证。

考虑行为的多属性决策方法研究

禀赋效应是指人们会珍惜自己所拥有的东西，如果让他们放弃所拥有的东西则需要付出更大的代价。如果将这一结论由"拥有的东西"扩展至"现在的某种状态"，则可以表达为人们对属于现状的东西比那些不属于现状的东西具有更高的评价，即人们往往是安于现状的，而不愿意去改变现状，这种现象被称为现状偏见（Status Quo Bias）。

禀赋效应和现状偏见在现实决策问题中是普遍存在的，例如，A 城市和 B 城市分别实行不同的汽车保险制度，A 城市的保险覆盖面较广，价格也比较高；B 城市的价格虽然低，但覆盖面比较窄。当两个城市宣布两种保险制度都可以在这两个城市实行时，结果表明，大部分人依然选择购买之前使用的保险，而不愿意发生改变去购买另一种保险。还有，在商场购物通常都可以在七天内无条件退货，但是由于禀赋效应的存在，大多数都不会选择退货。

禀赋效应和现状偏见可以用损失规避解释，即改变现状造成的损失给人们带来的效用减少要多于相同收益给人们带来的效用增加。

（三）损失规避

关于损失规避（Loss Aversion）的概括和描述可最早追溯到亚当·斯密于 1812 年撰写的《The Theory of Moral Sentiments》一书。损失规避的概念是由Kahneman 和 Tversky（1979）在前景理论中正式提出的，是指决策者把结果看成是相对于参照点的收益或损失，并且对于等量的收益和损失，决策者对损失的感知更加敏感。

Kahneman 和 Tversky（1991）通过研究指出，在金钱或者其他可以衡量得失的领域，人们对损失的感知通常是对等量收益感知的两倍，也就是说，相同数量财产的损失带来的痛苦是该数量财产收益带来的快乐的两倍。在许多现实问题中，人们都存在损失规避的倾向，例如，人们失去 100 元钱的痛苦要远大于得到 100 元的喜悦。

（四）敏感性递减

敏感性递减（Diminishing Sensitivity）是指针对相同数量收益或损失的变化，如果该收益或损失的变化距离参照点越远，则决策者越不敏感，反之决策者越敏感。敏感性递减表明无论收益或损失的边际价值都随其增加而减少。因此，在前景理论中，收益区域价值函数的图像是凹形的，表示离参照点越远的增量对于决策者的吸引力越小，说明决策者对待收益是风险规避的；在损失区域价值函数的图像是凸形的,表示离参照点越远的增量对于决策者的吸引力越大,说明决策者对待损失是风险寻求的。

(五) 后悔规避

后悔规避(Regret Aversion)的概念是由 Bell、Loomes 和 Sugden 在后悔理论中提出的。在决策过程中,决策者会将自己考虑选择方案的结果与其他方案可能获得的结果进行比较,如果发现选择其他方案可以获得更好的结果,那么其心理会感到后悔;反之,则会感到欣喜。因此,决策者在决策时会对可能产生的后悔或欣喜有所预期,并避免选择会使其感到后悔的方案,即决策者是后悔规避的。

预期后悔和体验后悔都会在不同程度上影响人们的决策行为。Zeelenberg(1999)强调了预期后悔的重要作用,提出了人们不是风险规避,而是后悔规避的观点,他认为人们在决策时会选择预期后悔最小的方案,而不是风险最小的方案。

第二节 多属性效用理论

在多属性效用理论中,为了区分不同的偏好,用价值函数表示基于序数比较和偏好强度概念的偏好理论,用效用函数表示基于风险选择概念的偏好理论。下面分别对优先序、多属性价值函数和多属性效用函数的相关内容进行阐述。

一、优先序

由于价值函数和效用函数都是建立在决策者的偏好基础之上的,因此这里首先介绍优先序的相关概念。

(1) 严格序">": $a > b$ 表示 a 优于 b。严格序">"满足传递性和非对称性。

(2) 无差异"~": $a \sim b$ 表示 a 无差异于 b。无差异关系"~"满足传递性、对称性和自反性。

(3) 弱序"$\succeq$": $a \succeq b$ 表示 a 不劣于 b,即 a 优于或者无差异于 b。弱序"$\succeq$"满足连通性、传递性,与">"和"~"的一致性。

定义 3-1 设 X 和 Y 为两个属性，若 $\forall x, x' \in X$，当 $\exists a \in Y$，有：

$$(x, a) \succsim (x', a) \Rightarrow \forall b \in Y, (x, b) \succsim (x', b) \tag{3-1}$$

则称属性 X 偏好独立于 Y。

若 $\forall y, y' \in Y$，当 $\exists a \in X$，有：

$$(a, y) \succsim (a, y') \Rightarrow \forall b \in X, (b, y) \succsim (b, y') \tag{3-2}$$

则称属性 Y 偏好独立于 X。

若式 (3-1) 和式 (3-2) 同时成立，则称属性 X 与属性 Y 相互偏好独立。

二、多属性价值函数

这里首先给出价值函数的存在性定理。

定理 3-1 设 $\succsim$ 是定义在方案集 A 上的弱序，A 中只有可数个无差异类，则存在实值的序数价值函数 v，$\forall a, b \in A$ 有：

$$a \succsim b \Leftrightarrow v(a) \geq v(b) \tag{3-3}$$

更准确地，$\forall a, b \in A$ 有：

$$a \succ b \Leftrightarrow v(a) > v(b) \tag{3-4}$$

$$a \sim b \Leftrightarrow v(a) = v(b) \tag{3-5}$$

在定理 3-1 中，方案的属性可以是任意多个，而且 v 并不唯一，其任何严格单调递增变换仍是价值函数。

定理 3-2 设 v 是与 A 上的弱序 $\succsim$ 一致，且满足式 (3-4) 和式 (3-5) 的实值序数价值函数，w 是 v 的严格单调递增的实值变换 (即保序变换)，即：

$$w(v_1) > w(v_2) \Leftrightarrow v_1 > v_2 \tag{3-6}$$

$$w(v_1) = w(v_2) \Leftrightarrow v_1 = v_2 \tag{3-7}$$

则 $\forall a, b \in A$ 有：

$$a \succsim b \Leftrightarrow w(a) \geq w(b) \tag{3-8}$$

式中，$w(\cdot) = w(v(\cdot))$ 也是实值的序数价值函数。

下面给出两个价值函数的加性条件。

两个属性的价值函数 $v(x, y)$ 的最简单形式为各属性价值函数 $v_1(x)$ 和 $v_2(y)$ 之和，即：

$$v(x, y) = v_1(x) + v_2(y) \tag{3-9}$$

式（3-9）形式的价值函数称为加性价值函数。

当属性个数大于两个时，定义在属性集 Y 上的加性价值函数可以表示为：

$$v(y) = \sum_{i=1}^{n} v_i(y_i) \tag{3-10}$$

其中，$v_i(\cdot)$ 最简单的形式是 y_i 的线性函数。

三、多属性效用函数

多属性价值函数是决策者对确定型多属性决策结果的价值的量化，本小节将介绍不确定型多属性决策结果对于决策者的实际价值，即多属性效用函数。

定理 3-3 设 $u(x, y)$ 是 $X \times Y$ 上的效用函数，如果属性 X 与属性 Y 是相互效用独立的，若 (x_0, y_0) 使 $u(x_0, y_0) = 0$，则有：

$$u(x, y) = u(x_0, y) + u(x, y_0) + k \cdot u(x_0, y) \cdot u(x, y_0) \tag{3-11}$$

即属性 X 与属性 Y 相互效用独立且 $u(x_0, y_0) = 0$ 时，$u(x, y)$ 具有拟加性。

定义 3-2 若 $\forall x, x' \in X, y, y' \in Y$，均有：

$$(0.5, (x, y); 0.5(x', y')) \sim (0.5, (x, y'); 0.5, (x', y)) \tag{3-12}$$

则称属性 X 与属性 Y 是加性独立的。

定理 3-4 如果属性 X 与属性 Y 加性独立，且 (x_0, y_0) 使 $u(x_0, y_0) = 0$，则有：

$$u(x, y) = u(x_0, y) + u(x, y_0) \tag{3-13}$$

定理 3-5 设 $Y(Y = Y_1 \times Y_2 \times \cdots \times Y_n)$ 上存在规范化的效用函数 $u(y)$ 能描述决策者的偏好，即 $\forall y', y'' \in Y, y' \geqslant y''$ 当且仅当 $u(y') \geqslant u(y'')$；如果属性集 Ψ 满足加性独立条件，则存在定义在 Y_j 上的实值函数 u_j，使得 $\forall y \in Y$ 有：

$$u(y) = u_1(y_1) + u_2(y_2) + \cdots + u_n(y_n) \tag{3-14}$$

第三节　前景理论

前景理论是一种描述个体实际决策过程的行为决策理论，可以解释很多期望效用理论不能解释的异常现象，能够反映决策者的实际行为。前景理论自提出以来,已经由第一代前景理论发展至累积前景理论,并进一步发展为第三代前景理论。下面分别对第一代前景理论、累积前景理论和第三代前景理论进行简要介绍。

一、第一代前景理论

前景理论是由 Kahneman 和 Tversky 于 1979 年提出,他们通过实验研究发现了在风险条件下人们实际的决策行为与期望效用理论相背离的普遍现象,如参照依赖效应、反射效应和隔离效应等,为了能够很好地解释与描述这些行为偏差,他们把心理学的研究成果引入经济学中,从而提出了前景理论。此后,关于前景理论的研究在学术界引起了广泛的关注,并取得了大量的研究成果。目前,前景理论被认为是最有代表性的行为决策理论。

Kahneman 和 Tversky(1979)将个体在风险条件下的决策过程分为两个阶段:编辑阶段(Editing Phase)和评价阶段(Evaluation Phase)。在编辑阶段,决策者将结果编码为相对于参照点的收益或损失,这里参照点通常是根据现时水平和决策者对未来预期等因素确定的;在评价阶段,通过一个价值函数和一个概率权重函数对被编辑的前景进行评价,并选择具有最高价值的前景。

前景理论用价值函数和概率权重函数这两个函数描述人们在决策过程中的选择行为。价值函数取代了期望效用理论中的效用函数,用来描述人们参照依赖、敏感性递减和损失规避等心理行为;概率权重函数取代了期望效用理论中的概率,用来描述人们超估低概率而低估高概率的行为特征。

(一)价值函数

Kahneman 和 Tversky(1979)给出的价值函数的形状如图 3-1 所示。在图 3-1 中,x 表示结果相对于参照点的收益或损失,当 x≥0 时表示收益,当 x<0 时表示损失,价值函数的表达式为:

$$v(x) = \begin{cases} x^\alpha, & x \geq 0 \\ -\lambda(-x)^\beta, & x < 0 \end{cases} \quad (3\text{-}15)$$

其中,α 和 β 分别表示价值函数在收益和损失区域的凹凸程度,反映了决策者敏感性递减的速度,0≤α,β≤1;λ 反映决策者损失规避的程度,即用来表示价值函数损失区域比收益区域更陡峭的特征,λ>1。

从图 3-1 可以看出,价值函数具有以下三个特点:

(1) 价值函数被参照点分为两个区域，即收益区域和损失区域；

(2) 价值函数在收益区域是凹的，在损失区域是凸的，表示决策者面对收益时是风险规避的，面对损失时是风险寻求的；

(3) 价值函数在损失区域比在收益区域更陡峭，在图 3-1 中，对于某一确定的收益 x_0 和等量的损失 $-x_0$，$v(x_0) < |v(-x_0)|$ 成立，表示决策者对损失比等量的收益更加敏感。

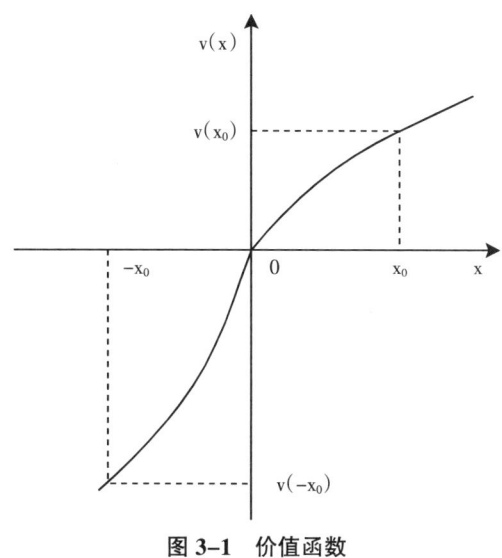

图 3-1 价值函数

（二）概率权重函数

Kahneman 和 Tversky（1979）给出的概率权重函数如图 3-2 所示，其中，p 表示事件发生的概率，$\pi(p)$ 表示概率 p 的权重。

从图 3-2 中可以看出，概率权重函数有以下特点：

(1) 低概率事件通常被高估，即当事件发生的概率很小时，概率权重通常高于概率值；

(2) 次可加性，即当 p 较小时，$\pi(p)$ 是 p 的一个次可加性函数；

(3) 次确定性，即互补概率事件的概率权重之和小于确定性事件的概率权重；

(4) 逼近确定性事件的边界，概率权重常常被忽视或放大，即决策者常常把极不可能的事情看成不可能的，而把极可能的事情看成绝对的事情。

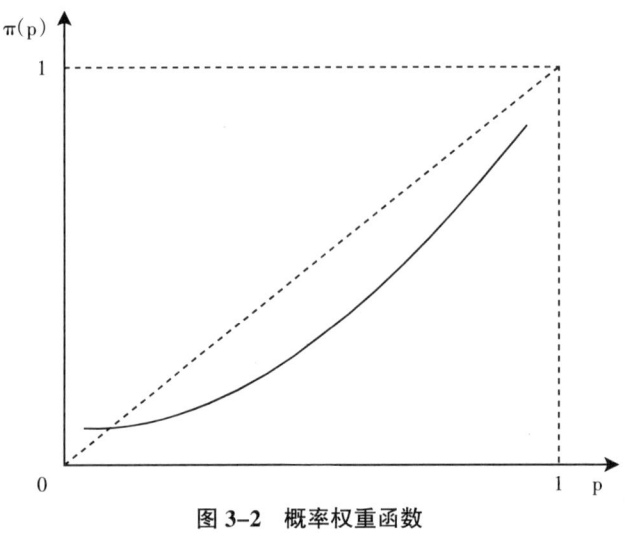

图 3-2 概率权重函数

二、累积前景理论

为了解决前景理论的概率权重函数不满足随机占优准则的局限，Tversky 和 Kaneman（1992）提出了累积前景理论。累积前景理论和第一代前景理论的不同主要在于：累积前景理论不是单独转换各个概率事件，而是转换累积概率，从而较好地解决了不满足随机占优及难以处理多个结果的问题。

设一个前景 P 为 $(p_1, x_1; p_2, x_2, \cdots, p_k, x_k)$，其中，结果 x_i 出现的概率为 p_i，$i = 1, 2, \cdots, k$。为了便于描述，设参照点 $x_0 = 0$，将所有结果按照升序排列，并重新记为 $x_{-m} \leqslant x_{-m+1} \leqslant \cdots \leqslant x_0 \leqslant x_1 \leqslant \cdots \leqslant x_n$。那么前景值的计算公式为：

$$V(P) = V(P^+) + V(P^-) \tag{3-16}$$

其中：

$$V(P^+) = \sum_{i=0}^{n} \pi_i^+ v(x_i) \tag{3-17}$$

$$V(P^-) = \sum_{i=-m}^{0} \pi_i^- v(x_i) \tag{3-18}$$

这里，$v(x_i)$ 为结果 x_i 的价值，其计算公式为式（3-15），π_i^+ 和 π_i^- 分别为对于收益和损失的概率权重，其计算公式分别为：

$$\pi_n^+ = w^+(p_n) \tag{3-19}$$

$$\pi_{-m}^- = w^-(p_{-m}) \tag{3-20}$$

$$\pi_i^+ = w^+(p_i + \cdots + p_n) - w^+(p_{i+1} + \cdots + p_n), \quad 0 \leq i \leq n-1 \tag{3-21}$$

$$\pi_i^- = w^-(p_{-m} + \cdots + p_i) - w^-(p_{-m} + \cdots + p_{i-1}), \quad 1-m \leq i \leq 0 \tag{3-22}$$

其中，$w^+(\cdot)$ 和 $w^-(\cdot)$ 是严格递增函数，且 $w^+(0) = w^-(0) = 0$，$w^+(1) = w^-(1) = 1$。$w^+(\cdot)$ 和 $w^-(\cdot)$ 的具体函数表达式分别为：

$$w^+(p) = \frac{p^{\gamma^+}}{(p^{\gamma^+} + (1-p)^{\gamma^+})^{1/\gamma^+}} \tag{3-23}$$

$$w^-(p) = \frac{p^{\gamma^-}}{(p^{\gamma^-} + (1-p)^{\gamma^-})^{1/\gamma^-}} \tag{3-24}$$

其中，p 为概率，γ^+ 和 γ^- 为参数，分别表示收益和损失的概率权重函数的弯曲程度，反映了决策者对待收益风险和损失风险的不同态度，$\gamma^+ > 0$，$\gamma^- > 0$。

三、第三代前景理论

为了能够更好地解释偏好反转现象，Schmidt 等（2008）提出了第三代前景理论。第三代前景理论是对第一代前景理论和累积前景理论的扩展，考虑了参照点不确定的情形，对风险型决策和不确定型决策研究起到了重要作用。

第三代前景理论主要由两部分组成：

第一，重新定义了相对于参照点的收益和损失。这里的参照点被视为一个随机事件，即参照事件（Reference act），收益和损失被定义为一种客观状态。若记 f 和 h 表示两个事件，s 为任意一自然状态，$f(s)$ 和 $h(s)$ 分别表示事件 f 和 h 在状态 s 下的结果，那么当 $f(s) - h(s) > 0$ 时，$f(s) - h(s)$ 表示事件 f 相对于 h 的收益，当 $f(s) - h(s) < 0$ 时，$f(s) - h(s)$ 表示事件 f 相对于 h 的损失。

第二，提出了一个参照点不确定情形下的概率权重模型。

记 $S = \{s_1, s_2, \cdots, s_n\}$ 为自然状态集合，其中 s_i 表示第 i 个自然状态，状态 s_i 发生的概率记为 p_i，$i = 1, 2, \cdots, n$。记 f 和 h 表示两个事件，其在状态 s_i 发生时产生的结果分别为 $f(s_i)$ 和 $h(s_i)$，那么，事件 f 相对于事件 h 的前景值为：

$$V(f, h) = \sum_{i=1}^n v(f[s_i], h[s_i]) w(s_i; f, h) \tag{3-25}$$

其中，$v(f[s_i], h[s_i])$ 为相对价值，用来描述事件 f 相对于参照事件 h 的价值，其计算公式见式（3-15）；$w(s_i; f, h)$ 为概率权重，将所有的收益和损失（即 $f(s_i) - h(s_i)$）按照升序排列，并将损失对应的状态下标重新记为 $-m^-$，$-m^- + 1$，$\cdots$，-1，将收益对应的状态下标重新记为 1，2，$\cdots$，m^+，则 $w(s_i; f, h)$ 的计算公式为：

$$w(s_i; f, h) = \begin{cases} w^+(p_i), & i = m^+ \\ w^+\left(\sum_{i}^{m^+} p_i\right) - w^+\left(\sum_{i+1}^{m^+} p_i\right), & 1 \leq i \leq m^+ - 1 \\ w^-\left(\sum_{-m^-}^{i} p_i\right) - w^-\left(\sum_{-m^-}^{i-1} p_i\right), & -m^- + 1 \leq i \leq -1 \\ w^-(p_i), & i = -m^- \end{cases} \quad (3-26)$$

其中，$w^+(\cdot)$ 和 $w^-(\cdot)$ 分别表示关于收益和损失的概率权重函数，其具体表达式如式（3-23）和式（3-24）所示。

第四节 后悔理论

由 Bell（1982）、Loomes 和 Sugden（1982）提出的后悔理论是继前景理论之后最有影响力的一种行为决策理论。后悔理论的基本思想是：决策者在决策过程中不仅关注其考虑选择的方案所获得的结果，还关注如果选择其他方案可能获得的结果，并且避免选择会使其感到后悔的方案。后悔理论在一定程度上也能够解释很多期望效用理论不能解释的现象，如 Allais 悖论和确定效应等，并且已经有文献指出，后悔理论的模型比前景理论更简单且涉及参数更少，因此，关于后悔理论的研究引起了学者们的关注。

一、两个方案选择的修正效用函数

后悔理论最早由 Bell（1982）、Loomes 和 Sugden（1982）分别独立提出，他们指出，在决策过程中，决策者会将自己考虑选择方案的结果与其他方案可能获得的结果进行比较，如果发现选择其他方案可以获得更好的结果，那么其心理会感到后悔；反之，则会感到欣喜。因此，决策者在决策过程中会对决策可能产生的后悔或欣喜有所预期,并试图避免选择会使其感到后悔的方案,即决策者是后悔规避的。

依据后悔理论,决策者的感知效用函数由两部分组成,即关于当前结果的效用函数和后悔—欣喜函数。令 x 和 y 分别表示选择方案 A 和 B 所能获得的结果,那么决策者对方案 A 的感知效用为:

$$u(x, y) = v(x) + R(v(x) - v(y)) \tag{3-27}$$

其中,$v(x)$ 和 $v(y)$ 分别表示决策者能从方案 A 和方案 B 的结果中获得的效用,$R(v(x) - v(y))$ 表示后悔—欣喜值,当 $R(v(x) - v(y)) > 0$ 时,$R(v(x) - v(y))$ 为欣喜值,表示决策者对选择方案 A 而放弃方案 B 感到欣喜;当 $R(v(x) - v(y)) < 0$ 时,$R(v(x) - v(y))$ 为后悔值,表示决策者对选择方案 A 而放弃方案 B 感到后悔。这里,后悔—欣喜函数 $R(\cdot)$ 是一个单调递增的凹函数,满足 $R'(\cdot) > 0$ 和 $R''(\cdot) < 0$,并且 $R(0) = 0$。

二、多个方案选择的修正效用函数

后悔理论最初是用于两个方案的选择问题,后来 Quiggin (1994) 将其扩展至多个方案的选择问题。

设 A_1, A_2, $\cdots$, A_m 为 m 个备选方案,其中 A_i 表示第 i 个备选方案,$i = 1, 2, \cdots, m$;x_1, x_2, $\cdots$, x_m 分别为方案 A_1, A_2, $\cdots$, A_m 的结果,其中 x_i 表示方案 A_i 的结果,那么决策者对方案 A_i 的感知效用为:

$$u_i = v(x_i) + R(v(x_i) - v(x^*)) \tag{3-28}$$

其中,$x^* = \max\{x_i | i = 1, 2, \cdots, m\}$。这里,$R(v(x_i) - v(x^*)) \leq 0$,即 $R(v(x_i) - v(x^*))$ 表示后悔值,因此 $R(\cdot)$ 是一个凹函数,满足 $R'(\cdot) > 0$ 和 $R''(\cdot) < 0$,表示决策者对后悔是风险规避的。

由于在现实中,决策问题通常是多个方案的选择,因此,式(3-28)在实际问题中得到了广泛应用。

第五节 本章小结

本章对考虑行为的多属性决策问题研究的理论基础进行了总结。为了研究行为多属性决策理论与方法，首先对决策者的典型心理行为特征进行了归纳与总结，然后对多属性效用理论、前景理论、后悔理论的具体内容进行了系统的分析和描述。这些理论是本书研究工作的主要思想和理论依据。本章工作的意义在于通过对典型心理行为特征、多属性效用理论、前景理论和后悔理论等进行研究，为进一步研究行为多属性决策理论与方法提供理论基础和依据。

第四章　考虑行为的多属性决策问题的描述及研究框架

通过第二章的文献综述和第三章的理论基础的总结，本章将进一步深入剖析考虑行为的多属性决策问题。首先，给出考虑行为的多属性决策问题的形式化描述，在此基础上，给出解决考虑行为的多属性决策问题的研究框架。通过本章的研究，为本书第五章、第六章和第七章核心章节提供理论分析框架和总体研究框架。

第一节　考虑行为的多属性决策问题的一般性描述

本节将对考虑行为的多属性决策问题进行一般性描述。首先，按照决策问题的类型对所研究的考虑行为的多属性决策问题进行分类；其次分别描述各类研究问题。

一、考虑行为的多属性决策问题的分类

为了明确考虑行为的多属性决策问题的研究体系，下面对考虑行为的多属性决策问题进行分类。

考虑行为的多属性决策问题，若按照决策的环境划分，可以分为以下三类：①考虑行为的确定型多属性决策问题，这类决策问题是指自然环境完全确定，不包含随机因素的决策问题，每个决策都会得到一个唯一事先可知的结果；②考虑行为的风险型多属性决策问题，这类决策问题是指自然环境不完全确定，但是每种自然状态发生的概率是可以推算或者已知的，而且每种状态下可能的结果也是

已知的；③考虑行为的不确定型多属性决策问题，这类决策问题是指决策者对将要发生结果的概率无法确定或者一无所知，只能凭借决策者主观倾向进行的决策。

若按照参与决策人的数目划分，考虑行为的多属性决策问题可以分为：①考虑行为的多属性（个体）决策问题，即决策者只有一人的多属性决策问题；②考虑行为的多属性群决策问题，即决策者有多个人，需要将参与决策人的意见按照某一规则集成为群体意见，并以此进行决策方案选择的决策问题。

本书则主要研究以下三类决策问题：①考虑行为的确定型多属性决策问题；②考虑行为的风险型多属性决策问题；③考虑行为的多属性群决策问题。下面将对上述三类考虑行为的多属性决策问题进行具体描述与分析。

二、考虑行为的确定型多属性决策问题描述

在考虑行为的确定型多属性决策问题中，基于对现实决策问题的分析，可以发现，研究问题主要有决策者给出期望信息的多属性决策问题和决策者没有给出期望信息的多属性决策问题。下面将分别对这两类决策问题进行阐述。

（一）考虑行为的决策者给出期望信息的确定型多属性决策问题

考虑行为的决策者给出期望信息的确定型多属性决策问题，是指针对自然环境确定的情形，在考虑决策者心理行为的情境下，依据备选方案在各属性下的属性值以及决策者给出的对各属性的期望信息，确定各备选方案的排序结果。

根据上述定义，可进一步给出考虑行为的决策者期望信息的确定型多属性决策问题的形式化描述。设 $P = \{P_1, P_2, \cdots, P_m\}$ 表示备选方案集合；$Q = \{Q_1, Q_2, \cdots, Q_n\}$ 表示属性集合，且 $Q_1, Q_2, \cdots, Q_n$ 是加性独立的；$w = (w_1, w_2, \cdots, w_n)$ 表示属性的权重向量；$S = [s_{ij}]_{m \times n}$ 表示决策矩阵，其中，s_{ij} 表示方案 P_i 关于属性 Q_j 的结果，$i = 1, 2, \cdots, m$，$j = 1, 2, \cdots, n$；$E = (e_1, e_2, \cdots, e_n)$ 表示决策者根据已有信息和对未来的预期等因素给出的关于属性的期望水平向量。

这里要解决的问题是：在考虑决策者心理行为的情境下，依据决策矩阵 S、属性权重向量 w 和决策者的期望水平向量 E，通过某种决策分析方法得到所有方案的排序结果。

（二）考虑行为的决策者没有给出期望信息的确定型多属性决策问题

考虑行为的决策者没有给出期望信息的确定型多属性决策问题，是指针对自

然环境确定的情形,在考虑决策者心理行为的情境下,依据备选方案在各属性下的属性值,确定各备选方案的排序结果。

根据上述定义,可进一步给出考虑行为的决策者没有期望信息的确定型多属性决策问题的形式化描述。设 $A = \{A_1, A_2, \cdots, A_m\}$ 表示备选方案集合;$C = \{C_1, C_2, \cdots, C_n\}$ 表示属性集合,且 $C_1, C_2, \cdots, C_n$ 是加性独立的;$w = (w_1, w_2, \cdots, w_n)$ 表示属性的权重向量;$X = [x_{ij}]_{m \times n}$ 表示决策矩阵,其中,x_{ij} 表示方案 A_i 关于属性 C_j 的结果,$i = 1, 2, \cdots, m$,$j = 1, 2, \cdots, n$。

这里要解决的问题是:在考虑决策者心理行为的情境下,依据决策矩阵 X 和属性权重向量 w,通过某种决策分析方法得到所有方案的排序结果。

三、考虑行为的风险型多属性决策问题描述

在考虑行为的风险型多属性决策问题中,基于对现实问题的分析,可以发现,研究问题主要有决策者给出期望信息的风险型多属性决策问题和决策者没有给出期望信息的风险型多属性决策问题。下面分别对这两类决策问题进行阐述。

(一)考虑行为的决策者给出期望信息的风险型多属性决策问题

考虑行为的决策者给出期望信息的风险型多属性决策问题,是指在考虑决策者心理行为的情境下,依据备选方案在各自然状态下的属性值、决策者给出的期望信息以及状态发生的概率,确定各备选方案的排序结果。

根据上述定义,可进一步给出考虑行为的决策者给出期望信息的风险型多属性决策问题的形式化描述。设 $A = \{A_1, A_2, \cdots, A_m\}$ 表示备选方案集合;$C = \{C_1, C_2, \cdots, C_n\}$ 表示属性集合,且 $C_1, C_2, \cdots, C_n$ 是加性独立的;$w = (w_1, w_2, \cdots, w_n)$ 表示属性的权重向量;$S = \{S_1, S_2, \cdots, S_h\}$ 表示自然状态集合,p_t 表示状态 S_t 发生的概率,满足 $0 \leq p_t \leq 1$ 且 $\sum_{t=1}^{h} p_t = 1$,$t = 1, 2, \cdots, h$;$X = [x_{ij}^t]_{m \times n \times h}$ 表示风险决策矩阵,其中,x_{ij}^t 表示在状态 S_t 下方案 A_i 关于属性 C_j 的结果,$i = 1, 2, \cdots, m$,$j = 1, 2, \cdots, n$,$t = 1, 2, \cdots, h$;$R = (r_1, r_2, \cdots, r_n)$ 表示决策者根据已有信息和对未来的预期等因素给出的关于属性的期望水平向量,其中 $r_j = (r_j^1, r_j^2, \cdots, r_j^h)$ 表示决策者针对属性 C_j 的期望水平,r_j^t 表示在状态 S_t 下决策者针对属性 C_j 的期望水平,$j = 1, 2, \cdots, n$,$t = 1, 2, \cdots, h$。

这里要解决的问题是:在考虑决策者心理行为的情境下,依据风险决策矩阵

X、属性权重向量 w 和决策者的期望水平向量 R，通过某种决策分析方法得到所有方案的排序结果。

（二）考虑行为的决策者没有给出期望信息的风险型多属性决策问题

考虑行为的决策者没有给出期望信息的风险型多属性决策问题，是指在考虑决策者心理行为的情境下，依据备选方案在各自然状态下的属性值和状态发生的概率，确定各备选方案的排序结果。

根据上述定义，可进一步给出考虑行为的决策者没有给出期望信息的风险型多属性决策问题的形式化描述。设 $A = \{A_1, A_2, \cdots, A_m\}$ 表示备选方案集合；$C = \{C_1, C_2, \cdots, C_n\}$ 表示属性集合，且 $C_1, C_2, \cdots, C_n$ 是加性独立的；$w = (w_1, w_2, \cdots, w_n)$ 表示属性的权重向量；$S = \{S_1, S_2, \cdots, S_h\}$ 表示自然状态集合，p_t 表示状态 S_t 发生的概率，满足 $0 \leq p_t \leq 1$ 且 $\sum_{t=1}^{h} p_t = 1$，$t = 1, 2, \cdots, h$；$X = [x_{ij}^t]_{m \times n \times h}$ 表示风险决策矩阵，其中，x_{ij}^t 表示在状态 S_t 下方案 A_i 关于属性 C_j 的结果，$i = 1, 2, \cdots, m$；$j = 1, 2, \cdots, n$；$t = 1, 2, \cdots, h$。

这里要解决的问题是：在考虑决策者心理行为的情境下，依据风险决策矩阵 X 和属性权重向量 w，如何通过一个有效的决策分析方法得到所有方案的排序结果。

四、考虑行为的多属性群决策问题描述

在考虑行为的多属性群决策问题中，基于对现实决策问题的分析，可以发现研究问题主要有考虑群体期望水平的多属性群决策问题和参与决策人没有给出期望信息的多属性多标度群决策问题。下面将分别对这两类决策问题进行阐述。

（一）考虑群体期望水平的多属性群决策问题

考虑群体期望水平的多属性群决策问题，是指在考虑参与决策人心理行为的情境下，依据备选方案在各属性下的属性值以及各参与决策人给出的针对各属性的期望信息，确定各备选方案的排序结果。

根据上述定义，可进一步给出考虑群体期望水平的多属性群决策问题的形式化描述。设 $A = \{A_1, A_2, \cdots, A_m\}$ 表示备选方案集合；$C = \{C_1, C_2, \cdots, C_n\}$ 表示属性集合，且 $C_1, C_2, \cdots, C_n$ 是加性独立的；$w = (w_1, w_2, \cdots, w_n)$ 表示属性的权重向量；$X = [x_{ij}]_{m \times n}$ 表示决策矩阵，其中，x_{ij} 表示方案 A_i 关于属性 C_j 的结果，

$i = 1, 2, \cdots, m$；$j = 1, 2, \cdots, n$；$D = \{D_1, D_2, \cdots, D_h\}$ 表示参与决策人集合，其中，D_l 表示第 l 个参与决策人，$l = 1, 2, \cdots, h$；$R = [r_j^l]_{n \times h}$ 表示参与决策人的期望水平矩阵，其中，r_j^l 表示参与决策人 D_l 根据已有信息和对未来的预期等因素给出的针对属性 C_j 的期望水平，$j = 1, 2, \cdots, n$；$l = 1, 2, \cdots, h$。

这里要解决的问题是：在考虑参与决策人心理行为的情境下，依据决策矩阵 X、属性权重向量 w 和参与决策人集合 D 给出的期望水平矩阵 R，通过某种决策分析方法得到所有方案的排序结果。

（二）考虑行为的参与决策人没有给出期望信息的多属性多标度群决策问题

考虑行为的参与决策人没有给出期望信息的多属性多标度群决策问题，是指在考虑参与决策人心理行为的情境下，依据各参与决策人给出的关于属性评价标度的方案评价信息，确定各备选方案的排序结果。

根据上述定义，可进一步给出考虑行为的参与决策人没有给出期望信息的多属性多标度群决策问题的形式化描述。设 $A = \{A_1, A_2, \cdots, A_m\}$ 表示备选方案集合；$C = \{C_1, C_2, \cdots, C_n\}$ 表示属性集合，且 $C_1, C_2, \cdots, C_n$ 是加性独立的；$w = (w_1, w_2, \cdots, w_n)$ 表示属性的权重向量；$D = \{D_1, D_2, \cdots, D_k\}$ 表示参与决策人集合，其中，D_l 表示第 l 个参与决策人，$l = 1, 2, \cdots, k$；$H_j = \{H_j^1, H_j^2, \cdots, H_j^{q_j}\}$ 表示关于属性 C_j 的评价标度集合，其中，H_j^s 表示关于属性 C_j 的第 s 个评价标度，$j = 1, 2, \cdots, n$；$s = 1, 2, \cdots, q_j$；x_{ij}^l 表示参与决策人 D_l 对方案 A_i 关于属性 C_j 的评价值，$x_{ij}^l \in H_j$，$i = 1, 2, \cdots, m$；$j = 1, 2, \cdots, n$；$l = 1, 2, \cdots, k$。

这里要解决的问题是：在考虑参与决策人心理行为的情境下，依据各参与决策人给出的关于属性评价标度集合 H_j 的方案评价值 x_{ij}^l 以及属性权重向量 w，通过某种决策分析方法得到所有方案的排序结果。

第二节 考虑行为的多属性决策问题的研究框架

针对上述不同类型考虑行为的多属性决策问题，下面分别给出有针对性的研究框架。

一、考虑行为的确定型多属性决策问题的研究框架

本小节分别给出解决决策者给出期望信息的确定型多属性决策问题和决策者没有给出期望信息的确定型多属性决策问题的研究框架。

(一) 考虑行为的决策者给出期望信息的确定型多属性决策问题

针对考虑行为的决策者给出期望信息的确定型多属性决策问题,这里构建了解决该问题的研究框架,具体如图 4-1 所示。

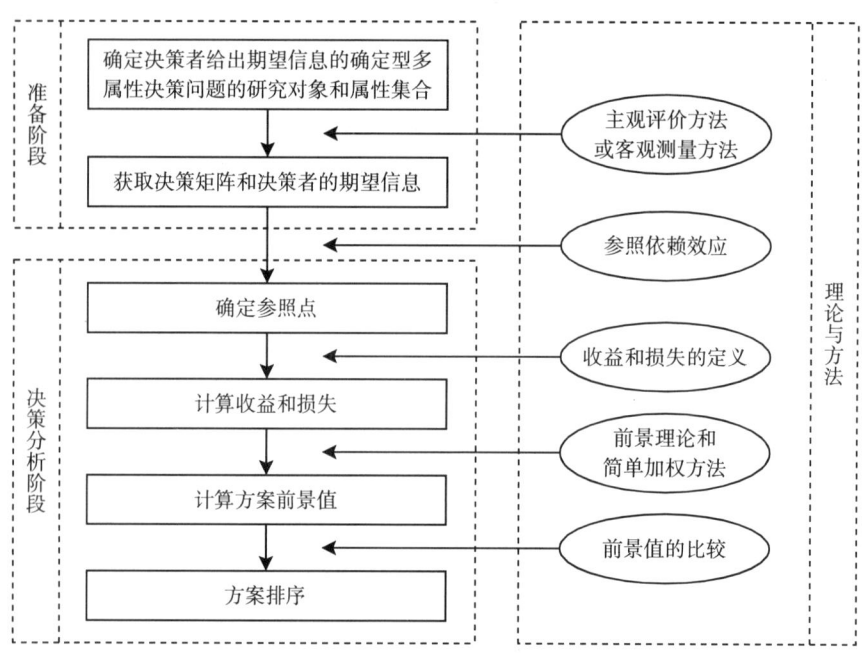

图 4-1 考虑决策者给出期望信息的确定型多属性决策问题的研究框架

如图 4-1 所示的研究框架,左边为主要的研究内容,右边是采用的相关理论和方法。主要研究内容包括两部分:

第一部分为准备阶段,首先需要根据具体的决策者给出期望信息的确定型多属性决策问题的研究背景,确定研究对象,并进一步确定属性集合,其次,通过主观评价方法或者客观测量方法获得决策矩阵,并由决策者根据已有信息或个人偏好等因素给出其期望信息。

第二部分为决策分析阶段,首先,依据参照依赖效应,确定针对各属性的参照点;其次,给出收益和损失的定义或计算公式,并运用给出的定义或计算公式

计算方案针对各属性的收益和损失；再次，依据前景理论和简单加权方法计算方案的前景值；最后，通过比较各方案前景值的大小进行方案排序。

在该框架中，第二部分为本书开展的主要工作模块。

（二）考虑行为的决策者没有给出期望信息的确定型多属性决策问题

针对考虑行为的决策者没有给出期望信息的确定型多属性决策问题，这里构建了解决该问题的研究框架，具体如图 4-2 所示。

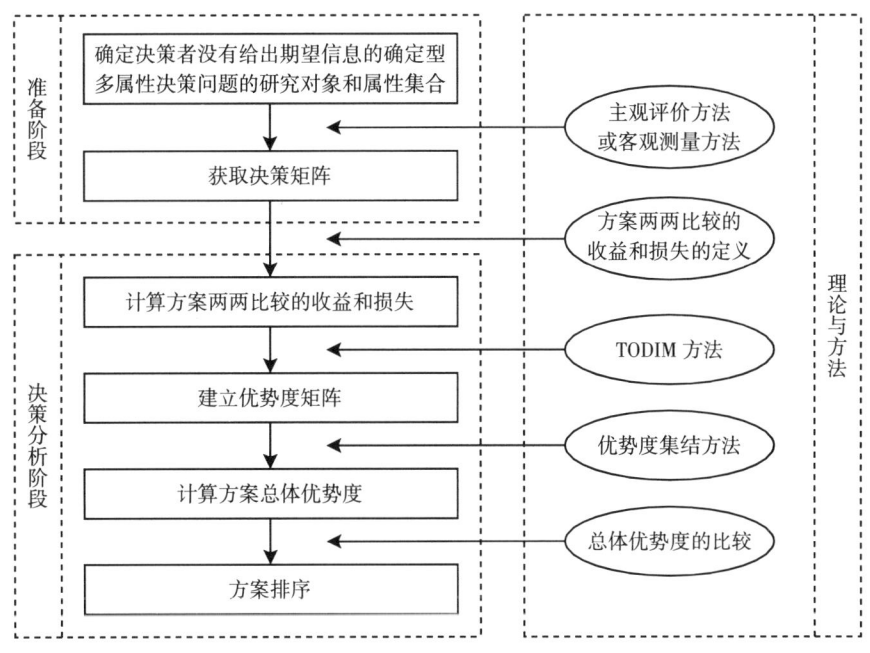

图 4-2　考虑决策者没有给出期望信息的确定型多属性决策问题的研究框架

如图 4-2 所示的研究框架，左边为主要的研究内容，右边是采用的相关理论和方法。主要研究内容包括两部分：

第一部分为准备阶段，首先，需要根据具体的确定型多属性决策问题的研究背景，确定研究对象和属性集合；其次，通过主观评价方法或者客观测量方法获得决策矩阵。

第二部分为决策分析阶段，首先，给出方案两两比较的收益和损失的定义，依据该定义计算方案两两比较的收益和损失；其次，依据 TODIM 方法的原理与思想，建立方案两两比较的优势度矩阵；再次，通过对优势度进行集结计算方案的总体优势度；最后，通过比较总体优势度的大小进行方案排序。

在该框架中,第二部分为本书开展的主要工作模块。

二、考虑行为的风险型多属性决策问题的研究框架

本部分分别给出解决决策者给出期望信息的风险型多属性决策问题和决策者没有给出期望信息的风险型多属性决策问题的研究框架。

(一)考虑行为的决策者给出期望信息的风险型多属性决策问题

针对考虑行为的决策者给出期望信息的风险型多属性决策问题,这里构建了解决该问题的研究框架,具体如图4-3所示。

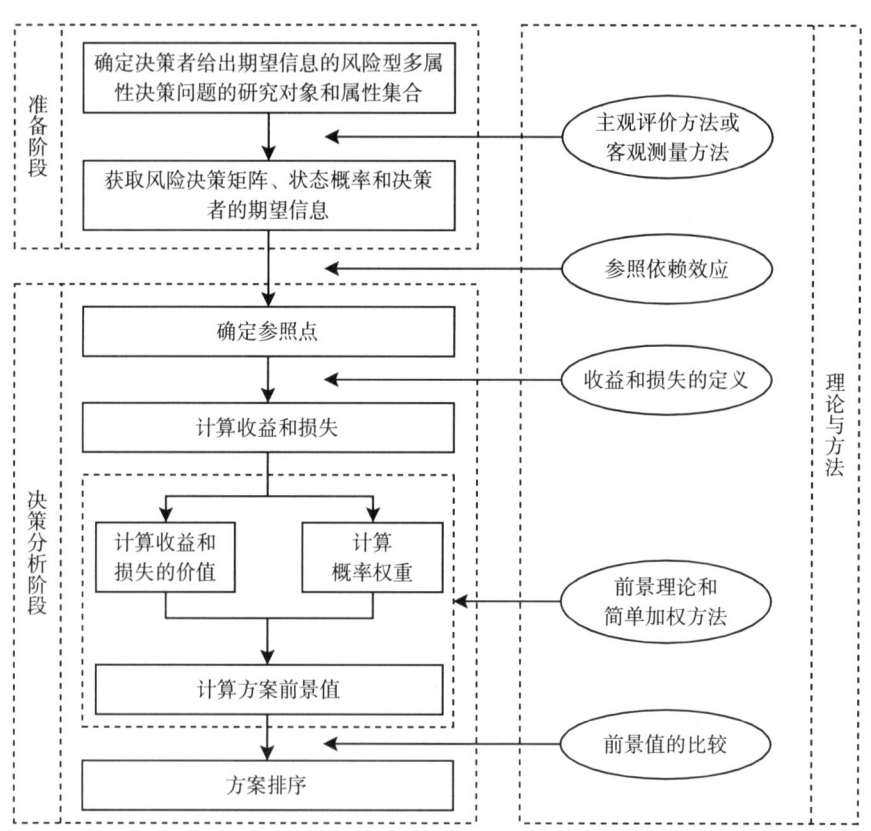

图4-3 考虑决策者给出期望信息的风险型多属性决策问题的研究框架

如图4-3所示的研究框架,左边为主要的研究内容,右边是采用的相关理论和方法。主要研究内容包括两部分:

第一部分为准备阶段,首先,需要根据具体的决策者给出期望信息的风险型

多属性决策问题的研究背景，确定研究对象和属性集合；其次，通过主观评价方法或者客观测量方法获得风险决策矩阵和状态概率，并由决策者根据已有信息或个人偏好等因素给出期望信息。

第二部分为决策分析阶段，首先，依据参照依赖效应，确定针对各属性的参照点；其次，给出收益和损失的定义或计算公式，并运用给出的定义或计算公式计算方案针对各属性的收益和损失；再次，依据前景理论计算收益和损失的价值以及针对收益和损失的概率权重，并进一步依据简单加权方法计算方案的前景值；最后，通过比较各方案前景值的大小进行方案排序。

在该框架中，第二部分为本书开展的主要工作模块。

(二) 考虑行为的决策者没有给出期望信息的风险型多属性决策问题

针对考虑行为的决策者没有给出期望信息的风险型多属性决策问题，这里构建了解决该问题的研究框架，具体如图 4-4 所示。

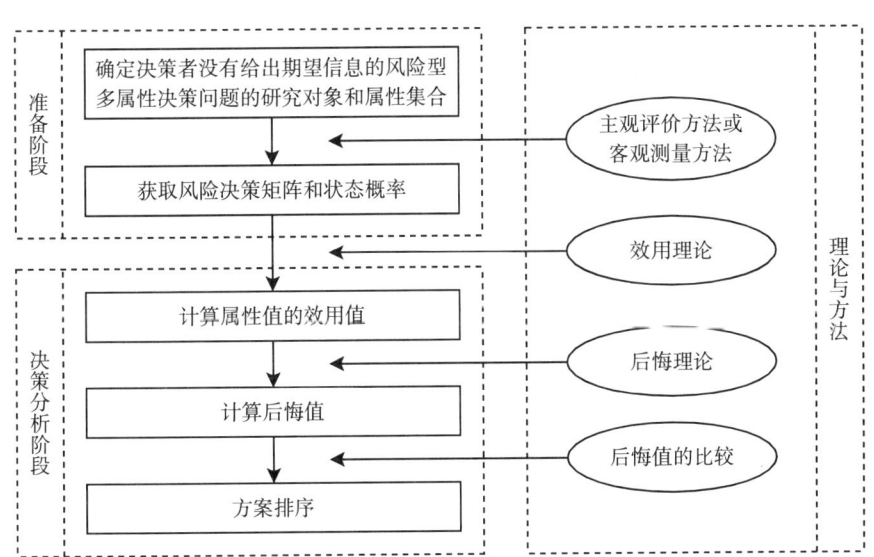

图 4-4 考虑决策者没有给出期望信息的风险型多属性决策问题的研究框架

如图 4-4 所示的研究框架，左边为主要的研究内容，右边是采用的相关理论和方法。主要研究内容包括两部分：

第一部分为准备阶段，首先，需要根据具体的决策者没有给出期望信息的风险型多属性决策问题的研究背景，确定研究对象和属性集合；其次，通过主观评价方法或者客观测量方法获得风险决策矩阵和状态概率。

第二部分为决策分析阶段，首先，依据效用理论计算属性值的效用值；其次，依据后悔理论的思想，计算方案的后悔值；最后，通过比较方案后悔值的大小进行方案排序。

在该框架中，第二部分为本书开展的主要工作模块。

三、考虑行为的多属性群决策问题的研究框架

本部分分别给出解决考虑群体期望水平的多属性群决策问题和参与决策人没有给出期望信息的多属性多标度群决策问题的研究框架。

（一）考虑群体期望水平的多属性群决策问题

针对考虑群体期望水平的多属性群决策问题，这里构建了解决该问题的研究框架，具体如图 4-5 所示。

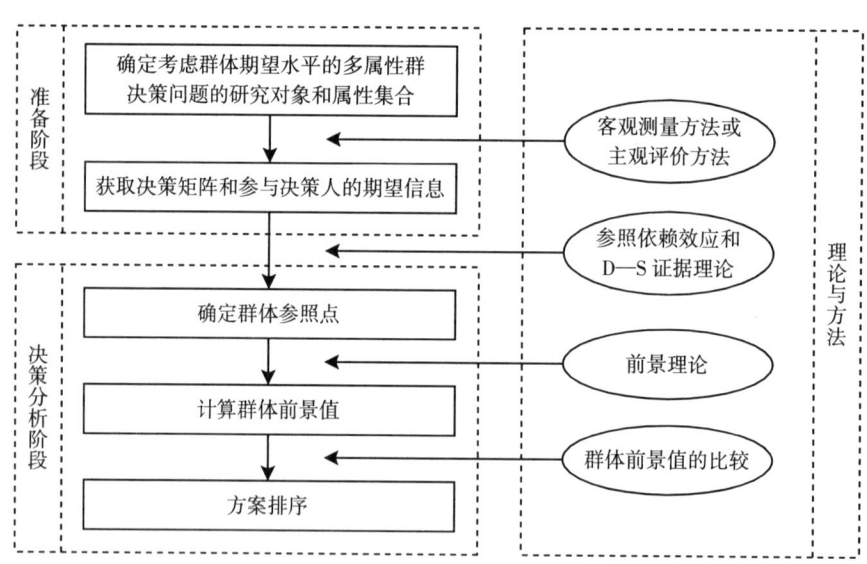

图 4-5　考虑群体期望水平的多属性群决策问题的研究框架

如图 4-5 所示的研究框架，左边为主要的研究内容，右边是采用的相关理论和方法。主要研究内容包括两部分：

第一部分为准备阶段，首先，需要根据具体的考虑群体期望水平的多属性群决策问题的研究背景，确定研究对象和属性集合；其次，通过客观测量方法或主观评价方法获得决策矩阵，并由参与决策人根据已有信息或个人偏好等因素给出其期望信息。

第二部分为决策分析阶段，首先，依据参照依赖效应和 D—S 证据理论，确定群体参照点；其次，依据前景理论计算方案的群体前景值；最后，通过比较各方案群体前景值的大小进行方案排序。

在该框架中，第二部分为本书开展的主要工作模块。

（二）参与决策人没有给出期望信息的多属性多标度群决策问题

针对参与决策人没有给出期望信息的多属性多标度群决策问题，这里构建了解决该问题的研究框架，具体如图 4-6 所示。

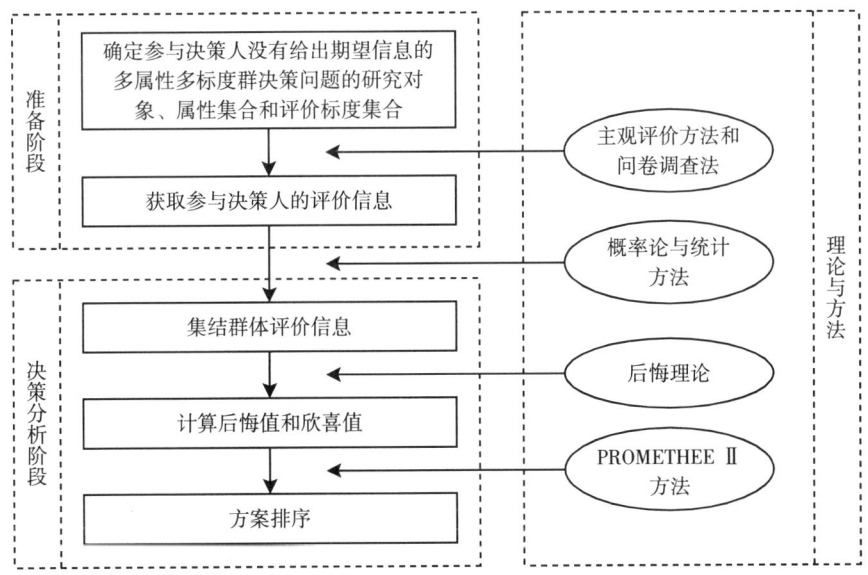

图 4-6　参与决策人没有给出期望信息的多属性多标度群决策问题的研究框架

如图 4-6 所示的研究框架，左边为主要的研究内容，右边是采用的相关理论和方法。主要研究内容包括两部分：

第一部分为准备阶段，首先，需要根据具体的参与决策人没有给出期望信息的多属性多标度群决策问题的研究背景，确定研究对象、属性集合和评价标度集合；其次，通过主观评价方法和问卷调查法获得每个参与决策人的评价信息。

第二部分为决策分析阶段，首先，依据概率论与统计的相关知识对参与决策人的评价信息进行集结，获得关于属性评价标度概率分布形式的群体评价信息；其次，基于后悔理论的思想，计算方案两两比较的后悔值和欣喜值，在此基础上，依据 PROMETHEE Ⅱ方法的原理与思想进行方案排序。

在该框架中，第二部分为本书开展的主要工作模块。

第三节　本章小结

本章给出了考虑行为的多属性决策问题的一般性描述和决策分析框架，具体工作主要如下：

（1）给出了考虑行为的多属性决策问题的分类，将考虑行为的多属性决策问题分为三类：考虑行为的确定型多属性决策问题、考虑行为的风险型多属性决策问题和考虑行为的多属性群决策问题，并分别对这三类决策问题进行了形式化描述。

（2）给出了解决考虑行为的多属性决策问题的研究框架。具体地，分别给出了考虑行为的确定型多属性决策问题的研究框架、考虑行为的风险型多属性决策问题的研究框架和考虑行为的多属性群决策问题的研究框架。

通过本章的工作，明确了本书的研究问题，奠定了本书研究的基础，为后续章节的研究工作建立了体系结构。

第五章　考虑行为的确定型多属性决策方法研究

考虑行为的确定型多属性决策问题在现实中具有广泛的实际背景,研究考虑行为的确定型多属性决策理论与方法具有重要的意义。本章围绕决策者给出期望信息的确定型多属性决策问题和决策者没有给出期望信息的确定型多属性决策问题进行研究。具体地,针对决策者给出期望信息的确定型多属性决策问题,分别提出了基于前景理论的考虑期望水平的多属性决策方法和基于前景理论的考虑多种类型属性期望的多属性决策方法;针对决策者没有给出期望信息的确定型多属性决策问题,提出了具有多种形式信息的扩展 TODIM 方法。

第一节　基于前景理论的考虑期望水平的多属性决策方法

本节围绕决策者给出期望信息的确定型多属性决策问题进行研究,在研究的问题中,属性值和期望水平的类型是清晰数和区间数两种形式共存的。在提出的方法中,依据参照依赖效应,首先,将期望水平视为参照点,并对属性值与期望水平比较的四种类型进行了描述;其次,针对四种类型分别给出了收益和损失的计算方法,通过计算每个方案的收益和损失,分别建立收益矩阵和损失矩阵;再次,运用前景理论的价值函数和简单加权方法,计算每个方案的前景值,并依据前景值的大小进行方案排序;最后,通过一个算例说明提出方法的可行性和有效性。

一、研究问题的背景

期望水平是指决策者期望达到的目标，在一些多属性决策问题中，通常需要考虑决策者的期望水平。考虑期望水平的多属性决策问题在现实中具有广泛的实际背景。例如，当选择一个电子能源装置时，决策者通常对装置的制造成本和接合温度等属性有一定的期望，如期望制造成本低于70美元、接合温度保持在130°C以上。因此，考虑决策者期望水平的多属性决策问题是一个值得关注的研究课题。

目前，关于考虑决策者期望水平的多属性决策问题研究，已经引起一些学者的关注。为了解决这类问题，一些学者们提出了一些基于期望水平的交互式决策方法，例如，Lotfi 和 Stewart（1992）提出了一种搜寻最接近期望水平方案的算法，然后基于该算法提出了一个寻找决策者最满意方案的交互式程序，该程序主要包括向决策者提供各种反馈信息与调整期望水平；Sun 和 Steuer（1996）针对备选方案数目很多的决策问题，提出了一种基于四叉树的交互式方法，在提出的方法中，用四叉树来识别与存储不被占优的方案，然后给出一个交互式程序来寻找决策者最满意的方案。

上述提及的方法考虑了决策者的期望水平在决策分析中的重要作用，为解决考虑期望水平的多属性决策问题提供了较好的思路和支撑。需要指出的是，已有方法很少涉及属性值和期望水平不确定的情形，在现实决策问题中，由于估计不精确或者测量误差，方案的属性值经常表现为不确定的形式，而且决策者的期望水平也往往是区间数的形式。另外，已有方法没有考虑决策者在决策过程中的心理行为，而大量的实证研究表明，决策者的心理行为在决策分析中起着非常重要的作用。在现实的考虑期望水平的多属性决策问题中，决策者通常会将期望水平视为参照点，并将属性值与参照点进行比较，超过参照点的部分被其视为"收益"，没有达到参照点的部分被其视为"损失"，而且对待收益和损失有不同的心理反应，这实际上是决策者的潜在心理行为。因此，在考虑决策者心理行为的情境下，提出一种新的考虑期望水平的多属性决策方法是必要的。

基于以上分析，本部分依据前景理论的思想，给出一种解决考虑期望水平的确定型多属性决策问题的方法。这里，考虑属性值和期望水平为清晰数和区间数两种信息形式共存的情形。

二、问题的描述

记，$M = \{1, 2, \cdots, m\}$，$N = \{1, 2, \cdots, n\}$。设 $P = \{P_1, P_2, \cdots, P_m\}$ 表示 m 个备选方案的集合，其中 P_i 表示第 i 个备选方案，$i \in M$；$Q = \{Q_1, Q_2, \cdots, Q_n\}$ 表示 n 个属性的集合，其中 Q_j 表示第 j 个属性，$j \in N$。通常，属性可以分为效益型和成本型，效益型属性的属性值越大越好，而成本型属性的属性值越小越好。不失一般性，这里假设所有属性都为效益型属性，对于成本型属性可以通过一些方法将其转化为效益型属性。$w = (w_1, w_2, \cdots, w_n)$ 表示属性的权重向量，其中 w_j 为属性 Q_j 的权重或者重要程度，满足 $w_j \geq 0$ 且 $\sum_{j=1}^{n} w_j = 1$，$j \in N$；$E = (e_1, e_2, \cdots, e_n)$ 表示决策者根据已有信息和对未来的预期等因素给出的关于属性的期望向量，其中 e_j 表示决策者针对属性 Q_j 的期望水平，$j \in N$；$S = [s_{ij}]_{m \times n}$ 表示决策矩阵，其中 s_{ij} 表示方案 P_i 针对属性 Q_j 的结果，$i \in M$，$j \in N$。

在本部分研究的问题中，考虑 s_{ij} 和 e_j 为两种信息形式，即清晰数和区间数。对于属性值，当 s_{ij} 为清晰数时，记 $s_{ij} = s'_{ij}$；当 s_{ij} 为区间数时，记 $s_{ij} = \bar{s}_{ij}$，即 $\bar{s}_{ij} = [s^l_{ij}, s^u_{ij}]$，满足 $s^u_{ij} > s^l_{ij}$。对于期望水平，当 e_j 为清晰数时，记 $e_j = e'_j$；当 e_j 为区间数时，记 $e_j = \bar{e}_j$，即 $\bar{e}_j = [e^l_j, e^u_j]$，满足 $e^u_j > e^l_j$。不失一般性，这里假设 $s'_{ij} \geq 0$，$s^l_{ij} \geq 0$，$e'_j \geq 0$ 和 $e^l_j \geq 0$。另外，假设对于同一个属性 Q_j，所有方案的属性值均为同一种信息形式。

这里要解决的问题是：在考虑决策者心理行为的情境下，依据决策矩阵 S、属性权重向量 w 和期望水平向量 E，如何通过一个有效的决策分析方法得到所有方案的排序结果。

三、收益和损失的计算

依据第四章第二节中建立的解决决策者给出期望信息的确定型多属性决策问题的研究框架，这里计算方案针对各属性的收益和损失。依据参照依赖效应，首先将期望水平视为参照点，其次通过测度属性值与参照点（期望水平）之间的感知差异来计算收益和损失。

(一) 属性值与期望水平比较的四种类型划分

由于属性值和期望水平均为清晰数和区间数两种信息形式，因此，对于属性值与期望水平的比较可以划分为四种类型，如图 5-1 所示。在图 5-1 中，类型 A 表示属性值和期望水平均为清晰数的情形；类型 B 表示属性值为清晰数、期望水平为区间数的情形；类型 C 表示属性值为区间数、期望水平为清晰数的情形；类型 D 表示属性值和期望水平均为区间数的情形。

类型 A (清晰数 s'_{ij}，清晰数 e'_j)	类型 B (清晰数 s'_{ij}，区间数 $\bar{e}_j$)
类型 C (区间数 $\bar{s}_{ij}$，清晰数 e'_j)	类型 D (区间数 $\bar{s}_{ij}$，区间数 $\bar{e}_j$)

图 5-1 属性值与期望水平比较的四种类型

针对如图 5-1 所示的四种类型对应的属性，属性集合 $Q = \{Q_1, Q_2, \cdots, Q_n\}$ 被重新记为 $Q = \{Q_{\sigma(1)}, Q_{\sigma(2)}, \cdots, Q_{\sigma(n)}\}$，其中，$(\sigma(1), \sigma(2), \cdots, \sigma(n))$ 为 $(1, 2, \cdots, n)$ 的一个置换。进一步地，$Q = \{Q_{\sigma(1)}, Q_{\sigma(2)}, \cdots, Q_{\sigma(n)}\}$ 可以被划分为四个子集合，即 Q^A、Q^B、Q^C 和 Q^D，满足 $Q^A \cup Q^B \cup Q^C \cup Q^D = Q$，其中，$Q^A = \{Q_{\sigma(1)}, Q_{\sigma(2)}, \cdots, Q_{\sigma(l_1)}\}$，$Q^B = \{Q_{\sigma(l_1+1)}, Q_{\sigma(l_1+2)}, \cdots, Q_{\sigma(l_2)}\}$，$Q^C = \{Q_{\sigma(l_2+1)}, Q_{\sigma(l_2+2)}, \cdots, Q_{\sigma(l_3)}\}$ 和 $Q^D = \{Q_{\sigma(l_3+1)}, Q_{\sigma(l_3+2)}, \cdots, Q_{\sigma(n)}\}$。相应地，以上四个子集合的下标可以分别记为 $\Omega^A = \{\sigma(1), \sigma(2), \cdots, \sigma(l_1)\}$，$\Omega^B = \{\sigma(l_1+1), \sigma(l_1+2), \cdots, \sigma(l_2)\}$，$\Omega^C = \{\sigma(l_2+1), \sigma(l_2+2), \cdots, \sigma(l_3)\}$ 和 $\Omega^D = \{\sigma(l_3+1), \sigma(l_3+2), \cdots, \sigma(n)\}$，满足 $\Omega^A \cup \Omega^B \cup \Omega^C \cup \Omega^D = N$。这样，决策矩阵和期望水平向量可以表示为如表 5-1 所示的形式。

对于上述每种类型，$s'_{i,\sigma(j)}$（或 $\bar{s}_{i,\sigma(j)}$）与 $e'_{\sigma(j)}$（或 $\bar{e}_{\sigma(j)}$）之间存在几种可能的位置关系，如表 5-2 所示。

对于属性值和期望水平均为区间数的情形，下面给出两个附注。

注 5-1 对于属性值 $\bar{s}_{i,\sigma(j)}$，令 x 为区间 $[s^l_{i,\sigma(j)}, s^u_{i,\sigma(j)}]$ 内任意一个数值，那么可以认为区间 $[s^l_{i,\sigma(j)}, s^u_{i,\sigma(j)}]$ 相对不动，实际的属性值 x 在区间 $[s^l_{i,\sigma(j)}, s^u_{i,\sigma(j)}]$ 上随机取值，且服从均匀分布，其概率密度函数可以表示为：

表 5-1 决策矩阵和期望水平向量

类型		类型 A		类型 B		类型 C		类型 D	
属性		$Q_{\sigma(1)}$ ... $Q_{\sigma(l_1)}$		$Q_{\sigma(l_1+1)}$ ... $Q_{\sigma(l_2)}$		$Q_{\sigma(l_2+1)}$ ... $Q_{\sigma(l_3)}$		$Q_{\sigma(l_3+1)}$ ... $Q_{\sigma(n)}$	
期望水平		$e'_{\sigma(1)}$ ... $e'_{\sigma(l_1)}$		$\bar{e}_{\sigma(l_1+1)}$ ... $\bar{e}_{\sigma(l_2)}$		$e'_{\sigma(l_2+1)}$ ... $e'_{\sigma(l_3)}$		$\bar{e}_{\sigma(l_3+1)}$ ... $\bar{e}_{\sigma(n)}$	
方案	P_1	$s'_{1,\sigma(1)}$ ... $s'_{1,\sigma(l_1)}$		$s'_{1,\sigma(l_1+1)}$ ... $s'_{1,\sigma(l_2)}$		$\bar{s}_{1,\sigma(l_2+1)}$ ... $\bar{s}_{1,\sigma(l_3)}$		$\bar{s}_{1,\sigma(l_3+1)}$ ... $\bar{s}_{1,\sigma(n)}$	
	P_2	$s'_{2,\sigma(1)}$ ... $s'_{2,\sigma(l_1)}$		$s'_{2,\sigma(l_1+1)}$ ... $s'_{2,\sigma(l_2)}$		$\bar{s}_{2,\sigma(l_2+1)}$ ... $\bar{s}_{2,\sigma(l_3)}$		$\bar{s}_{2,\sigma(l_3+1)}$ ... $\bar{s}_{2,\sigma(n)}$	
	⋮	⋮ ⋮		⋮ ⋮		⋮ ⋮		⋮ ⋮	
	P_m	$s'_{m,\sigma(1)}$ ... $s'_{m,\sigma(l_1)}$		$s'_{m,\sigma(l_1+1)}$ ... $s'_{m,\sigma(l_2)}$		$\bar{s}_{m,\sigma(l_2+1)}$ ... $\bar{s}_{m,\sigma(l_3)}$		$\bar{s}_{m,\sigma(l_3+1)}$ ... $\bar{s}_{m,\sigma(n)}$	

$$f_{i,\sigma(j)}(x) = \begin{cases} \dfrac{1}{s^u_{i,\sigma(j)} - s^l_{i,\sigma(j)}}, & s^l_{i,\sigma(j)} \leq x \leq s^u_{i,\sigma(j)}, \\ 0, & \text{其他}, \end{cases} \quad i \in M, \ \sigma(j) \in \Omega^C \cup \Omega^D \tag{5-1}$$

满足 $\int_{s^l_{i,\sigma(j)}}^{s^u_{i,\sigma(j)}} f_{i,\sigma(j)}(x)dx = 1$ 且 $f_{i,\sigma(j)}(x) \geq 0$, $x \in [s^l_{i,\sigma(j)}, s^u_{i,\sigma(j)}]$。

注 5-2 对于期望水平 $\bar{e}_{\sigma(j)}$，令 y_1 和 y_2 为区间 $[e^l_{\sigma(j)}, e^u_{\sigma(j)}]$ 内任意两个数值，$\delta(y_1, y_2)$ 表示 y_1 与 y_2 之间的感知差异，那么 $\delta(y_1, y_2) = 0$，即 y_1 和 y_2 对于决策者是无差异的。这是由于区间内任何数值对于决策者来说都是同等可接受的。

表 5-2 四种类型下 $s_{i,\sigma(j)}$ 与 $e_{\sigma(j)}$ 之间可能的位置关系

类型	情形	$s'_{i,\sigma(j)}$(或 $\bar{s}_{i,\sigma(j)}$)与 $e'_{\sigma(j)}$(或 $\bar{e}_{\sigma(j)}$)之间的位置关系
类型 A	情形 A_1: $s'_{i,\sigma(j)} \geq e'_{\sigma(j)}$	$e'_{\sigma(j)}$ ———— $s'_{i,\sigma(j)}$
	情形 A_2: $s'_{i,\sigma(j)} < e'_{\sigma(j)}$	$s'_{i,\sigma(j)}$ ———— $e'_{\sigma(j)}$
类型 B	情形 B_1: $s'_{i,\sigma(j)} > e^u_{\sigma(j)}$	$\bar{e}_{\sigma(j)}$: $e^l_{\sigma(j)}$ — $e^u_{\sigma(j)}$ ——— $s'_{i,\sigma(j)}$
	情形 B_2: $s'_{i,\sigma(j)} < e^l_{\sigma(j)}$	$s'_{i,\sigma(j)}$ ——— $\bar{e}_{\sigma(j)}$: $e^l_{\sigma(j)}$ — $e^u_{\sigma(j)}$
	情形 B_3: $e^l_{\sigma(j)} \leq s'_{i,\sigma(j)} \leq e^u_{\sigma(j)}$	$\bar{e}_{\sigma(j)}$: $e^l_{\sigma(j)}$ — $s'_{i,\sigma(j)}$ — $e^u_{\sigma(j)}$

续表

类型	情形	$s'_{i,\sigma(j)}$（或 $\bar{s}_{i,\sigma(j)}$）与 $e'_{\sigma(j)}$（或 $\bar{e}_{\sigma(j)}$）之间的位置关系
类型 C	情形 C_1: $s^l_{i,\sigma(j)} > e'_{\sigma(j)}$	
	情形 C_2: $s^u_{i,\sigma(j)} < e'_{\sigma(j)}$	
	情形 C_3: $s^l_{i,\sigma(j)} \leq e'_{\sigma(j)} \leq s^u_{i,\sigma(j)}$	
类型 D	情形 D_1: $e^u_{\sigma(j)} < s^l_{i,\sigma(j)}$	
	情形 D_2: $s^u_{i,\sigma(j)} < e^l_{\sigma(j)}$	
	情形 D_3: $e^l_{\sigma(j)} < s^l_{i,\sigma(j)} \leq e^u_{\sigma(j)} < s^u_{i,\sigma(j)}$	
	情形 D_4: $s^l_{i,\sigma(j)} < e^l_{\sigma(j)} \leq s^u_{i,\sigma(j)} < e^u_{\sigma(j)}$	
	情形 D_5: $e^l_{\sigma(j)} \leq s^l_{i,\sigma(j)} < s^u_{i,\sigma(j)} \leq e^u_{\sigma(j)}$	
	情形 D_6: $s^l_{i,\sigma(j)} < e^l_{\sigma(j)} < e^u_{\sigma(j)} < s^u_{i,\sigma(j)}$	

（二）类型 A 的收益和损失的计算

从表 5-2 中可以看出，类型 A 包括情形 A_1 和情形 A_2。对于情形 A_1，由于属性值 $s'_{i,\sigma(j)}$ 大于期望水平 $e'_{\sigma(j)}$，因此，决策者感知的损失为 0，而 $s'_{i,\sigma(j)}$ 与 $e'_{\sigma(j)}$ 之间的感知差异可以被认为是决策者感知的收益，这样，收益和损失分别为：

$$G_{i,\sigma(j)} = s'_{i,\sigma(j)} - e'_{\sigma(j)}, \quad i \in M, \quad \sigma(j) \in \Omega^A \tag{5-2}$$

$$L_{i,\sigma(j)} = 0, \quad i \in M, \quad \sigma(j) \in \Omega^A \tag{5-3}$$

同理，对于情形 A_2，即当 $s'_{i,\sigma(j)} < e'_{\sigma(j)}$ 时，收益和损失分别为：

$$G_{i,\sigma(j)} = 0, \ i \in M, \ \sigma(j) \in \Omega^A \tag{5-4}$$

$$L_{i,\sigma(j)} = s'_{i,\sigma(j)} - e'_{\sigma(j)}, \ i \in M, \ \sigma(j) \in \Omega^A \tag{5-5}$$

综上，依据式（5-2）和式（5-4），针对类型 A 的收益的计算公式可以表示为：

$$G_{i,\sigma(j)} = \begin{cases} s'_{i,\sigma(j)} - e'_{\sigma(j)}, & s'_{i,\sigma(j)} \geq e'_{\sigma(j)} \\ 0, & s'_{i,\sigma(j)} < e'_{\sigma(j)} \end{cases} \tag{5-6}$$

相应地，依据式（5-3）和式（5-5），针对类型 A 的损失的计算公式可以表示为：

$$L_{i,\sigma(j)} = \begin{cases} 0, & s'_{i,\sigma(j)} \geq e'_{\sigma(j)} \\ s'_{i,\sigma(j)} - e'_{\sigma(j)}, & s'_{i,\sigma(j)} < e'_{\sigma(j)} \end{cases} \tag{5-7}$$

（三）类型 B 的收益和损失的计算

依据表 5-2 可知，类型 B 包括情形 B_1、B_2 和 B_3。对于情形 B_1，由于 $s'_{i,\sigma(j)} > e^u_{\sigma(j)}$，因此决策者感知的损失为 0，即：

$$L_{i,\sigma(j)} = 0, \ i \in M, \ \sigma(j) \in \Omega^B \tag{5-8}$$

令 y 为区间 $[e^l_{\sigma(j)}, e^u_{\sigma(j)}]$ 内任意一个数值，那么 $s'_{i,\sigma(j)}$ 与 y 之间的感知差异可以表示为：

$$\delta(s'_{i,\sigma(j)}, y) = \delta(s'_{i,\sigma(j)}, e^u_{\sigma(j)}) + \delta(y, e^u_{\sigma(j)}), \ i \in M, \ \sigma(j) \in \Omega^B \tag{5-9}$$

其中，$\delta(s'_{i,\sigma(j)}, e^u_{\sigma(j)})$ 为 $s'_{i,\sigma(j)}$ 与 $e^u_{\sigma(j)}$ 之间的感知差异，$\delta(y, e^u_{\sigma(j)})$ 为 y 与 $e^u_{\sigma(j)}$ 之间的感知差异。依据注 5-2 可知，$\delta(y, e^u_{\sigma(j)}) = 0$。此外，$\delta(s'_{i,\sigma(j)}, e^u_{\sigma(j)})$ 可以用 $s'_{i,\sigma(j)}$ 与 $e^u_{\sigma(j)}$ 之间的距离表示，即：

$$\delta(s'_{i,\sigma(j)}, e^u_{\sigma(j)}) = s'_{i,\sigma(j)} - e^u_{\sigma(j)}, \ i \in M, \ \sigma(j) \in \Omega^B \tag{5-10}$$

这样，式（5-9）可以进一步表示为：

$$\delta(s'_{i,\sigma(j)}, y) = s'_{i,\sigma(j)} - e^u_{\sigma(j)}, \ i \in M, \ \sigma(j) \in \Omega^B \tag{5-11}$$

显然，由于 y 为区间数 $\bar{e}_{\sigma(j)}$ 内任意一个数值，因此 $\delta(s'_{i,\sigma(j)}, y)$ 也是 $s'_{i,\sigma(j)}$ 与 $\bar{e}_{\sigma(j)}$ 之间的感知差异。那么，决策者感知的收益为：

$$G_{i,\sigma(j)} = s'_{i,\sigma(j)} - e^u_{\sigma(j)}, \ i \in M, \ \sigma(j) \in \Omega^B \tag{5-12}$$

同理，对于情形 B_2，即 $s'_{i,\sigma(j)} < e^l_{\sigma(j)}$，收益和损失分别为：

$$G_{i,\sigma(j)} = 0, \ i \in M, \ \sigma(j) \in \Omega^B \tag{5-13}$$

$$L_{i,\sigma(j)} = s'_{i,\sigma(j)} - e^l_{\sigma(j)}, \quad i \in M, \quad \sigma(j) \in \Omega^B \tag{5-14}$$

对于情形 B_3，即 $e^l_{\sigma(j)} \leq s'_{i,\sigma(j)} \leq e^u_{\sigma(j)}$，由于 $s'_{i,\sigma(j)}$ 在区间 $[e^l_{\sigma(j)}, e^u_{\sigma(j)}]$ 内，因此对于决策者来说 $s'_{i,\sigma(j)}$ 与 $\bar{e}_{\sigma(j)}$ 之间没有感知差异。这样，该情形下的收益和损失分别为：

$$G_{i,\sigma(j)} = 0, \quad i \in M, \quad \sigma(j) \in \Omega^B \tag{5-15}$$

$$L_{i,\sigma(j)} = 0, \quad i \in M, \quad \sigma(j) \in \Omega^B \tag{5-16}$$

综上，依据式（5-12）、式（5-13）和式（5-15），针对类型 B 的收益的计算公式为：

$$G_{i,\sigma(j)} = \begin{cases} s'_{i,\sigma(j)} - e^u_{\sigma(j)}, & s'_{i,\sigma(j)} > e^u_{\sigma(j)} \\ 0, & s'_{i,\sigma(j)} < e^l_{\sigma(j)} \\ 0, & e^l_{\sigma(j)} \leq s'_{i,\sigma(j)} \leq e^u_{\sigma(j)} \end{cases} \tag{5-17}$$

相应地，依据式（5-8）、式（5-14）和式（5-16），针对类型 B 的损失的计算公式为：

$$L_{i,\sigma(j)} = \begin{cases} 0, & s'_{i,\sigma(j)} > e^u_{\sigma(j)} \\ s'_{i,\sigma(j)} - e^l_{\sigma(j)}, & s'_{i,\sigma(j)} < e^l_{\sigma(j)} \\ 0, & e^l_{\sigma(j)} \leq s'_{i,\sigma(j)} \leq e^u_{\sigma(j)} \end{cases} \tag{5-18}$$

（四）类型 C 的收益和损失的计算

依据表 5-2 可知，类型 C 包括情形 C_1、C_2 和 C_3。对于情形 C_1，由于 $s^l_{i,\sigma(j)} > e'_{\sigma(j)}$，因此决策者感知的损失为 0，即：

$$L_{i,\sigma(j)} = 0, \quad i \in M, \quad \sigma(j) \in \Omega^C \tag{5-19}$$

令 x 为区间 $[s^l_{i,\sigma(j)}, s^u_{i,\sigma(j)}]$ 内任意一个数值，那么 x 与 $e'_{\sigma(j)}$ 之间的感知差异可以表示为 $\delta(x, e'_{\sigma(j)}) = x - e'_{\sigma(j)}$。进一步地，依据注 5-1，$x$ 可以被认为是服从均匀分布的随机变量。这样，$[s^l_{i,\sigma(j)}, s^u_{i,\sigma(j)}]$ 与 $e'_{\sigma(j)}$ 之间的感知差异可以表示为：

$$\delta(\bar{s}_{i,\sigma(j)}, e'_{\sigma(j)}) = \int_{s^l_{i,\sigma(j)}}^{s^u_{i,\sigma(j)}} (x - e'_{\sigma(j)}) f_{i,\sigma(j)}(x) dx, \quad i \in M, \quad \sigma(j) \in \Omega^C \tag{5-20}$$

显然，$\delta(\bar{s}_{i,\sigma(j)}, e'_{\sigma(j)})$ 即是决策者感知的收益。依据式（5-1）和式（5-20）可以得到，决策者感知的收益为：

$$G_{i,\sigma(j)} = 0.5(s^l_{i,\sigma(j)} + s^u_{i,\sigma(j)}) - e'_{\sigma(j)}, \quad i \in M, \quad \sigma(j) \in \Omega^C \tag{5-21}$$

同理，对于情形 C_2，即当 $s^u_{i,\sigma(j)} < e'_{\sigma(j)}$ 时，收益和损失分别表示为：

$$G_{i,\sigma(j)} = 0, \quad i \in M, \quad \sigma(j) \in \Omega^C \tag{5-22}$$

$$L_{i,\sigma(j)} = 0.5(s^l_{i,\sigma(j)} + s^u_{i,\sigma(j)}) - e'_{\sigma(j)}, \quad i \in M, \quad \sigma(j) \in \Omega^C \tag{5-23}$$

对于情形 C_3，由于 $s^l_{i,\sigma(j)} \leq e'_{\sigma(j)} \leq s^u_{i,\sigma(j)}$，因此，对于决策者来说既感知到收益也感知到损失。同情形 C_1 类似，$[e'_{\sigma(j)}, s^u_{i,\sigma(j)}]$ 与 $e'_{\sigma(j)}$ 之间的感知差异可以被视为决策者感知到的收益，$[s^l_{i,\sigma(j)}, e'_{\sigma(j)}]$ 与 $e'_{\sigma(j)}$ 之间的感知差异可以被视为决策者感知到的损失。这样，收益和损失可以分别表示为：

$$G_{i,\sigma(j)} = 0.5(s^u_{i,\sigma(j)} - e'_{\sigma(j)}), \quad i \in M, \quad \sigma(j) \in \Omega^C \tag{5-24}$$

$$L_{i,\sigma(j)} = 0.5(s^l_{i,\sigma(j)} - e'_{\sigma(j)}), \quad i \in M, \quad \sigma(j) \in \Omega^C \tag{5-25}$$

综上，依据式（5-21）、式（5-22）和式（5-24），针对类型 C 的收益的计算公式为：

$$G_{i,\sigma(j)} = \begin{cases} 0.5(s^l_{i,\sigma(j)} + s^u_{i,\sigma(j)}) - e'_{\sigma(j)}, & s^l_{i,\sigma(j)} > e'_{\sigma(j)} \\ 0, & s^u_{i,\sigma(j)} < e'_{\sigma(j)} \\ 0.5(s^u_{i,\sigma(j)} - e'_{\sigma(j)}), & s^l_{i,\sigma(j)} \leq e'_{\sigma(j)} \leq s^u_{i,\sigma(j)} \end{cases} \tag{5-26}$$

相应地，依据式（5-19）、式（5-23）和式（5-25），针对类型 C 的损失的计算公式为：

$$L_{i,\sigma(j)} = \begin{cases} 0, & s^l_{i,\sigma(j)} > e'_{\sigma(j)} \\ 0.5(s^l_{i,\sigma(j)} + s^u_{i,\sigma(j)}) - e'_{\sigma(j)}, & s^u_{i,\sigma(j)} < e'_{\sigma(j)} \\ 0.5(s^l_{i,\sigma(j)} - e'_{\sigma(j)}), & s^l_{i,\sigma(j)} \leq e'_{\sigma(j)} \leq s^u_{i,\sigma(j)} \end{cases} \tag{5-27}$$

（五）类型 D 的收益和损失的计算

依据表 5-2 可知，类型 D 包括情形 D_1、D_2、D_3、D_4、D_5 和 D_6。对于情形 D_1，由于 $e^u_{\sigma(j)} < s^l_{i,\sigma(j)}$，因此决策者没有感知到损失，即：

$$L_{i,\sigma(j)} = 0, \quad i \in M, \quad \sigma(j) \in \Omega^D \tag{5-28}$$

令 x 为区间 $[s^l_{i,\sigma(j)}, s^u_{i,\sigma(j)}]$ 内任意一个数值，同情形 B_1 类似，x 与 $[e^l_{\sigma(j)}, e^u_{\sigma(j)}]$ 之间的感知差异可以表示为 $(x - e^u_{\sigma(j)})$。进一步地，依据注 5-1，$[s^l_{i,\sigma(j)}, s^u_{i,\sigma(j)}]$ 与 $[e^l_{\sigma(j)}, e^u_{\sigma(j)}]$ 之间的感知差异可以表示为：

$$\delta(\bar{s}_{i,\sigma(j)}, \bar{e}_{\sigma(j)}) = \int_{s^l_{i,\sigma(j)}}^{s^u_{i,\sigma(j)}} (x - e^u_{\sigma(j)}) f_{i,\sigma(j)}(x) dx, \quad i \in M, \quad \sigma(j) \in \Omega^D \tag{5-29}$$

显然，$\delta(\bar{s}_{i,\sigma(j)}, \bar{e}_{\sigma(j)})$ 就是决策者感知的收益。依据式（5-1）和式（5-29），收益可以进一步表示为：

$$G_{i,\sigma(j)} = 0.5(s^l_{i,\sigma(j)} + s^u_{i,\sigma(j)}) - e^u_{\sigma(j)}, \quad i \in M, \quad \sigma(j) \in \Omega^D \tag{5-30}$$

同理，对于情形 D_2，即当 $s^u_{i,\sigma(j)} < e^l_{\sigma(j)}$ 时，收益和损失分别为：

$$G_{i,\sigma(j)} = 0, \quad i \in M, \quad \sigma(j) \in \Omega^D \tag{5-31}$$

$$L_{i,\sigma(j)} = 0.5(s^l_{i,\sigma(j)} + s^u_{i,\sigma(j)}) - e^l_{\sigma(j)}, \quad i \in M, \quad \sigma(j) \in \Omega^D \tag{5-32}$$

对于情形 D_3，由于 $e^l_{\sigma(j)} < s^l_{i,\sigma(j)}$，因此决策者没有感知到损失，即：

$$L_{i,\sigma(j)} = 0, \quad i \in M, \quad \sigma(j) \in \Omega^D \tag{5-33}$$

决策者感知的收益可以用 $[e^u_{\sigma(j)}, s^u_{i,\sigma(j)}]$ 与 $[e^l_{\sigma(j)}, e^u_{\sigma(j)}]$ 之间的感知差异表示。同情形 D_1 类似，决策者感知到的收益为：

$$G_{i,\sigma(j)} = 0.5(s^u_{i,\sigma(j)} - e^u_{\sigma(j)}), \quad i \in M, \quad \sigma(j) \in \Omega^D \tag{5-34}$$

同理，对于情形 D_4，当 $s^l_{i,\sigma(j)} < e^l_{\sigma(j)} \leq s^u_{i,\sigma(j)} < e^u_{\sigma(j)}$ 时，收益和损失分别为：

$$G_{i,\sigma(j)} = 0, \quad i \in M, \quad \sigma(j) \in \Omega^D \tag{5-35}$$

$$L_{i,\sigma(j)} = 0.5(s^l_{i,\sigma(j)} - e^l_{\sigma(j)}), \quad i \in M, \quad \sigma(j) \in \Omega^D \tag{5-36}$$

对于情形 D_5，即当 $e^l_{\sigma(j)} \leq s^l_{i,\sigma(j)} < s^u_{i,\sigma(j)} \leq e^u_{\sigma(j)}$ 时，由于 $[s^l_{i,\sigma(j)}, s^u_{i,\sigma(j)}] \subseteq [e^l_{\sigma(j)}, e^u_{\sigma(j)}]$，因此 $[s^l_{i,\sigma(j)}, s^u_{i,\sigma(j)}]$ 与 $[e^l_{\sigma(j)}, e^u_{\sigma(j)}]$ 之间没有感知差异。这样，收益和损失分别为：

$$G_{i,\sigma(j)} = 0, \quad i \in M, \quad \sigma(j) \in \Omega^D \tag{5-37}$$

$$L_{i,\sigma(j)} = 0, \quad i \in M, \quad \sigma(j) \in \Omega^D \tag{5-38}$$

对于情形 D_6，即当 $s^l_{i,\sigma(j)} < e^l_{\sigma(j)} < e^u_{\sigma(j)} < s^u_{i,\sigma(j)}$ 时，同情形 D_3 和 D_4 类似，收益和损失分别为：

$$G_{i,\sigma(j)} = 0.5(s^u_{i,\sigma(j)} - e^u_{\sigma(j)}), \quad i \in M, \quad \sigma(j) \in \Omega^D \tag{5-39}$$

$$L_{i,\sigma(j)} = 0.5(s^l_{i,\sigma(j)} - e^l_{\sigma(j)}), \quad i \in M, \quad \sigma(j) \in \Omega^D \tag{5-40}$$

综上，依据式（5-30）、式（5-31）、式（5-34）、式（5-35）、式（5-37）和式（5-39），针对类型 D 的收益的计算公式为：

$$G_{i,\sigma(j)} = \begin{cases} 0.5(s^l_{i,\sigma(j)} + s^u_{i,\sigma(j)}) - e^u_j, & e^u_{\sigma(j)} < s^l_{i,\sigma(j)} \\ 0, & s^u_{i,\sigma(j)} < e^l_{\sigma(j)} \\ 0.5(s^u_{i,\sigma(j)} - e^u_{\sigma(j)}), & e^l_{\sigma(j)} < s^l_{i,\sigma(j)} \leq e^u_{\sigma(j)} < s^u_{i,\sigma(j)} \\ 0, & s^l_{i,\sigma(j)} < e^l_{\sigma(j)} \leq s^u_{i,\sigma(j)} < e^u_{\sigma(j)} \\ 0, & e^l_{\sigma(j)} \leq s^l_{i,\sigma(j)} < s^u_{i,\sigma(j)} \leq e^u_{\sigma(j)} \\ 0.5(s^u_{i,\sigma(j)} - e^u_{\sigma(j)}), & s^l_{i,\sigma(j)} < e^l_{\sigma(j)} < e^u_{\sigma(j)} < s^u_{i,\sigma(j)} \end{cases} \tag{5-41}$$

相应地,依据式(5-28)、式(5-32)、式(5-33)、式(5-36)、式(5-38)和式(5-40),针对类型D的损失的计算公式为:

$$L_{i,\sigma(j)} = \begin{cases} 0, & e^u_{\sigma(j)} < s^l_{i,\sigma(j)} \\ 0.5(s^l_{i,\sigma(j)} + s^u_{i,\sigma(j)}) - e^l_{\sigma(j)}, & s^u_{i,\sigma(j)} < e^l_{\sigma(j)} \\ 0, & e^l_{\sigma(j)} < s^l_{i,\sigma(j)} \leq e^u_{\sigma(j)} < s^u_{i,\sigma(j)} \\ 0.5(s^l_{i,\sigma(j)} - e^l_{\sigma(j)}), & s^l_{i,\sigma(j)} < e^l_{\sigma(j)} \leq s^u_{i,\sigma(j)} < e^u_{\sigma(j)} \\ 0, & e^l_{\sigma(j)} \leq s^l_{i,\sigma(j)} < s^u_{i,\sigma(j)} \leq e^u_{\sigma(j)} \\ 0.5(s^l_{i,\sigma(j)} - e^l_{\sigma(j)}), & s^l_{i,\sigma(j)} < e^l_{\sigma(j)} < e^u_{\sigma(j)} < s^u_{i,\sigma(j)} \end{cases} \quad (5-42)$$

通过式(5-6)、式(5-7)、式(5-17)、式(5-18)、式(5-26)、式(5-27)、式(5-41)和式(5-42),将对于各种情形下的收益和损失的计算公式进行总结,如表5-3所示。进一步地,分别建立收益矩阵 $G = [G_{i,\sigma(j)}]_{m \times n}$ 和损失矩阵 $L = [L_{i,\sigma(j)}]_{m \times n}$。

表5-3 各种情形下的收益和损失

类型	情形	收益 $G_{i,\sigma(j)}$	损失 $L_{i,\sigma(j)}$
类型A	情形 A_1: $s'_{i,\sigma(j)} \geq e'_{\sigma(j)}$	$s'_{i,\sigma(j)} - e'_{\sigma(j)}$	0
	情形 A_2: $s'_{i,\sigma(j)} < e'_{\sigma(j)}$	0	$s'_{i,\sigma(j)} - e'_{\sigma(j)}$
类型B	情形 B_1: $s^l_{i,\sigma(j)} > e^u_{\sigma(j)}$	$s^l_{i,\sigma(j)} - e^u_{\sigma(j)}$	0
	情形 B_2: $s^u_{i,\sigma(j)} < e^l_{\sigma(j)}$	0	$s^u_{i,\sigma(j)} - e^l_{\sigma(j)}$
	情形 B_3: $e^l_{\sigma(j)} \leq s^l_{i,\sigma(j)} \leq e^u_{\sigma(j)}$	0	0
类型C	情形 C_1: $s^l_{i,\sigma(j)} > e'_{\sigma(j)}$	$0.5(s^l_{i,\sigma(j)} + s^u_{i,\sigma(j)}) - e'_{\sigma(j)}$	0
	情形 C_2: $s^u_{i,\sigma(j)} < e'_{\sigma(j)}$	0	$0.5(s^l_{i,\sigma(j)} + s^u_{i,\sigma(j)}) - e'_{\sigma(j)}$
	情形 C_3: $s^l_{i,\sigma(j)} \leq e'_{\sigma(j)} \leq s^u_{i,\sigma(j)}$	$0.5(s^u_{i,\sigma(j)} - e'_{\sigma(j)})$	$0.5(s^l_{i,\sigma(j)} - e'_{\sigma(j)})$
类型D	情形 D_1: $e^u_{\sigma(j)} < s^l_{i,\sigma(j)}$	$0.5(s^l_{i,\sigma(j)} + s^u_{i,\sigma(j)}) - e^u_{\sigma(j)}$	0
	情形 D_2: $s^u_{i,\sigma(j)} < e^l_{\sigma(j)}$	0	$0.5(s^l_{i,\sigma(j)} + s^u_{i,\sigma(j)}) - e^l_{\sigma(j)}$
	情形 D_3: $e^l_{\sigma(j)} < s^l_{i,\sigma(j)} \leq e^u_{\sigma(j)} < s^u_{i,\sigma(j)}$	$0.5(s^u_{i,\sigma(j)} - e^u_{\sigma(j)})$	0
	情形 D_4: $s^l_{i,\sigma(j)} < e^l_{\sigma(j)} \leq s^u_{i,\sigma(j)} < e^u_{\sigma(j)}$	0	$0.5(s^l_{i,\sigma(j)} - e^l_{\sigma(j)})$
	情形 D_5: $e^l_{\sigma(j)} \leq s^l_{i,\sigma(j)} < s^u_{i,\sigma(j)} \leq e^u_{\sigma(j)}$	0	0
	情形 D_6: $s^l_{i,\sigma(j)} < e^l_{\sigma(j)} < e^u_{\sigma(j)} < s^u_{i,\sigma(j)}$	$0.5(s^u_{i,\sigma(j)} - e^u_{\sigma(j)})$	$0.5(s^l_{i,\sigma(j)} - e^l_{\sigma(j)})$

四、前景值的计算与方案排序

为了消除不同物理量纲对决策结果的影响，需要将收益矩阵 $G = [G_{i,\sigma(j)}]_{m \times n}$ 和损失矩阵 $L = [L_{i,\sigma(j)}]_{m \times n}$ 分别规范化为 $G^* = [G^*_{i,\sigma(j)}]_{m \times n}$ 和 $L^* = [L^*_{i,\sigma(j)}]_{m \times n}$，具体的规范化公式分别为：

$$G^*_{i,\sigma(j)} = \frac{G_{i,\sigma(j)}}{H^{max}_{\sigma(j)}}, \quad i \in M, \sigma(j) \in N \tag{5-43}$$

$$L^*_{i,\sigma(j)} = \frac{L_{i,\sigma(j)}}{H^{max}_{\sigma(j)}}, \quad i \in M, \sigma(j) \in N \tag{5-44}$$

式中，$H^{max}_{\sigma(j)} = \max\left\{ \max_{i \in M}\{G_{i,\sigma(j)}\}, \max_{i \in M}\{|L_{i,\sigma(j)}|\} \right\}$。

然后，依据前景理论中的价值函数，计算方案 P_i 相对于属性 $Q_{(j)}$ 的前景值，其计算公式为：

$$V_{i,\sigma(j)} = (G^*_{i,\sigma(j)})^\alpha + [-\lambda(-L^*_{i,\sigma(j)})^\beta], \quad i \in M, \sigma(j) \in N \tag{5-45}$$

式中，α 和 β 分别表示价值函数的收益区域和损失区域的凹凸程度，$0 \leq \alpha, \beta \leq 1$；$\lambda$ 表示决策者的损失规避程度，$\lambda > 1$。依据式（5-45），可以构建前景值矩阵 $V = [V_{i,\sigma(j)}]_{m \times n}$。

进一步地，依据简单加权方法，计算每个方案的综合前景值，其计算公式为：

$$U_i = \sum_{\sigma(j)=1}^{n} w_{\sigma(j)} V_{i,\sigma(j)}, \quad i \in M \tag{5-46}$$

显然，U_i 越大，方案 P_i 越好。因此，依据 U_i 值的大小，可对方案进行排序。

综上所述，基于前景理论的考虑期望水平的多属性决策方法的计算步骤如下：

步骤1 依据表5-3中的计算公式建立收益矩阵 $G = [G_{i,\sigma(j)}]_{m \times n}$ 和损失矩阵 $L = [L_{i,\sigma(j)}]_{m \times n}$。

步骤2 依据式（5-43）和式（5-44）分别建立规范化收益矩阵 $G^* = [G^*_{i,\sigma(j)}]_{m \times n}$ 和规范化损失矩阵 $L^* = [L^*_{i,\sigma(j)}]_{m \times n}$。

步骤3 依据式（5-45）建立前景值矩阵 $V = [V_{i,\sigma(j)}]_{m \times n}$。

步骤4 依据式（5-46）计算每个方案的综合前景值 U_i。

步骤5 依据综合前景值 U_i 的大小进行方案排序。

五、算例

本节以选择一个物料传送设备为例,来说明提出的基于前景理论的考虑期望水平的多属性决策方法的可行性和有效性。

Z公司欲选择一个物料传送设备,现有5个备选设备(P_1, P_2, …, P_5)可以选择,考虑的属性有6个,其中,Q_1为每小时固定成本(单位:美元/小时),Q_2为每小时变动成本(单位:美元/小时),Q_3为传送速度(单位:米/分钟),Q_4为负载能力(单位:吨),Q_5为质量,Q_6为灵活性。在这6个属性中,属性Q_5和Q_6的属性值是由5个专家按照1~10分(1分:最差;10分:最好)进行打分得到的,属性Q_1和Q_2是成本型属性,属性Q_3、Q_4、Q_5和Q_6是效益型属性。决策者提供的属性权重向量为 w = (0.25, 0.2, 0.15, 0.1, 0.2, 0.1),决策数据如表5-4所示。在表5-4中,属性Q_1、Q_2、Q_3和Q_4的属性值是区间数的形式,属性Q_5和Q_6的属性值是清晰数的形式。

表5-4 备选设备的决策数据

方案	属性					
	Q_1	Q_2	Q_3	Q_4	Q_5	Q_6
P_1	[1.5, 2]	[0.5, 0.55]	[9, 10]	[2, 2.5]	9.2	8.6
P_2	[1.8, 2.5]	[0.45, 0.5]	[8, 10]	[1.5, 2]	8.4	7.4
P_3	[1.7, 2.3]	[0.42, 0.48]	[7, 8]	[1.2, 1.8]	7.4	9.4
P_4	[2, 2.4]	[0.52, 0.58]	[8, 9]	[1.6, 2.2]	8.6	7.8
P_5	[1.9, 2.2]	[0.55, 0.6]	[6, 8]	[2.2, 2.5]	8.8	6.8

决策者对每个属性的期望水平向量为 E = (2, [0.45, 0.5], [9, 10], 2, 8, [7, 8]),这里,属性Q_1、Q_4和Q_5的期望水平为清晰数的形式,属性Q_2、Q_3和Q_6的期望水平为区间数的形式。为了解决该决策问题,下面简要说明采用上文给出的方法的计算过程。

首先,通过在属性值和期望水平前加负号"-",将成本型属性Q_1和Q_2转化为效益型属性。其次,依据如图5-1所示的四种类型,将决策矩阵(表5-4)转换为如表5-5所示的形式。

表 5-5　决策矩阵和期望水平向量

类型		类型 A	类型 B	类型 C		类型 D	
属性		Q_5	Q_6	Q_1	Q_4	Q_2	Q_3
期望水平		8	[7, 8]	−2	2	[−0.5, −0.45]	[9, 10]
方案	P_1	9.2	8.6	[−2, −1.5]	[2, 2.5]	[−0.55, −0.5]	[9, 10]
	P_2	8.4	7.4	[−2.5, −1.8]	[1.5, 2]	[−0.5, −0.45]	[8, 10]
	P_3	7.4	9.4	[−2.3, −1.7]	[1.2, 1.8]	[−0.48, −0.42]	[7, 8]
	P_4	8.6	7.8	[−2.4, −2]	[1.6, 2.2]	[−0.58, −0.52]	[8, 9]
	P_5	8.8	6.8	[−2.2, −1.9]	[2.2, 2.5]	[−0.6, −0.55]	[6, 8]

依据表 5-3 中的计算公式，分别建立收益矩阵 G 和损失矩阵 L，即：

$$G = \begin{bmatrix} 1.2 & 0.6 & 0.25 & 0.25 & 0 & 0 \\ 0.4 & 0 & 0.1 & 0 & 0 & 0 \\ 0 & 1.4 & 0.15 & 0 & 0.015 & 0 \\ 0.6 & 0 & 0 & 0.1 & 0 & 0 \\ 0.8 & 0 & 0.5 & 0.35 & 0 & 0 \end{bmatrix}$$

$$L = \begin{bmatrix} 0 & 0 & 0 & 0 & -0.025 & 0 \\ 0 & 0 & -0.25 & -0.25 & 0 & -0.5 \\ -0.6 & 0 & -0.15 & -0.5 & 0 & -1.5 \\ 0 & 0 & -0.2 & -0.2 & -0.05 & -0.5 \\ 0 & -0.2 & -0.1 & 0 & -0.075 & -2 \end{bmatrix}$$

依据式（5-43）和式（5-44），分别建立规范化收益矩阵 G^* 和规范化损失矩阵 L^*，即：

$$G^* = \begin{bmatrix} 1 & 0.43 & 1 & 0.5 & 0 & 0 \\ 0.33 & 0 & 0.4 & 0 & 0 & 0 \\ 0 & 1 & 0.6 & 0 & 0.2 & 0 \\ 0.5 & 0 & 0 & 0.2 & 0 & 0 \\ 0.67 & 0 & 0.2 & 0.7 & 0 & 0 \end{bmatrix}$$

$$L^* = \begin{bmatrix} 0 & 0 & 0 & 0 & -0.33 & 0 \\ 0 & 0 & -1 & -0.5 & 0 & -0.25 \\ -0.5 & 0 & -0.6 & -1 & 0 & -0.75 \\ 0 & 0 & -0.8 & -0.4 & -0.67 & -0.25 \\ 0 & -0.14 & -0.4 & 0 & -1 & -1 \end{bmatrix}$$

依据式（5-45），建立前景值矩阵 $V = [V_{i,\sigma(j)}]_{m\times n}$，即：

$$V = \begin{bmatrix} 1 & 0.47 & 1 & 0.54 & -0.86 & 0 \\ 0.38 & 0 & -1.8 & -1.22 & 0 & -0.66 \\ -1.22 & 1 & -0.8 & -2.25 & 0.24 & -1.75 \\ 0.54 & 0 & -1.85 & -0.76 & -1.57 & -0.66 \\ 0.7 & -0.4 & -0.76 & 0.73 & -2.25 & -2.25 \end{bmatrix}$$

这里，参数取值采用 Tversky 和 Kahneman（1992）给出的实验数据，即 $\alpha = \beta = 0.88$，$\lambda = 2.25$。这些数据是通过对大量个体进行实验测试，并对得到的数据进行回归分析，得到与实验结果最一致的参数取值，能够表示任意决策者的大致偏好。

进一步地，依据式（5-46），计算得到每个方案的综合前景值：$U_1 = 0.38$，$U_2 = -0.60$，$U_3 = -0.78$，$U_4 = -0.85$，$U_5 = -0.80$。最后，根据得到的每个方案的综合前景值，可得到方案的排序结果为：$P_1 > P_2 > P_3 > P_5 > P_4$。显然，$P_1$ 是决策者最满意的设备。

第二节　基于前景理论的考虑多种类型属性期望的多属性决策方法

本节围绕决策者给出期望信息的确定型多属性决策问题进行研究，在研究的问题中，考虑决策者给出的属性期望为三种类型。在提出的方法中，依据参照依赖效应，首先，确定参照点；其次，针对三种类型的属性期望，分别给出了收益和损失的计算方法，通过计算每个方案的收益和损失建立益损值矩阵；再次，运用前景理论的价值函数建立前景值矩阵，在此基础上，运用简单加权方法，计算每个方案的综合前景值,并依据综合前景值的大小进行方案排序;最后,通过一个算例说明提出方法的可行性和有效性。

一、研究问题的背景

考虑期望水平的多属性决策问题在现实中具有广泛的实际背景,关于如何解决这类决策问题的研究也已经取得了一些成果。但是,需要指出的是,在这些方法中很少考虑决策者给出的对属性的期望信息是多种形式的情形。在现实决策问题中,属性期望信息通常为以下三种类型:①"最好不超过某一数值",例如,期望某电子设备的制造成本最好不超过70美元;②"最好不低于某一数值",例如,期望某项目的投资回收率每年不低于10%;③"最好在某一个区间内",例如,期望某一设备的负载能力最好在2吨到2.5吨之间。另外,决策者的心理行为在决策中有着重要的作用,而已有方法很少考虑决策者在决策过程中的心理行为。因此,在考虑决策者心理行为的情境下,给出一种考虑多种类型属性期望的多属性决策方法是十分必要的。

基于此,本部分依据前景理论的思想,给出一种解决决策者给出多种类型属性期望信息的确定型多属性决策问题的方法。这里,考虑属性值为清晰数的形式,决策者给出的属性期望信息为以下三种形式:"最好不超过某一数值"、"最好不低于某一数值"和"最好在某一个区间内"。

二、问题的描述

为了便于描述,记 $M = \{1, 2, \cdots, m\}$,$N = \{1, 2, \cdots, n\}$。设 $P = \{P_1, P_2, \cdots, P_m\}$ 表示 m 个备选方案的集合,其中 P_i 表示第 i 个备选方案,$i \in M$;$Q = \{Q_1, Q_2, \cdots, Q_n\}$ 表示 n 个属性的集合,其中 Q_j 表示第 j 个属性,$j \in N$;$w = (w_1, w_2, \cdots, w_n)$ 表示属性权重向量,其中 w_j 表示属性 Q_j 的权重或者重要程度,满足 $\sum_{j=1}^{n} w_j = 1$ 且 $0 \leq w_j \leq 1$,$j \in N$;$S = [s_{ij}]_{m \times n}$ 表示决策矩阵,其中 s_{ij} 为方案 P_i 针对属性 Q_j 的属性值,$i \in M$,$j \in N$。在本部分研究的问题中,基于现实决策问题,考虑 s_{ij} 为清晰数的形式,决策者给出的属性期望信息为以下三种形式:

(1)期望类型 I:属性值 s_{ij} 最好不超过 e_j^1,其中 e_j^1 是决策者提供的针对属性 Q_j 的期望水平,e_j^1 为清晰数。例如,某制造企业为了设计高效的制造系统而计划选择一台原料处理设备，决策者期望该设备的价格最好不超过30万美元。

（2）期望类型Ⅱ：属性值 s_{ij} 最好不低于 e_j^*，e_j^* 为清晰数。例如，选择一台原料处理设备，决策者期望设备的质量最好不低于8分（1分：最差；10分：最好）。

（3）期望类型Ⅲ：属性值 s_{ij} 最好在区间 $[e_j', e_j'']$ 内，$e_j'' > e_j'$，并且区间内任意值对于决策者是同等可接受的。例如，在选择一台原料处理设备时，决策者期望设备的负载能力最好在2~2.5吨。

为了不失一般性，这里假设 $s_{ij} \geq 0$，$e_j' \geq 0$，$e_j^* \geq 0$ 和 $e_j' \geq 0$。依据属性期望信息的不同类型，将属性集合 $Q = \{Q_1, Q_2, \cdots, Q_n\}$ 划分为三个子集合：$Q^Ⅰ$、$Q^Ⅱ$ 和 $Q^Ⅲ$，$Q^Ⅰ \cup Q^Ⅱ \cup Q^Ⅲ = Q$，其中 $Q^Ⅰ = \{Q_1, Q_2, \cdots, Q_{l_1}\}$，$Q^Ⅱ = \{Q_{l_1+1}, Q_{l_1+2}, \cdots, Q_{l_2}\}$ 和 $Q^Ⅲ = \{Q_{l_2+1}, Q_{l_2+2}, \cdots, Q_n\}$ 分别为针对期望类型Ⅰ、Ⅱ和Ⅲ的属性集合。进一步地，将三个属性子集合的下标分别记为 $N^Ⅰ = \{1, 2, \cdots, l_1\}$，$N^Ⅱ = \{l_1+1, l_1+2, \cdots, l_2\}$ 和 $N^Ⅲ = \{l_2+1, l_2+2, \cdots, n\}$，满足 $N^Ⅰ \cup N^Ⅱ \cup N^Ⅲ = N$，$N^Ⅰ \cap N^Ⅱ = \emptyset$，$N^Ⅱ \cap N^Ⅲ = \emptyset$，$N^Ⅰ \cap N^Ⅲ = \emptyset$。

这里要解决的问题是：在考虑决策者心理行为的情境下，依据决策矩阵 S、属性权重向量 w 和属性期望，如何通过一个有效的决策分析方法得到所有方案的排序结果。

三、原理与方法

依据第四章第二节中建立的解决决策者给出期望信息的确定型多属性决策问题的研究框架，首先确定针对各属性的参照点，然后通过测度属性值与参照点之间的感知差异来计算收益和损失。

（一）参照点的确定

由于在现实的多属性决策问题中，决策者通常关注属性值与期望水平之间的偏差，依据前景理论的思想，决策者对属性的期望可以被视为参照点。若令 r_j 表示关于属性 C_j 的参照点，$j \in N$，那么针对三种类型属性期望的参照点分别如下。

（1）期望类型Ⅰ：若 $Q_j \in Q^Ⅰ$，期望水平 e_j' 可以被视为参照点 r_j，即 $r_j = e_j'$，$j \in N^Ⅰ$。对于这种情形，如果属性值 s_{ij} 超过参照点 r_j（或者 e_j'），即 $s_{ij} > e_j'$，那么超过的部分可以被视为决策者的"损失"；如果 s_{ij} 没有达到 e_j'，即 $s_{ij} < e_j'$，那么

没有达到的部分可以被认为是决策者的"收益"。

(2) 期望类型 Ⅱ：若 $Q_j \in Q^{Ⅱ}$，期望水平 e_j^* 可以被视为参照点 r_j，即 $r_j = e_j^*$，$j \in N^{Ⅱ}$。这种情形不同于期望类型 Ⅰ，如果 s_{ij} 超过参照点 e_j^*，即 $s_{ij} > e_j^*$，那么超过参照点的部分可以被认为是决策者的"收益"；如果 s_{ij} 没有达到 e_j^*，即 $s_{ij} < e_j^*$，那么没有达到的部分可以被认为是决策者的"损失"。

(3) 期望类型 Ⅲ：若 $Q_j \in Q^{Ⅲ}$，期望水平 $[e_j^l, e_j^u]$ 可以被视为参照点 r_j，即 $r_j = [e_j^l, e_j^u]$，$j \in N^{Ⅲ}$。对于这种情形，如果属性值 s_{ij} 在区间 $[e_j^l, e_j^u]$ 内，即 $e_j^l \leq s_{ij} \leq e_j^u$ 时，对于决策者来说既没有"收益"也没有"损失"；如果 s_{ij} 不在区间 $[e_j^l, e_j^u]$ 内，即 $s_{ij} < e_j^l$ 或者 $s_{ij} > e_j^u$ 时，属性值 s_{ij} 与 $[e_j^l, e_j^u]$ 之间的感知差异可以被认为是决策者的"损失"。

对于期望类型 Ⅲ，下面给出如下附注。

注 5-3 对于参照点 $r_j = [e_j^l, e_j^u]$，令 y_1 和 y_2 为区间 $[e_j^l, e_j^u]$ 内任意两个数值，$d(y_1, y_2)$ 表示 y_1 与 y_2 之间的感知差异，那么 $d(y_1, y_2) = 0$，即 y_1 与 y_2 是无差异的。这是因为期望水平区间内的任意数值对于决策者都是同等可接受的。

综上，期望类型 Ⅰ 的参照点为 e_j^l，$j \in N^{Ⅰ}$；期望类型 Ⅱ 的参照点为 e_j^*，$j \in N^{Ⅱ}$；期望类型 Ⅲ 的参照点为 $[e_j^l, e_j^u]$，$j \in N^{Ⅲ}$。

(二) 收益和损失的计算

针对三种类型属性期望的收益和损失的计算方法如下。

(1) 期望类型 Ⅰ：依据上述内容，可知 $r_j = e_j^l$，$j \in N^{Ⅰ}$。如果 $s_{ij} > e_j^l$，即方案 P_i 针对属性 Q_j 的结果没有满足决策者的期望，那么决策者会感到不满意；如果 $s_{ij} < e_j^l$，方案 P_i 针对属性 Q_j 的结果满足了决策者的期望，那么决策者会感到满意。s_{ij} 与 e_j^l 之间的偏差可以被认为是决策者的收益—损失，这样，可以建立关于期望类型 Ⅰ 的益损函数，即：

$$F(s) = e_j^l - s, \quad j \in N^{Ⅰ} \tag{5-47}$$

这里，函数 $F(s)$ 可以用图 5-2 表示。在图 5-2 中，s 表示关于属性值的变量，e_j^l 表示参照点，$F(s)$ 表示收益或损失。方案 P_i 针对属性 Q_j 的益损值可以表示为：

$$F_{ij} = e_j^l - s_{ij}, \quad i \in M, \quad j \in N^{Ⅰ} \tag{5-48}$$

当 $s_{ij} > e_j^l$ 时，F_{ij} 可以被视为决策者的损失；当 $s_{ij} < e_j^l$ 时，F_{ij} 可以被视为决策

者的收益。

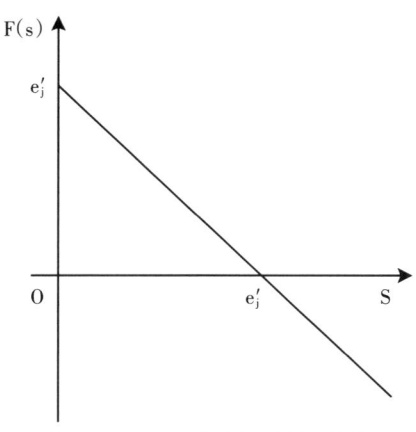

图 5-2 期望类型 I 的益损函数

（2）期望类型 II：依据上一部分中的内容，可知 $r_j = e_j^*$，$j \in N^{II}$。如果 $s_{ij} > e_j^*$，决策者会感到满意；如果 $s_{ij} < e_j^*$，决策者会感到不满意。这样，可以建立关于期望类型 II 的益损函数，即：

$$F(s) = s - e_j^*, \quad j \in N^{II} \tag{5-49}$$

这里，函数 $F(s)$ 可以用图 5-3 表示。在图 5-3 中，s 表示关于属性值的变量，e_j^* 表示参照点，$F(s)$ 表示收益或损失。方案 P_i 关于属性 Q_j 的益损值可以表示为：

$$F_{ij} = s_{ij} - e_j^*, \quad i \in M, \quad j \in N^{II} \tag{5-50}$$

当 $s_{ij} > e_j^*$ 时，F_{ij} 可以被视为决策者的收益；当 $s_{ij} < e_j^*$ 时，F_{ij} 可以被视为决策者的损失。

（3）期望类型 III：由于 r_j 为区间数，即 $r_j = [e_j^l, e_j^u]$，$j \in N^{III}$，s_{ij} 与 r_j 之间有三种可能的位置关系，即情形 1（$s_{ij} < e_j^l$）、情形 2（$e_j^l \leq s_{ij} \leq e_j^u$）和情形 3（$s_{ij} > e_j^u$）。关于三种情形的益损函数的建立方法如下。

对于情形 1，令 y 表示区间 $[e_j^l, e_j^u]$ 内任意一个数值，s 为关于属性值的变量，那么 s 与 y 之间的感知差异可以表示为：

$$d(s, y) = d(s, e_j^l) + d(e_j^l, y), \quad i \in M, \quad j \in N^{III} \tag{5-51}$$

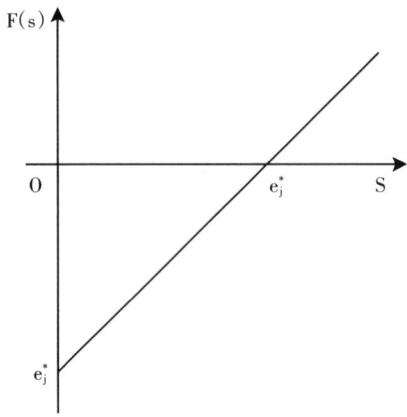

图 5-3 期望类型 II 的益损函数

式中，$d(s, e_j^l)$ 为 s 与 e_j^l 之间的感知差异，$d(e_j^l, y)$ 为 e_j^l 与 y 之间的感知差异。依据注 5-3 可知，$d(e_j^l, y) = 0$。此外，$d(s, e_j^l)$ 可以用 s 与 e_j^l 之间的偏差表示，即：

$$d(s, e_j^l) = \gamma_j(s - e_j^l), i \in M, j \in N^{III} \tag{5-52}$$

式中，γ_j 为反映决策者对偏差的敏感性系数，$\gamma_j > 0$。当 $0 < \gamma_j < 1$ 时，表示决策者对 s 与 e_j^l 之间的感知差异小于它们之间的实际偏差；当 $\gamma_j > 1$ 时，表示决策者对 s 与 e_j^l 之间的感知差异大于它们之间的实际偏差。这样，式（5-51）可以进一步写为：

$$d(s, y) = \gamma_j(s - e_j^l), i \in M, j \in N^{III} \tag{5-53}$$

显然，$d(s, y)$ 就是 s 与 $[e_j^l, e_j^u]$ 之间的感知差异，即 $d(s, r_j) = \gamma_j(s - e_j^l)$。因此，可以建立对于情形 1 的益损函数，即：

$$F(s) = \gamma_j(s - e_j^l), i \in M, j \in N^{III} \tag{5-54}$$

对于情形 2，即 $e_j^l \leq s_{ij} \leq e_j^u$，由于 s 在区间 $[e_j^l, e_j^u]$ 内，因此，决策者对 s 与 γ_j 之间没有感知差异。这样，可以建立对于情形 2 的益损函数，即：

$$F(s) = 0, i \in M, j \in N^{III} \tag{5-55}$$

对于情形 3，即 $s_{ij} > e_j^u$，同情形 1 类似，可以建立如下益损函数：

$$F(s) = \eta_j(e_j^u - s), i \in M, j \in N^{III} \tag{5-56}$$

其中，η_j 为反映决策者对 s 与 e_j^u 之间偏差的敏感性系数，$\eta_j > 0$。当 $0 < \eta_j <$

1时，表示决策者对 s 与 e_j^u 之间的感知差异小于它们之间的实际偏差；当 $\eta_j > 1$ 时，表示决策者对 s 与 e_j^u 之间的感知差异大于它们之间的实际偏差。

综上，对于期望类型Ⅲ的益损函数可以表示为：

$$F(s) = \begin{cases} \gamma_j(s - e_j^l), & s < e_j^l, \\ 0, & e_j^l \leq s \leq e_j^u, \quad i \in M, \ j \in N^{\text{Ⅲ}} \\ \eta_j(e_j^u - s), & s > e_j^u, \end{cases} \quad (5-57)$$

函数 F(s) 可以用图 5-4 表示，方案 P_i 关于属性 Q_j 的益损值可以表示为：

$$F_{ij} = \begin{cases} \gamma_j(s_{ij} - e_j^l), & s_{ij} < e_j^l \\ 0, & e_j^l \leq s_{ij} \leq e_j^u, \quad i \in M, \ j \in N^{\text{Ⅲ}} \\ \eta_j(e_j^u - s_{ij}), & s_{ij} > e_j^u \end{cases} \quad (5-58)$$

当 $s_{ij} < e_j^l$ 或者 $s_{ij} > e_j^u$ 时，F_{ij} 可以被视为决策者的损失；当 $e_j^l \leq s_{ij} \leq e_j^u$ 时，$F_{ij} = 0$，即对于决策者既无收益也无损失。

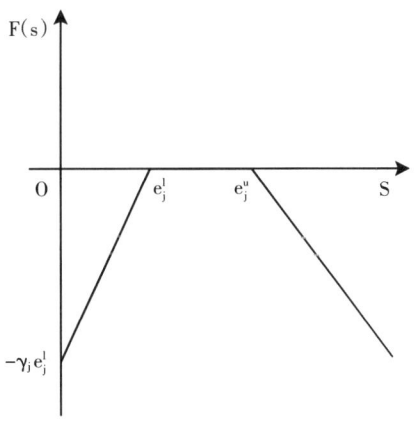

图 5-4 期望类型Ⅲ的益损函数

注 5-4 在式（5-57）和式（5-58）中，参数 γ_j 和 η_j 分别反映了决策者对于没有达到参照点和超过参照点的部分的态度。当 $\gamma_j > \eta_j$ 时，决策者对没有达到参照点的部分更加敏感；当 $\gamma_j < \eta_j$ 时，决策者对超过参照点的部分更加敏感。

依据式（5-48）、式（5-50）和式（5-58），可以得到所有方案针对所有属性的益损值，在此基础上，可以建立益损值矩阵 $F = [F_{ij}]_{m \times n}$。

（三）方案排序

由于在现实的多属性决策问题中，决策者通常对收益和损失有不同的心理反映，因此，依据前景理论的思想，将每个方案的收益或者损失都转化为前景值。方案 P_i 针对属性 Q_j 的前景值为：

$$V_{ij} = \begin{cases} (F_{ij})^\alpha, & F_{ij} \geq 0, \\ -\lambda(-F_{ij})^\beta, & F_{ij} < 0, \end{cases} \quad i \in M, \ j \in N \tag{5-59}$$

式中，α 和 β 分别表示价值函数的收益区域和损失区域的凹凸程度，$0 \leq \alpha, \beta \leq 1$；$\lambda$ 表示决策者的损失规避程度，$\lambda > 1$。这里，参数 α、β 和 λ 的取值采用 Tversky 和 Kahneman（1992）给出的实验数据，即 $\alpha = \beta = 0.88$，$\lambda = 2.25$。依据式（5-59），可以建立前景值矩阵 $V = [V_{ij}]_{m \times n}$。

依据式（5-48）、式（5-50）、式（5-58）和式（5-59），对于期望类型 Ⅰ、Ⅱ 和 Ⅲ 的前景函数可以分别用图 5-5、图 5-6 和图 5-7 表示。在图 5-5~图 5-7 中，s 为关于属性值的变量，$V(s)$ 表示其前景值。

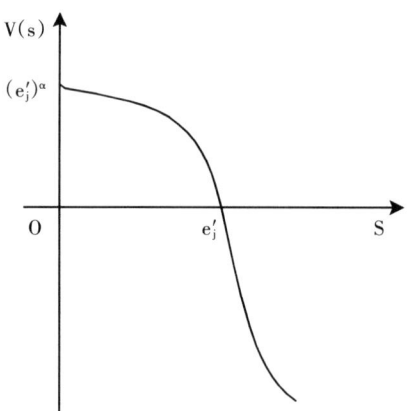

图 5-5　期望类型 Ⅰ 的前景值函数

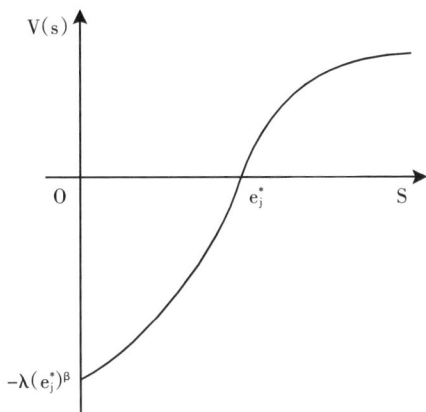

图 5-6 期望类型 II 的前景值函数

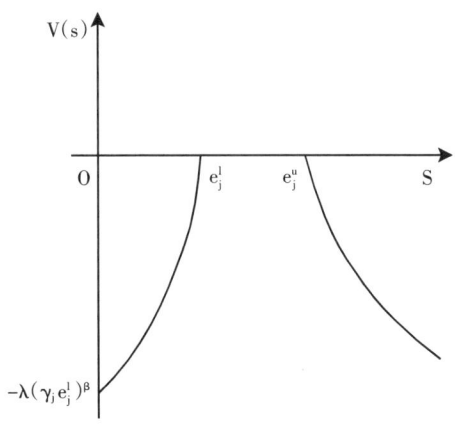

图 5-7 期望类型 III 的前景值函数

为了消除不同物理量纲对结果的影响，需要将前景值矩阵 $V = [V_{ij}]_{m \times n}$ 规范化为矩阵 $V' = [V'_{ij}]_{m \times n}$，其规范化公式为：

$$V'_{ij} = \frac{V_{ij}}{V_j^{max}}, \quad i \in M, \quad j \in N \tag{5-60}$$

其中，$V_j^{max} = \max\limits_{i \in M} \{|V_{ij}|\}$，$j \in N$。

然后，依据简单加权方法计算每个方案的综合前景值，其计算公式为：

$$U_i = \sum_{j=1}^{n} w_j V'_{ij}, \quad i \in M \tag{5-61}$$

显然，U_i 越大，方案 P_i 越好。依据综合前景值的大小，可对方案进行排序。

综上所述，基于前景理论的考虑多种类型属性期望的多属性决策方法的计算

步骤如下:

步骤 1 依据决策者给出的属性期望信息确定参照点。

步骤 2 依据式 (5-48)、式 (5-50) 和式 (5-58) 建立益损值矩阵 $F = [F_{ij}]_{m \times n}$。

步骤 3 依据式 (5-59) 建立前景值矩阵 $V = [V_{ij}]_{m \times n}$。

步骤 4 依据式 (5-60) 建立规范化矩阵 $V' = [V'_{ij}]_{m \times n}$。

步骤 5 依据式 (5-61) 计算每个方案的综合前景值 U_i,并依据综合前景值 U_i 的大小进行方案排序。

四、算例

本部分以选择一个航空运输公司为例,来说明提出的基于前景理论的考虑多种类型属性期望的多属性决策方法的可行性和有效性。

某跨国公司欲选择一个航空运输公司来运输货物,现有 5 个备选运输公司 (P_1, P_2, …, P_5) 可以选择,考虑的属性有 5 个,其中,Q_1 为运输成本(单位:美元/吨·小时),Q_2 为货物损坏率(单位:%),Q_3 为延迟率(单位:%),Q_4 为灵活性,Q_5 为服务水平。在这 5 个属性中,所有属性的属性值均为清晰数的形式,其中,属性 Q_4 和 Q_5 的属性值是由 5 个专家按照 1~10 分(1 分:最差;10 分:最好)进行打分得到的。

依据公司的要求,决策者的属性期望信息如表 5-6 所示,决策者提供的属性权重向量为 w = (0.3, 0.2, 0.2, 0.1, 0.2),5 个备选运输公司的决策数据如表 5-7 所示。为了解决该决策问题,下面简要说明采用上文给出的方法的计算过程。

表 5-6 决策者的属性期望信息

属性	期望
Q_1	运输成本最好在 5 美元/吨·小时到 6 美元/吨·小时之间
Q_2	货物损坏率最好不超过 3%
Q_3	延迟率最好不超过 5%
Q_4	灵活性最好不低于 8 分
Q_5	服务水平最好不低于 8 分

表 5-7 备选运输公司的决策数据

方案	属性				
	Q_1	Q_2	Q_3	Q_4	Q_5
P_1	5.8	2.5	5	9.2	8.2
P_2	6.3	2	3	8.5	8.8
P_3	5.5	3	4.5	8.8	9.0
P_4	4.8	4	6	8.2	7.8
P_5	5	3.2	5.5	7.4	7.4

首先,依据决策者的属性期望信息确定针对各属性的参照点,即 $r_1 = [5, 6]$,$r_2 = 3$,$r_3 = 5$,$r_4 = 8$,$r_5 = 8$。运用式(5-48)、式(5-50)和式(5-58)建立益损值矩阵 F,即:

$$F = \begin{bmatrix} 0 & 0.5 & 0 & 1.2 & 0.2 \\ -0.45 & 1 & 2 & 0.5 & 0.8 \\ 0 & 0 & 0.5 & 0.8 & 1 \\ -0.16 & -1 & -1 & 0.2 & -0.2 \\ 0 & -0.2 & -0.5 & -0.6 & -0.6 \end{bmatrix}$$

其中,对于属性 Q_1,假设决策者给出式(5-58)中的参数取值为 $\gamma_1 = 0.8$,$\eta_1 = 1.5$。

其次,依据式(5-59)建立前景值矩阵如下:

$$V = \begin{bmatrix} 0 & 0.54 & 0 & 1.17 & 0.24 \\ -1.11 & 1 & 1.84 & 0.54 & 0.82 \\ 0 & 0 & 0.54 & 0.82 & 1 \\ -0.45 & -2.25 & -2.25 & 0.24 & -0.55 \\ 0 & -0.55 & -1.22 & -1.44 & -1.44 \end{bmatrix}$$

依据式(5-60)建立规范化矩阵 V′,即:

$$V' = \begin{bmatrix} 0 & 0.24 & 0 & 0.82 & 0.17 \\ -1 & 0.44 & 0.82 & 0.38 & 0.57 \\ 0 & 0 & 0.24 & 0.57 & 0.70 \\ -0.40 & -1 & -1 & 0.17 & -0.38 \\ 0 & -0.24 & -0.54 & -1 & -1 \end{bmatrix}$$

最后，依据式（5-61）计算得到每个方案的综合前景值：$U_1 = 0.16$，$U_2 = 0.10$，$U_3 = 0.24$，$U_4 = -0.58$，$U_5 = -0.46$。因此，可以得到 5 个备选运输公司的排序结果为 $P_3 \succ P_1 \succ P_2 \succ P_5 \succ P_4$。显然，$P_3$ 是决策者最满意的运输公司。

第三节 具有多种形式信息的扩展 TODIM 方法

TODIM 方法是一种考虑决策者行为的多属性决策方法，但 TODIM 方法仅能解决属性值为清晰数的多属性决策问题。然而，在一些现实的决策问题中，属性值可能为多种形式信息共存的情形，例如，项目选择和交通系统选择等问题。通常，属性值的信息形式主要包括清晰数、区间数和模糊数等形式，例如，当选择一个供应商时，决策者通常考虑价格、提前期和质量等属性，这三个属性的属性值通常分别为清晰数、区间数和模糊数的形式。因此，本节将 TODIM 方法扩展至多种形式信息的情形，用来解决决策者没有给出期望信息的确定型多属性决策问题。在研究的问题中，考虑属性值为清晰数、区间数和模糊数三种形式。

一、问题的描述

为了便于描述，记 $M = \{1, 2, \cdots, m\}$，$N = \{1, 2, \cdots, n\}$。设 $A = \{A_1, A_2, \cdots, A_m\}$ 表示 m 个备选方案的集合，其中 A_i 表示第 i 个备选方案，$i \in M$；$C = \{C_1, C_2, \cdots, C_n\}$ 表示 n 个属性的集合，其中 C_j 表示第 j 个属性，$j \in N$。通常，属性可以分为效益型和成本型，效益型属性的属性值越大越好，而成本型属性的属性值越小越好。记 N_b 和 N_c 分别表示效益型属性和成本型属性的下标集合，且满足 $N_b \cup N_c = N$ 和 $N_b \cap N_c = \emptyset$。记 $w = (w_1, w_2, \cdots, w_n)$ 表示属性权重向量，其中 w_j 表示属性 C_j 的权重或者重要程度，满足 $\sum_{j=1}^{n} w_j = 1$ 且 $0 \leq w_j \leq 1$，$j \in N$；$X = [x_{ij}]_{m \times n}$ 表示决策矩阵，其中 x_{ij} 为方案 A_i 针对属性 C_j 的属性值，$i \in M$，$j \in N$。在本部分研究的问题中，基于现实决策问题，考虑 x_{ij} 为清晰数、区间数和模糊数三种形式。为方便起见，令 C^K、C^I 和 C^F 分别表示属性值为清晰数、区间数和模糊数形式信息的属性子集合，满足 $C^K \cup C^I \cup C^F = C$，每个子集合分别记为 $C^K = $

$\{C_1, C_2, \cdots, C_{h_1}\}$, $C^I = \{C_{h_1+1}, C_{h_1+2}, \cdots, C_{h_2}\}$ 和 $C^F = \{C_{h_2+1}, C_{h_2+2}, \cdots, C_n\}$。记$N^K = \{1, 2, \cdots, h_1\}$,$N^I = \{h_1+1, h_1+2, \cdots, h_2\}$ 和 $N^F = \{h_2+1, h_2+2, \cdots, n\}$ 分别为三个属性子集合的下标,$N^K \cup N^I \cup N^F = N$。对于三种类型的属性值,具体的描述如下。

(1) 清晰数:当 x_{ij} 是清晰数时,记 $x_{ij} = x'_{ij}$,$i \in M$,$j \in N^K$。不失一般性,假设 $x'_{ij} \geq 0$。

(2) 区间数:在多属性决策问题中,通常用区间数来表示属性值的不确定性。当 x_{ij} 是区间数时,记 $x_{ij} = \bar{x}_{ij}$,其中 $\bar{x}_{ij} = [x^l_{ij}, x^u_{ij}]$,$i \in M$,$j \in N^I$。不失一般性,假设 $x^u_{ij} > x^l_{ij} \geq 0$。令 x 为区间 $[x^l_{ij}, x^u_{ij}]$ 内任意一个数值,那么可以认为 x 是服从均匀分布的随机变量,其概率密度函数为:

$$f_{ij}(x) = \begin{cases} \dfrac{1}{x^u_{ij} - x^l_{ij}}, & x^l_{ij} \leq x \leq x^u_{ij}, \\ 0, & \text{其他}, \end{cases} \quad i \in M, j \in N^I \tag{5-62}$$

满足 $\int_{x^l_{ij}}^{x^u_{ij}} f_{ij}(x)dx = 1$ 且 $f_{ij}(x) \geq 0$,$x \in [x^l_{ij}, x^u_{ij}]$。

(3) 模糊数:在多属性决策问题中,经常用三角模糊数来表示属性值的模糊性。当 x_{ij} 是三角模糊数时,记 $x_{ij} = \tilde{x}_{ij}$,$\tilde{x}_{ij} = (\alpha_{ij}, \beta_{ij}, \gamma_{ij})$,$\alpha_{ij} \leq \beta_{ij} \leq \gamma_{ij}$,$i \in M$,$j \in N^F$。$\tilde{x}_{ij}$ 的隶属函数为:

$$\mu_{ij}(x) = \begin{cases} 0, & x < \alpha_{ij}, \\ \dfrac{x - \alpha_{ij}}{\beta_{ij} - \alpha_{ij}}, & \alpha_{ij} \leq x \leq \beta_{ij}, \\ \dfrac{\gamma_{ij} - x}{\gamma_{ij} - \beta_{ij}}, & \beta_{ij} \leq x \leq \gamma_{ij}, \\ 0, & x > \gamma_{ij}, \end{cases} \quad i \in M, j \in N^F \tag{5-63}$$

不失一般性,这里假设 $\alpha_{ij} \geq 0$。

这里要解决的问题是:在考虑决策者心理行为的情境下,依据决策矩阵 X 和属性权重向量 w,如何通过一个有效的决策分析方法得到所有方案的排序结果。

二、传统 TODIM 方法概述

TODIM 方法最早由 Gomes 和 Lima (1992a, 1992b) 提出,是一种建立在前

景理论基础上的多属性决策方法。此后，TODIM 方法被用来解决各种实际的多属性决策问题。TODIM 方法的主要思路是：针对决策者对待收益和损失的不同心理反应，将方案进行两两比较，通过构建一个方案相对于另一个方案的优势度函数计算方案两两比较的优势度，然后计算各方案相对于其他方案的总体优势度，并依据每个方案总体优势度的大小来进行方案排序。

为了便于描述后面提出的扩展 TODIM 方法，这里先给出传统 TODIM 方法的简单介绍，TODIM 方法的主要计算步骤如下。

(1) 运用规范化方法将决策矩阵 $X = [x_{ij}]_{m \times n}$ 规范化为 $Y = [y_{ij}]_{m \times n}$，其中，$x_{ij}$ 是清晰数，$i \in M$，$j \in N$。

(2) 计算属性 C_j 相对于参照属性 C_r 的相对权重 w_{jr}，其计算公式为：

$$w_{jr} = w_j / w_r, \quad j, r \in N \tag{5-64}$$

其中，$w_r = \max\{w_j | j \in N\}$。

(3) 计算针对属性 C_j 方案 A_i 相对于方案 A_k 的优势度，其计算公式为：

$$\Phi_j(A_i, A_k) = \begin{cases} \sqrt{(y_{ij} - y_{kj}) w_{jr} / \left(\sum_{j=1}^{n} w_{jr}\right)}, & (y_{ij} - y_{kj}) > 0 \\ 0, & (y_{ij} - y_{kj}) = 0 \\ -\frac{1}{\theta} \sqrt{(y_{kj} - y_{ij}) \left(\sum_{j=1}^{n} w_{jr}\right) / w_{jr}}, & (y_{ij} - y_{kj}) < 0 \end{cases} \tag{5-65}$$

其中，θ 为损失的衰退系数。

(4) 计算方案 A_i 相对于方案 A_k 的综合优势度，其计算公式为：

$$\delta(A_i, A_k) = \sum_{j=1}^{n} \Phi_j(A_i, A_k), \quad i, k \in M \tag{5-66}$$

(5) 计算方案 A_i 相对于其他所有方案的总体优势度，其计算公式为：

$$\xi(A_i) = \frac{\sum_{k=1}^{m} \delta(A_i, A_k) - \min_{i \in M}\left\{\sum_{k=1}^{m} \delta(A_i, A_k)\right\}}{\max_{i \in M}\left\{\sum_{k=1}^{m} \delta(A_i, A_k)\right\} - \min_{i \in M}\left\{\sum_{k=1}^{m} \delta(A_i, A_k)\right\}}, \quad i \in M \tag{5-67}$$

(6) 依据方案总体优势度的大小进行方案排序，$\xi(A_i)$ 越大，方案 A_i 越好。

三、扩展 TODIM 方法

本节给出扩展 TODIM 方法的基本原理与步骤,首先给出多种形式信息的处理方法;其次给出收益和损失的计算方法,最后,给出方案排序方法。

(一) 多种形式信息的处理

为了便于分析与计算,需要将不同形式的信息转化为同一种形式。依据已有研究,这里考虑将三种形式的信息均转化为带有累积分布函数的随机变量。每种形式信息的转化方法与计算公式如下。

(1) 清晰数:当 x_{ij} 为清晰数时,即 $x_{ij} = x'_{ij}$,x_{ij} 可以被认为是一个特殊的随机变量,其累积分布函数为:

$$F_{ij}(x) = \begin{cases} 0, & x < x'_{ij} \\ 1, & x \geq x'_{ij} \end{cases}, \quad i \in M, \ j \in N^K \tag{5-68}$$

(2) 区间数:当 x_{ij} 为区间数时,即 $x_{ij} = \bar{x}_{ij} = [x^l_{ij}, x^u_{ij}]$,区间数 $[x^l_{ij}, x^u_{ij}]$ 内任意一个数值 x 可以被视为服从均匀分布的随机变量,其概率密度函数为式 (5-62),进一步地,可得到其累积分布函数为:

$$F_{ij}(x) = \begin{cases} 0, & x < x^l_{ij} \\ \dfrac{x - x^l_{ij}}{x^u_{ij} - x^l_{ij}}, & x^l_{ij} \leq x < x^u_{ij}, \quad i \in M, \ j \in N^I \\ 1, & x \geq x^u_{ij} \end{cases} \tag{5-69}$$

(3) 模糊数:当 x_{ij} 为三角模糊数时,即 $x_{ij} = \tilde{x}_{ij} = (\alpha_{ij}, \beta_{ij}, \gamma_{ij})$,$x_{ij}$ 也可以被视为一个特殊的随机变量。依据 Munda (1995) 和 Yoon (1996) 的研究,$\tilde{x}_{ij}$ 的隶属函数 $\mu_{ij}(x)$ 可以转化为概率密度函数,即:

$$f_{ij}(x) = \lambda_{ij} \mu_{ij}(x), \quad i \in M, \ j \in N^F \tag{5-70}$$

其中,λ_{ij} 为常数,$\lambda_{ij} > 0$,满足 $\int_{\alpha_{ij}}^{\gamma_{ij}} f_{ij}(x) dx = 1$。依据式 (5-63),可以得到 $\lambda_{ij} = 2/(\gamma_{ij} - \alpha_{ij})$。这样,式 (5-70) 可以被进一步写为:

$$f_{ij}(x) = \begin{cases} 0, & x < \alpha_{ij} \\ \dfrac{2(x - \alpha_{ij})}{(\beta_{ij} - \alpha_{ij})(\gamma_{ij} - \alpha_{ij})}, & \alpha_{ij} \leq x \leq \beta_{ij} \\ \dfrac{2(\gamma_{ij} - x)}{(\gamma_{ij} - \beta_{ij})(\gamma_{ij} - \alpha_{ij})}, & \beta_{ij} \leq x \leq \gamma_{ij} \\ 0, & x > \gamma_{ij} \end{cases} \tag{5-71}$$

进一步地，依据式（5-71），可以得到相应的累积分布函数，即：

$$F_{ij}(x) = \begin{cases} 0, & x < \alpha_{ij} \\ \dfrac{(x - \alpha_{ij})^2}{(\beta_{ij} - \alpha_{ij})(\gamma_{ij} - \alpha_{ij})}, & \alpha_{ij} \leq x < \beta_{ij} \\ \dfrac{-x^2 + 2\gamma_{ij} x - \alpha_{ij}\gamma_{ij} + \alpha_{ij}\beta_{ij} - \beta_{ij}\gamma_{ij}}{(\gamma_{ij} - \beta_{ij})(\gamma_{ij} - \alpha_{ij})}, & \beta_{ij} \leq x < \gamma_{ij} \\ 1, & x \geq \gamma_{ij} \end{cases} \quad (5-72)$$

基于以上分析，三种形式的属性值均被转化为带有累积分布函数的随机变量的形式。

（二）收益和损失的计算

为了计算方案两两比较的收益和损失，这里首先给出两个累积分布函数比较的优势和劣势的计算方法。

记 x_{ij} 和 x_{kj} 分别为方案 A_i 和 A_k 关于属性 C_j 的属性值，$i, k \in M$，$j \in N$；$F_{ij}(x)$ 和 $F_{kj}(x)$ 分别为 x_{ij} 和 x_{kj} 的累积分布函数。那么，对于效益型属性，$F_{ij}(x)$ 相对于 $F_{kj}(x)$ 的优势和劣势分别为：

$$D(F_{ij}(x), F_{kj}(x)) = \int_{\Omega_{ik}^j} [F_{kj}(x) - F_{ij}(x)] dx, \quad i, k \in M, \; j \in N_b \quad (5-73)$$

$$T(F_{ij}(x), F_{kj}(x)) = \int_{\Theta_{ik}^j} [F_{ij}(x) - F_{kj}(x)] dx, \quad i, k \in M, \; j \in N_b \quad (5-74)$$

其中，$\Omega_{ik}^j = \{x | F_{ij}(x) < F_{kj}(x), x \in [a_{ik}^{j*}, b_{ik}^{j*}]\}$，$\Theta_{ik}^j = \{x | F_{ij}(x) > F_{kj}(x), x \in [a_{ik}^{j*}, b_{ik}^{j*}]\}$，$a_{ik}^{j*} = \min\{a_{ij}, a_{kj}\}$，$b_{ik}^{j*} = \max\{b_{ij}, b_{kj}\}$。

相应地，对于成本型属性，$F_{ij}(x)$ 相对于 $F_{kj}(x)$ 的优势和劣势分别为：

$$D(F_{ij}(x), F_{kj}(x)) = \int_{\Theta_{ik}^j} [F_{ij}(x) - F_{kj}(x)] dx, \quad i, k \in M, \; j \in N_c \quad (5-75)$$

$$T(F_{ij}(x), F_{kj}(x)) = \int_{\Omega_{ik}^j} [F_{kj}(x) - F_{ij}(x)] dx, \quad i, k \in M, \; j \in N_c \quad (5-76)$$

这里，用图 5-8 对式（5-73）和式（5-74）的含义进行说明。在图 5-8 中，$F_{ij}(x)$ 相对于 $F_{kj}(x)$ 的优势区域为曲线 $F_{ij}(x)$ 与 $F_{kj}(x)$ 之间位于 $F_{kj}(x)$ 下方的部分，即 $D(F_{ij}(x), F_{kj}(x))$，而 $F_{ij}(x)$ 相对于 $F_{kj}(x)$ 的劣势为曲线 $F_{ij}(x)$ 与 $F_{kj}(x)$ 之间位于 $F_{ij}(x)$ 下方的部分，即 $T(F_{ij}(x), F_{kj}(x))$。事实上，$D(F_{ij}(x), F_{kj}(x))$ 和 $T(F_{ij}(x), F_{kj}(x))$ 也分别是方案 A_i 相对于方案 A_k 的优势和劣势。

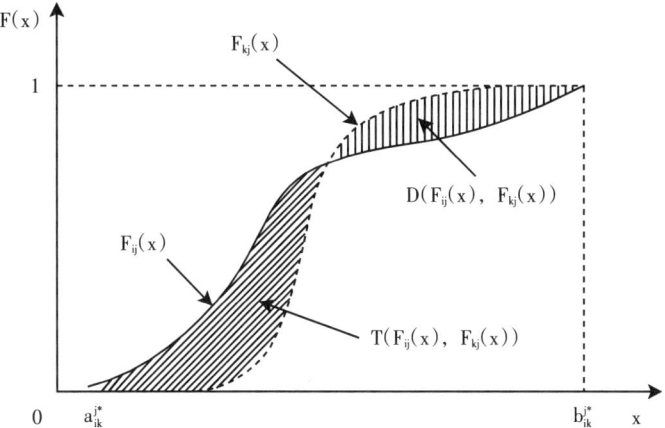

图 5-8 优势 $D(F_{ij}(x), F_{kj}(x))$ 和劣势 $T(F_{ij}(x), F_{kj}(x))$

基于式 (5-73)~式 (5-76)，给出方案两两比较的收益和损失的定义如下。

定义 5-1 针对属性 C_j，方案 A_i 相对于方案 A_k 的收益 G_{ik}^j 为：

$$G_{ik}^j = D(F_{ij}(x), F_{kj}(x)), \quad i, k \in M, \ j \in N \tag{5-77}$$

相应地，方案 A_i 相对于方案 A_k 的损失 L_{ik}^j 为：

$$L_{ik}^j = -T(F_{ij}(x), F_{kj}(x)), \quad i, k \in M, \ j \in N \tag{5-78}$$

依据定义 5-1，可知 $G_{ik}^j \geq 0$，$L_{ik}^j \leq 0$。基于定义 5-1，这里给出以下理论分析。

性质 5-1 记 G_{ik}^j 和 L_{ik}^j 分别为方案 A_i 相对于方案 A_k 的收益和损失，E_{ij} 和 E_{kj} 分别为 $F_{ij}(x)$ 和 $F_{kj}(x)$ 的数学期望值，那么 $G_{ik}^j + L_{ik}^j = E_{ij} - E_{kj}$，$i, k \in M, \ j \in N$。

证明： 为了节省空间，这里仅给出该性质对于效益型属性成立的证明过程。

令 $\Omega_{ik}^j = \{x | F_{ij}(x) < F_{kj}(x), x \in [a_{ik}^{j*}, b_{ik}^{j*}]\}$，$\Theta_{ik}^j = \{x | F_{ij}(x) > F_{kj}(x), x \in [a_{ik}^{j*}, b_{ik}^{j*}]\}$，$\Psi_{ik}^j = \{x | F_{ij}(x) = F_{kj}(x), x \in [a_{ik}^{j*}, b_{ik}^{j*}]\}$，其中 $a_{ik}^{j*} = \min\{a_{ij}, a_{kj}\}$，$b_{ik}^{j*} = \max\{b_{ij}, b_{kj}\}$。依据式 (5-73) 和式 (5-77)，可以得到 $G_{ik}^j = D(F_{ij}(x), F_{kj}(x)) = \int_{\Omega_{ik}^j} [F_{kj}(x) - F_{ij}(x)] dx$，依据式 (5-74) 和式 (5-78)，可以得到 $L_{ik}^j = -T(F_{ij}(x), F_{kj}(x)) = \int_{\Theta_{ik}^j} [F_{kj}(x) - F_{ij}(x)] dx$，这样，可以进一步得到 $G_{ik}^j + L_{ik}^j = \int_{\Omega_{ik}^j} [F_{kj}(x) - F_{ij}(x)] dx + \int_{\Theta_{ik}^j} [F_{kj}(x) - F_{ij}(x)] dx$。

另外，依据概率论可知，$E_{ij} = \int_{a_{ij}}^{b_{ij}} x dF_{ij}(x) = \int_{a_{ik}^{j*}}^{b_{ik}^{j*}} x dF_{ij}(x) - \int_{b_{ij}}^{b_{ik}^{j*}} x dF_{ij}(x) = [xF_{ij}(x)]\Big|_{a_{ik}^{j*}}^{b_{ik}^{j*}} - \int_{a_{ik}^{j*}}^{b_{ik}^{j*}} F_{ij}(x) dx$，由于 $F_{ij}(a_{ik}^{j*}) = 0$ 且 $F_{ij}(b_{ik}^{j*}) = 1$，可以得到 $E_{ij} = b_{ik}^{j*} - \int_{a_{ik}^{j*}}^{b_{ik}^{j*}} F_{ij}(x) dx$。同理，可以得到 $E_{kj} = b_{ik}^{j*} - \int_{a_{ik}^{j*}}^{b_{ik}^{j*}} F_{kj}(x) dx$。这样，可以得到 $E_{ij} - E_{kj} = \int_{a_{ik}^{j*}}^{b_{ik}^{j*}} [F_{kj}(x) - F_{ij}(x)] dx = \int_{\Omega_{ik}^j} [F_{kj}(x) - F_{ij}(x)] dx + \int_{\Theta_{ik}^j} [F_{kj}(x) - F_{ij}(x)] dx + \int_{\Psi_{ik}^j} [F_{kj}(x) - F_{ij}(x)] dx$ 成立。进一步地，由于 $\int_{\Psi_{ik}^j} [F_{kj}(x) - F_{ij}(x)] dx = 0$，可以得到 $E_{ij} - E_{kj} = \int_{\Omega_{ik}^j} [F_{kj}(x) - F_{ij}(x)] dx + \int_{\Theta_{ik}^j} [F_{kj}(x) - F_{ij}(x)] dx$ 成立。

基于上述分析，可知 $G_{ik}^j + L_{ik}^j = E_{ij} - E_{kj}$，$i, k \in M$，$j \in N_b$。

性质 5-2 记 G_{ik}^j 和 L_{ik}^j 分别为方案 A_i 相对于方案 A_k 的收益和损失；G_{ki}^j 和 L_{ki}^j 分别为方案 A_k 相对于方案 A_i 的收益和损失，那么，有 $G_{ik}^j + L_{ki}^j = 0$，即 $G_{ik}^j = -L_{ki}^j$。特别地，如果 $F_{ij}(x) = F_{kj}(x)$，$\forall x \in [a_{ik}^{j*}, b_{ik}^{j*}]$，那么，有 $G_{ik}^j = L_{ik}^j = G_{ki}^j = L_{ki}^j = 0$，$i, k \in M$，$j \in N$。

证明：为了节省空间，这里仅给出针对效益型属性的证明。

依据式（5-73）和式（5-74），可得 $D(F_{ij}(x), F_{kj}(x)) = \int_{\Omega_{ik}^j} [F_{kj}(x) - F_{ij}(x)] dx$，$T(F_{kj}(x), F_{ij}(x)) = \int_{\Theta_{ki}^j} [F_{kj}(x) - F_{ij}(x)] dx$，其中，$\Omega_{ik}^j = \{x | F_{ij}(x) < F_{kj}(x), x \in [a_{ik}^{j*}, b_{ik}^{j*}]\}$，$\Theta_{ki}^j = \{x | F_{kj}(x) > F_{ij}(x), x \in [a_{ik}^{j*}, b_{ik}^{j*}]\}$，$a_{ik}^{j*} = \min\{a_{ij}, a_{kj}\}$，$b_{ik}^{j*} = \max\{b_{ij}, b_{kj}\}$。由于 $\Omega_{ik}^j = \Theta_{ki}^j$，可以得到 $D(F_{ij}(x), F_{kj}(x)) = T(F_{kj}(x), F_{ij}(x))$。

进一步地，依据定义 5-1，可知 $G_{ik}^j = D(F_{ij}(x), F_{kj}(x))$，$L_{ki}^j = -T(F_{kj}(x), F_{ij}(x))$。这样，可以得到 $G_{ik}^j + L_{ki}^j = 0$，即 $G_{ik}^j = -L_{ki}^j$。特别地，如果 $F_{ij}(x) = F_{kj}(x)$，$\forall x \in [a_{ik}^{j*}, b_{ik}^{j*}]$，那么有 $\Omega_{ik}^j = \Theta_{ik}^j = \Omega_{ki}^j = \Theta_{ki}^j = \emptyset$，即 $G_{ik}^j = L_{ik}^j = G_{ki}^j = L_{ki}^j = 0$，$i, k \in M$，$j \in N_b$。

性质 5-2 表明了方案 A_i 相对于方案 A_k 的收益与方案 A_k 相对于方案 A_i 的损失是等量的。

基于以上分析，可以分别建立针对属性 C_j 的方案两两比较的收益矩阵 $G_j = [G_{ik}^j]_{m\times m}$ 和损失矩阵 $L_j = [L_{ik}^j]_{m\times m}$，即：

$$G_j = [G_{ik}^j]_{m\times m} = \begin{array}{c} \\ A_1 \\ A_2 \\ \vdots \\ A_m \end{array} \begin{array}{cccc} A_1 & A_2 & \cdots & A_m \\ \begin{bmatrix} G_{11}^j & G_{12}^j & \cdots & G_{1m}^j \\ G_{21}^j & G_{22}^j & \cdots & G_{2m}^j \\ \vdots & \vdots & & \vdots \\ G_{m1}^j & G_{m2}^j & \cdots & G_{mm}^j \end{bmatrix} \end{array}, \quad j \in N$$

$$L_j = [L_{ik}^j]_{m\times m} = \begin{array}{c} \\ A_1 \\ A_2 \\ \vdots \\ A_m \end{array} \begin{array}{cccc} A_1 & A_2 & \cdots & A_m \\ \begin{bmatrix} L_{11}^j & L_{12}^j & \cdots & L_{1m}^j \\ L_{21}^j & L_{22}^j & \cdots & L_{2m}^j \\ \vdots & \vdots & & \vdots \\ L_{m1}^j & L_{m2}^j & \cdots & L_{mm}^j \end{bmatrix} \end{array}, \quad j \in N$$

其中，$G_{ii}^j = L_{ii}^j = 0$，$\forall i \in M$。

（三）方案排序

为了消除不同物理量纲对结果的影响，需要将收益矩阵 $G_j = [G_{ik}^j]_{m\times m}$ 和损失矩阵 $L_j = [L_{ik}^j]_{m\times m}$ 分别规范化为矩阵 $Y_j = [Y_{ik}^j]_{m\times m}$ 和 $Z_j = [Z_{ik}^j]_{m\times n}$，其规范化公式分别为：

$$Y_{ik}^j = \frac{G_{ik}^j}{G_j^{max}}, \quad i, k \in M, \quad j \in N \tag{5-79}$$

$$Z_{ik}^j = \frac{L_{ik}^j}{L_j^{max}}, \quad i, k \in M, \quad j \in N \tag{5-80}$$

其中，$G_j^{max} = \max\{G_{ik}^j | i, k \in M\}$，$L_j^{max} = \max\{|L_{ik}^j| | i, k \in M\}$，$j \in N$。

基于传统 TODIM 方法的思想，可以计算得到针对属性 C_j 方案 A_i 相对于方案 A_k 的优势度。对于收益的优势度 $\Phi_{ik}^{j(+)}$ 的计算公式为：

$$\Phi_{ik}^{j(+)} = \sqrt{\frac{w_j Y_{ik}^j}{w_r \sum_{j=1}^{n}(w_j/w_r)}}, \quad i, k \in M, \quad j \in N \tag{5-81}$$

对于损失 $\Phi_{ik}^{j(-)}$ 的优势度的计算公式为：

$$\Phi_{ik}^{j(-)} = \frac{-1}{\theta}\sqrt{\frac{-Z_{ik}^{j}w_r}{w_j}\sum_{j=1}^{n}(w_j/w_r)}, \quad i, k \in M, \ j \in N \tag{5-82}$$

其中，$w_r = \max\{w_j | j \in N\}$，$\theta$ 为损失的衰退系数，$0 \leq \Phi_{ik}^{j(+)} < 1$，$\Phi_{ik}^{j(-)} \leq 0$。

进一步地，对于收益和损失的优势度 Φ_{ik} 的计算公式为：

$$\Phi_{ik}^{j} = \Phi_{ik}^{j(+)} + \Phi_{ik}^{j(-)}, \quad i, k \in M, \ j \in N \tag{5-83}$$

这样，可以建立针对属性 C_j 的优势度矩阵 Φ_j，即：

$$\Phi_j = [\Phi_{ik}^j]_{m \times m} = \begin{array}{c} \\ A_1 \\ A_2 \\ \vdots \\ A_m \end{array} \begin{array}{cccc} A_1 & A_2 & \cdots & A_m \\ \left[\begin{array}{cccc} \Phi_{11}^j & \Phi_{12}^j & \cdots & \Phi_{1m}^j \\ \Phi_{21}^j & \Phi_{22}^j & \cdots & \Phi_{2m}^j \\ \vdots & \vdots & \cdots & \vdots \\ \Phi_{m1}^j & \Phi_{m2}^j & \cdots & \Phi_{mm}^j \end{array}\right] \end{array}, \quad j \in N$$

其中，$\Phi_{ii}^j = 0$，$\forall i \in M, j \in N$。

在此基础上，依据矩阵 Φ_j，建立综合优势度矩阵 Δ，即：

$$\Delta = [\delta_{ik}]_{m \times m} = \begin{array}{c} \\ A_1 \\ A_2 \\ \vdots \\ A_m \end{array} \begin{array}{cccc} A_1 & A_2 & \cdots & A_m \\ \left[\begin{array}{cccc} \delta_{11} & \delta_{12} & \cdots & \delta_{1m} \\ \delta_{21} & \delta_{22} & \cdots & \delta_{2m} \\ \vdots & \vdots & \cdots & \vdots \\ \delta_{m1} & \delta_{m2} & \cdots & \delta_{mm} \end{array}\right] \end{array}$$

其中，δ_{ik} 为方案 A_i 相对于方案 A_k 的综合优势度矩阵，其计算公式为：

$$\delta_{ik} = \sum_{j=1}^{n} \Phi_{ik}^j, \quad i, k \in M \tag{5-84}$$

依据矩阵 Δ，计算方案 A_i 优于其他所有方案的总体优势度，其计算公式为：

$$\xi(A_i) = \frac{\sum_{k=1}^{m}\delta_{ik} - \min\limits_{i \in M}\left\{\sum_{k=1}^{m}\delta_{ik}\right\}}{\max\limits_{i \in M}\left\{\sum_{k=1}^{m}\delta_{ik}\right\} - \min\limits_{i \in M}\left\{\sum_{k=1}^{m}\delta_{ik}\right\}}, \quad i \in M \tag{5-85}$$

显然，$0 \leq \xi(A_i) \leq 1$，$\xi(A_i)$ 越大，方案 A_i 越好。因此，依据 $\xi(A_i)$ 的大小，可以对所有方案进行排序。

综上，具有多种形式信息的扩展 TODIM 方法的计算步骤如下：

第五章 考虑行为的确定型多属性决策方法研究

步骤 1 依据式（5-68）~式（5-72）将三种形式的属性值转化为带有累积分布函数的随机变量。

步骤 2 依据式（5-73）~式（5-78）分别建立收益矩阵 $G_j = [G_{ik}^j]_{m \times m}$ 和损失矩阵 $L_j = [L_{ik}^j]_{m \times m}$，$j \in N$。

步骤 3 依据式（5-79）和式（5-80）分别建立规范化矩阵 $Y_j = [Y_{ik}^j]_{m \times m}$ 和 $Z_j = [Z_{ik}^j]_{m \times m}$，$j \in N$。

步骤 4 依据式（5-81）~式（5-83）建立针对属性 C_j 优势度矩阵 $\Phi_j = [\Phi_{ik}^j]_{m \times n}$，$j \in N$。

步骤 5 依据式（5-84）建立综合优势度矩阵 $\Delta = [\delta_{ik}]_{m \times m}$。

步骤 6 依据式（5-85）计算方案的总体优势度 $\xi(A_i)$，并依据总体优势度 $\xi(A_i)$ 的大小进行方案排序。

四、算例

本部分以选择供应商为例，来说明提出的具有多种形式信息的扩展 TODIM 方法的可行性和有效性。

某品牌汽车 4S 店准备购买一些汽车零件，现有 5 个备选供应商（A_1，A_2，…，A_5）可以选择，考虑的属性有 3 个，其中，C_1 为价格（单位：美元），C_2 为提前期（单位：天），C_3 为货物质量。属性 C_1 的属性值为清晰数的形式，属性 C_2 的属性值为区间数的形式，属性 C_3 的属性值是三角模糊数的形式。在这 3 个属性中，属性 C_1 和 C_2 为成本型属性，属性 C_3 为效益型属性。假设决策者提供的属性权重向量为 w =（0.40，0.22，0.38），决策矩阵如表 5-8 所示。为了解决该决策问题，下面简要说明采用上文给出的方法的计算过程。

表 5-8 决策矩阵

方案	属性		
	C_1	C_2	C_3
A_1	645	[3, 4]	(3, 4, 5)
A_2	595	[2, 5]	(2, 4, 6)
A_3	700	[1, 3]	(4, 5, 6)
A_4	615	[2, 3]	(4, 6, 8)
A_5	670	[1, 5]	(6, 7, 8)

步骤 1 依据式（5-68）~式（5-72）将三种形式的属性值转化为带有累积分布函数的随机变量。为了节省空间，这里仅给出方案 A_1 关于属性 C_1、C_2 和 C_3 的结果的累积分布函数，即：

$$F_{11}(x) = \begin{cases} 0, & x < 645 \\ 1, & x \geq 645 \end{cases}$$

$$F_{12}(x) = \begin{cases} 0, & x < 3 \\ x - 3, & 3 \leq x < 4 \\ 1, & x \geq 4 \end{cases}$$

$$F_{13}(x) = \begin{cases} 0, & x < 3 \\ \dfrac{x^2}{2} - 3x + \dfrac{9}{2}, & 3 \leq x < 4 \\ -\dfrac{x^2}{2} + 5x - \dfrac{23}{2}, & 4 \leq x < 5 \\ 1, & x \geq 5 \end{cases}$$

步骤 2 依据式（5-73）~式（5-78）分别建立针对各属性的收益矩阵和损失矩阵。具体地，针对属性 C_1 的收益矩阵和损失矩阵分别为：

$$G_1 = \begin{bmatrix} 0 & 0 & 55 & 0 & 25 \\ 50 & 0 & 105 & 20 & 75 \\ 0 & 0 & 0 & 0 & 0 \\ 30 & 0 & 85 & 0 & 55 \\ 0 & 0 & 30 & 0 & 0 \end{bmatrix}$$

$$L_1 = \begin{bmatrix} 0 & -50 & 0 & -30 & 0 \\ 0 & 0 & 0 & 0 & 0 \\ -55 & -105 & 0 & -85 & -30 \\ 0 & -20 & 0 & 0 & 0 \\ -25 & -75 & 0 & -55 & 0 \end{bmatrix}$$

针对属性 C_2 的收益矩阵和损失矩阵分别为：

$$G_2 = \begin{bmatrix} 0 & 1/4 & 0 & 0 & 1/6 \\ 1/4 & 0 & 0 & 0 & 0 \\ 3/2 & 3/2 & 0 & 1/2 & 1 \\ 1 & 1 & 0 & 0 & 2/3 \\ 2/3 & 1/2 & 0 & 1/6 & 0 \end{bmatrix}$$

$$L_2 = \begin{bmatrix} 0 & -1/4 & -3/2 & -1 & -2/3 \\ -1/4 & 0 & -3/2 & -1 & -1/2 \\ 0 & 0 & 0 & 0 & 0 \\ 0 & 0 & -1/2 & 0 & -1/6 \\ -1/6 & 0 & -1 & -2/3 & 0 \end{bmatrix}$$

针对属性 C_3 的收益矩阵和损失矩阵分别为:

$$G_3 = \begin{bmatrix} 0 & 1/6 & 0 & 0 & 0 \\ 1/6 & 0 & 0 & 0 & 0 \\ 1 & 1 & 0 & 0 & 0 \\ 2 & 2 & 1 & 0 & 0 \\ 3 & 3 & 2 & 1 & 0 \end{bmatrix}$$

$$L_3 = \begin{bmatrix} 0 & -1/6 & -1 & -2 & -3 \\ -1/6 & 0 & -1 & -2 & -3 \\ 0 & 0 & 0 & -1 & -2 \\ 0 & 0 & 0 & 0 & -1 \\ 0 & 0 & 0 & 0 & 0 \end{bmatrix}$$

步骤 3 依据式 (5-79) 和式 (5-80),分别建立上述矩阵的规范化矩阵。针对属性 C_1 的规范化收益矩阵和规范化损失矩阵分别为:

$$Y_1 = \begin{bmatrix} 0 & 0 & 0.5238 & 0 & 0.2381 \\ 0.4762 & 0 & 1 & 0.1905 & 0.7143 \\ 0 & 0 & 0 & 0 & 0 \\ 0.2857 & 0 & 0.8095 & 0 & 0.5238 \\ 0 & 0 & 0.2857 & 0 & 0 \end{bmatrix}$$

$$Z_1 = \begin{bmatrix} 0 & -0.4762 & 0 & -0.2857 & 0 \\ 0 & 0 & 0 & 0 & 0 \\ -0.5238 & -1 & 0 & -0.8095 & -0.2857 \\ 0 & -0.1905 & 0 & 0 & 0 \\ -0.2381 & -0.7143 & 0 & -0.5238 & 0 \end{bmatrix}$$

针对属性 C_2 的规范化收益矩阵和规范化损失矩阵分别为:

$$Y_2 = \begin{bmatrix} 0 & 0.1667 & 0 & 0 & 0.1111 \\ 0.1667 & 0 & 0 & 0 & 0 \\ 1 & 1 & 0 & 0.3333 & 0.6667 \\ 0.6667 & 0.6667 & 0 & 0 & 0.4444 \\ 0.4444 & 0.3333 & 0 & 0.1111 & 0 \end{bmatrix}$$

$$Z_2 = \begin{bmatrix} 0 & -0.1667 & -1 & -0.6667 & -0.4444 \\ -0.1667 & 0 & -1 & -0.6667 & -0.3333 \\ 0 & 0 & 0 & 0 & 0 \\ 0 & 0 & -0.3333 & 0 & -0.1111 \\ -0.1111 & 0 & -0.6667 & -0.4444 & 0 \end{bmatrix}$$

针对属性 C_3 的规范化收益矩阵和规范化损失矩阵分别为:

$$Y_3 = \begin{bmatrix} 0 & 0.0556 & 0 & 0 & 0 \\ 0.0556 & 0 & 0 & 0 & 0 \\ 0.3333 & 0.3333 & 0 & 0 & 0 \\ 0.6667 & 0.6667 & 0.3333 & 0 & 0 \\ 1 & 1 & 0.6667 & 0.3333 & 0 \end{bmatrix}$$

$$Z_3 = \begin{bmatrix} 0 & -0.0556 & -0.3333 & -0.6667 & -1 \\ -0.0556 & 0 & -0.3333 & -0.6667 & -1 \\ 0 & 0 & 0 & -0.3333 & -0.6667 \\ 0 & 0 & 0 & 0 & -0.3333 \\ 0 & 0 & 0 & 0 & 0 \end{bmatrix}$$

步骤4 依据式 (5-81)~式 (5-83) 分别建立针对各属性的优势度矩阵, 即:

$$\Phi_1 = \begin{bmatrix} 0 & -1.0911 & 0.4577 & -0.8451 & 0.3086 \\ 0.4364 & 0 & 0.6325 & 0.2760 & 0.5345 \\ -1.1443 & -1.5811 & 0 & -1.4226 & -0.8451 \\ 0.3381 & -0.6901 & 0.5690 & 0 & 0.4577 \\ -0.7715 & -1.3363 & 0.3381 & -1.1443 & 0 \end{bmatrix}$$

$$\Phi_2 = \begin{bmatrix} 0 & -0.6793 & -2.1331 & -1.7416 & -1.2657 \\ -0.6793 & 0 & -2.1331 & -1.7416 & -1.2315 \\ 0.4690 & 0.4690 & 0 & 0.2708 & 0.3830 \\ 0.3830 & 0.3830 & -1.2315 & 0 & -0.3983 \\ -0.3983 & 0.2708 & -1.7416 & -1.2657 & 0 \end{bmatrix}$$

$$\Phi_3 = \begin{bmatrix} 0 & -0.2369 & -0.9363 & -1.3241 & -1.6217 \\ -0.2369 & 0 & -0.9363 & -1.3241 & -1.6217 \\ 0.3559 & 0.3559 & 0 & -0.9363 & -1.3241 \\ 0.5033 & 0.5033 & 0.3559 & 0 & -0.9363 \\ 0.6164 & 0.6164 & 0.5033 & 0.3559 & 0 \end{bmatrix}$$

其中，假设决策者给出的损失衰退系数为 θ = 1。

步骤 5 依据式（5-84），建立方案两两比较的综合优势度矩阵 $\Delta = [\delta_{ik}]_{m \times m}$，即：

$$\Delta = \begin{bmatrix} 0 & -2.0074 & -2.6117 & -3.9109 & -2.5788 \\ -0.4799 & 0 & -2.4369 & -2.7898 & -2.3188 \\ -0.3194 & -0.7562 & 0 & -2.0881 & -1.7863 \\ 1.2244 & 0.1962 & -0.3066 & 0 & -0.8769 \\ -0.5534 & -0.4491 & -0.9002 & -2.0541 & 0 \end{bmatrix}$$

步骤 6 依据式（5-85）计算每个方案的总体优势度，即 $\xi(A_1) = 0$，$\xi(A_2) = 0.2718$，$\xi(A_3) = 0.5428$，$\xi(A_4) = 1$，$\xi(A_5) = 0.6304$。

步骤 7 依据总体优势度的大小，确定方案的排序结果，即 $A_4 > A_5 > A_3 > A_2 > A_1$。显然，$A_4$ 是决策者最满意的供应商。

第四节 本章小结

本章针对考虑行为的确定型多属性决策问题，提出了有针对性的决策理论与方法，所研究的主要内容及贡献总结如下。

（1）基于前景理论的考虑期望水平的多属性决策方法研究的主要内容及贡献包括：①考虑了决策者对超过或没达到期望水平的不同心理反应，依据参照依赖效应，将期望水平视为参照点，并针对属性值与期望水平比较的四种类型分别给出了收益和损失的计算方法；②依据前景理论的价值函数和简单加权方法，给出了前景值的计算与方案排序方法；③提出的方法考虑了决策者的心理行为，可使得到的决策结果能够反映决策者的行为，为前景理论在考虑期望水平的多属性决策问题中的应用提供了可以借鉴的思路与依据，具有实际应用价值。

（2）基于前景理论的考虑多种类型属性期望的多属性决策方法研究的主要内容及贡献包括：①提炼了现实中常见的三种类型的属性期望信息，即"最好不超过某一数值"、"最好不低于某一数值"和"最好在某一个区间内"；②依据前景理论的思想，首先确定参照点，然后通过测量属性值与参照点之间的感知差异，给出了针对三种类型属性期望的收益和损失的计算公式，并依据前景理论的价值函数和简单加权方法，给出了方案前景值的计算与方案排序方法；③提出的方法考虑了决策者的心理行为，可使得到的决策结果能够反映决策者的实际行为，为解决考虑属性期望的多属性决策问题提供了可以借鉴的思路与依据，具有实际应用价值。

（3）具有多种形式信息的扩展TODIM方法研究的主要内容及贡献包括：①考虑了属性值的类型为清晰数、区间数和模糊数三种形式，将传统TODIM方法扩展至混合信息的情形，给出了处理与融合三种形式属性值的方法；②给出了方案两两比较的收益和损失的定义，依据该定义分别建立收益矩阵和损失矩阵，进一步地，依据传统TODIM方法的思想与原理，建立优势度矩阵，并通过计算方案的总体优势度得到方案的排序结果；③提出的方法不仅能够较好地处理与融合多种形式的信息，而且可使得到的决策结果能够反映决策者的行为，为TODIM方法在混合多属性决策问题中的应用提供了可以借鉴的思路与依据。

第六章　考虑行为的风险型多属性决策方法研究

关于考虑行为的风险型多属性决策问题的研究是一个值得关注研究课题，其在现实中具有广泛的研究背景。本章围绕考虑行为的风险型多属性决策理论与方法进行研究。具体地，针对决策者给出期望信息的风险型多属性决策问题，分别提出了基于前景随机占优准则的风险型多属性决策方法和基于前景理论的风险型混合多属性决策方法；针对决策者没有给出期望信息的风险型多属性决策问题，分别提出了基于后悔理论的风险型多属性决策方法和考虑后悔规避的风险型多属性决策方法。

第一节　基于前景随机占优准则的风险型多属性决策方法

风险型多属性决策问题的主要特征是考虑多个自然状态且可预先估计各状态发生的概率，并且方案的属性值针对不同自然状态是不同的。本节针对属性值为随机变量的风险型多属性决策问题，提出了一种基于前景随机占优准则的风险型多属性决策方法。该方法将决策者的心理行为因素引入风险型多属性决策中，首先，将决策者的期望水平视为参照点，将具有随机变量的风险决策矩阵转化为相对于参照点的收益—损失矩阵。其次，针对收益—损失矩阵，依据前景随机占优准则判断并确定两两方案之间比较所具有的占优关系，并构建相应的前景随机占优关系矩阵，在此基础上，运用PROMETHEE Ⅱ方法得到方案的排序结果。最后，通过一个算例说明了提出方法的可行性和有效性。

一、问题的描述

记 $M = \{1, 2, \cdots, m\}$,$N = \{1, 2, \cdots, n\}$。在考虑的风险型多属性决策问题中,记 $A = \{A_1, A_2, \cdots, A_m\}$ 表示 m 个备选方案的集合,其中 A_i 表示第 i 个备选方案,$i \in M$;$C = \{C_1, C_2, \cdots, C_n\}$ 表示 n 个属性的集合,其中 C_j 表示第 j 个属性,$j \in N$,且 $C_1, C_2, \cdots, C_n$ 相互独立,不失一般性,这里假设所有属性都为效益型属性,对于成本型属性可以通过一些方法将其转化为效益型属性。设 $w = (w_1, w_2, \cdots, w_n)$ 表示属性权重向量,其中 w_j 为属性 C_j 的权重或者重要程度,满足 $w_j \geq 0$ 且 $\sum_{j=1}^{n} w_j = 1$,$j \in N$。记 $X = [x_{ij}]_{m \times n}$ 为风险决策矩阵,其中 x_{ij} 表示方案 A_i 对应于属性 C_j 的评价结果,在本节中,考虑 x_{ij} 是区间 $[a_j, b_j]$ 上的一个随机变量;$R = (r_1, r_2, \cdots, r_n)$ 表示决策者根据已有信息和对未来的预期等因素给出的关于属性的期望水平向量,r_j 为决策者针对属性 C_j 的期望水平,这里,考虑 r_j 为清晰数。当 x_{ij} 是连续型随机变量时,其概率密度函数为 $f_{ij}(x)$,满足 $f_{ij}(x) \geq 0$ 且 $\int_{a_j}^{b_j} f_{ij}(x)dx = 1$;当 x_{ij} 是离散型随机变量时,其分布律为 $P(x_{ij}) = p_{ij}^s$,可用脉冲函数 $\delta_{ij}(x)$ 来定义其概率密度函数为 $f_{ij}(x) = \sum_{s=1}^{t} p_{ij}^s \delta_{ij}(x - x_{ij}^s)$,其中,$x_{ij}^s$ 表示离散值,t 表示离散值的个数,p_{ij}^s 表示离散值的概率,满足 $p_{ij}^s \geq 0$ 且 $\sum_{s=1}^{t} p_{ij}^s = 1$。

这里要解决的问题是:在考虑决策者心理行为的情境下,依据决策矩阵 X、决策者的期望水平向量 R 和属性权重向量 w,运用决策分析方法给出所有方案的排序结果。

二、前景随机占优准则

前景理论运用两个函数来描述决策者在不确定条件下的决策行为,一个是价值函数 $v(x)$,将表面价值转化为决策价值;另一个是概率权重函数 $\pi(p)$,将概率转化为概率权重,并通过前景值最大化的原则来进行决策。

依据前景理论,决策者在不确定条件下的选择更看重相对于某个参照点的收益和损失,而不是最终的总价值,即决策者依据相对于某一参照点 r 的结果的变

化 x 来进行决策分析。当 x > 0 时，x 被定义为收益，此时价值函数 v(x) 是凹形的，满足 v'(x)≥0，且 v''(x)≤0；当 x < 0 时，x 被定义为损失，此时价值 v(x) 是凸形的，满足 v'(x)≥0，且 v''(x)≥0。对于任意 x > 0，都有 v'(x) < |v'(-x)|。

前景随机占优准则是建立在前景理论的价值函数的基础上，依据文献 [123] 和 [124]，前景随机占优准则被描述如下：

设 Y_1 和 Y_2 为区间 [a, b] 上的随机变量，a < 0 < b，F(x) 和 G(x) 分别为随机变量 Y_1 和 Y_2 的累积分布函数，F(x)≠G(x)。如果对于 $\forall x \in [a, 0]$，$\int_x^0 [G(x) - F(x)]dx \geq 0$，且对于 $\forall x \in [0, b]$，$\int_0^x [G(x) - F(x)]dx \geq 0$，则称 F(x) 前景随机占优 (PSD: prospect stochastic dominance) 于 G(x)，记作 F(x) PSD G(x)。

依据上述前景随机占优准则，说明如下：

(1) 若 F(x) 和 G(x) 满足上述前景随机占优准则，则称 F(x) 和 G(x) 之间具有前景随机占优关系。

(2) 若存在 F(x) PSD G(x)，则不存在 G(x) PSD F(x)。

(3) 若 F(x) = G(x)，则表明 F(x) 和 G(x) 之间不存在前景随机占优关系，即 F(x) 和 G(x) 是无差异的。

(4) 当上述前景随机占优准则应用于决策分析时，若 F(x) 和 G(x) 分别为决策方案 A_1 和 A_2 对应于某个属性的评价的累积分布函数时，那么 F(x) 前景随机占优于 G(x) 可以被视为方案 A_1 前景随机占优于 A_2。

三、原理与方法

确定各属性的参照点。依据文献 [41]，本书以决策者对各属性的期望水平 r_j 作为各属性的参照点。

其次，将风险决策矩阵 $X = [x_{ij}]_{m \times n}$ 转化为相对于参照点的收益—损失矩阵 $Z = [z_{ij}]_{m \times n}$，其中，$z_{ij}$ 的计算公式为：

$$z_{ij} = x_{ij} - r_j, \quad i \in M, j \in N \tag{6-1}$$

当 $z_{ij} \geq 0$ 时，z_{ij} 表示相对于参照点 r_j 的收益；当 $z_{ij} < 0$ 时，z_{ij} 表示相对于参照点 r_j 的损失。

由随机变量 x_{ij} 的概率密度函数 $f_{ij}(x)$，可得到随机变量 z_{ij} 的概率密度函数为：

$$g_{ij}(z) = f_{ij}(z + r_j), \ i \in M, \ j \in N \quad (6\text{-}2)$$

进一步地,由 $g_{ij}(z)$ 可得到随机变量 z_{ij} 的累积分布函数 $G_{ij}(z)$。当 z_{ij} 为连续型随机变量时,其累积分布函数为:

$$G_{ij}(z) = \int_{-\infty}^{z} g_{ij}(z)dz, \ i \in M, \ j \in N \quad (6\text{-}3)$$

其期望值为:

$$u_{ij} = \int_{-\infty}^{+\infty} z g_{ij}(z)dz, \ i \in M, \ j \in N \quad (6\text{-}4)$$

当 z_{ij} 为离散型随机变量时,其累积分布函数可表示为:

$$G_{ij}(z) = \sum_{z \geq x_{ij}^s - r_j} g_{ij}(z), \ i \in M, \ j \in N \quad (6\text{-}5)$$

其期望值为:

$$u_{ij} = \sum_{s=1}^{t} (x_{ij}^s - r_j) p_{ij}^s, \ i \in M, \ j \in N \quad (6\text{-}6)$$

依据得到的累积分布函数 $G_{ij}(z)$,运用前景随机占优准则可判断方案 A_i 和方案 A_k 针对属性 C_j 是否具有前景随机占优关系,并建立前景随机占优关系矩阵 $\widetilde{\Theta}_j = [\widetilde{\theta}_{ik}^j]_{m \times m}$,其中 $\widetilde{\theta}_{ik}^j$ 表示方案 A_i 和方案 A_k 之间针对属性 C_j 所具有的前景随机占优关系,即:

$$\widetilde{\theta}_{ik}^j = \begin{cases} \text{PSD}, & G_{ij}(z) \text{ PSD } G_{kj}(z) \Leftrightarrow A_i \text{ PSD } A_k \\ —, & \text{其他} \end{cases}$$

在建立前景随机占优关系矩阵 $\widetilde{\Theta}_j = [\widetilde{\theta}_{ik}^j]_{m \times m}$ 的基础上,可依据 PROMETHEE II 方法对方案进行排序,下面是具体的计算过程。

对于属性 C_j,任意两个方案 A_i 和 A_k 之间存在以下三种关系:

(1) 方案 A_i 严格优于方案 A_k,即 $G_{ij}(z)$ PSD $G_{kj}(z)$ 且 $u_{ij} \geq u_{kj} + q_j$;

(2) 方案 A_i 弱优于方案 A_k,即 $G_{ij}(z)$ PSD $G_{kj}(z)$ 且 $u_{kj} < u_{ij} < u_{kj} + q_j$;

(3) 方案 A_i 无差异于方案 A_k,即不存在 $G_{ij}(z)$ PSD $G_{kj}(z)$ 或 $G_{kj}(z)$ PSD $G_{ij}(z)$。

其中,q_j 为关于属性 C_j 的决策者偏好阈值,它与方案间期望值的差异有关,其计算公式为:

$$q_j = \frac{2}{m(m-1)} \sum_{i=1}^{m} \sum_{\substack{k=1 \\ k \neq i}}^{m} d_{ik}^j, \ j \in N \quad (6\text{-}7)$$

关于 d_{ik}^j 的计算公式为：

$$d_{ik}^j = \begin{cases} u_{ij} - u_{kj}, & u_{ij} \geq u_{kj}, \\ 0, & u_{ij} < u_{kj}, \end{cases} \quad i, k \in M, i \neq k, j \in N \tag{6-8}$$

针对属性 C_j 的有序方案对 (A_i, A_k) 的偏好函数为：

$$S_j(A_i, A_k) = \begin{cases} 1, & G_{ij}(z) \text{ PSD } G_{kj}(z) \text{ 且 } u_{ij} \geq u_{kj} + q_j \\ \dfrac{u_{ij} - u_{kj}}{q_j}, & G_{ij}(z) \text{ PSD } G_{kj}(z) \text{ 且 } u_{kj} < u_{ij} < u_{kj} + q_j \\ 0, & \text{其他} \end{cases} \tag{6-9}$$

这里，$S_j(A_i, A_k) \in [0, 1]$。$S_j(A_i, A_k)$ 的值越接近 0，方案 A_i 对于方案 A_k 的优势程度越小；当 $S_j(A_i, A_k) = 0$ 时，方案 A_i 严格不占优于方案 A_k；$S_j(A_i, A_k)$ 的值越接近 1，方案 A_i 对于方案 A_k 的优势程度越大。特别地，当 $S_j(A_i, A_k) = 1$ 时，方案 A_i 严格占优于方案 A_k。

运用简单加权方法，可建立方案两两比较的总体优序度矩阵，即：

$$D = [\sigma_{ik}]_{m \times m} = \begin{array}{c} \\ A_1 \\ A_2 \\ \vdots \\ A_m \end{array} \begin{pmatrix} A_1 & A_2 & \cdots & A_m \\ — & \sigma_{12} & \cdots & \sigma_{1m} \\ \sigma_{21} & — & \cdots & \sigma_{2m} \\ \vdots & \vdots & \cdots & \vdots \\ \sigma_{m1} & \sigma_{m2} & \cdots & — \end{pmatrix}$$

其中，σ_{ik} 为有序方案对 (A_i, A_k) 的总体优序度，其计算公式为：

$$\sigma_{ik} = \sum_{j=1}^{n} w_j S_j(A_i, A_k), \quad i, k \in M, i \neq k \tag{6-10}$$

这里，优序度 σ_{ik} 描述了方案 A_i 占优于方案 A_k 的可信度，$\sigma_{ik} \in [0, 1]$，σ_{ik} 越大，表示方案 A_i 对于方案 A_k 的优势程度越大。

依据矩阵 D，令 $\Phi^+(A_i)$ 和 $\Phi^-(A_i)$ 分别表示方案 A_i 的"出流"和"入流"，其计算公式为：

$$\Phi^+(A_i) = \sum_{\substack{k=1 \\ k \neq i}}^{m} \sigma_{ik}, \quad i \in M \tag{6-11}$$

$$\Phi^-(A_i) = \sum_{\substack{k=1 \\ k \neq i}}^{m} \sigma_{ki}, \quad i \in M \tag{6-12}$$

$\Phi^+(A_i)$ 被视为方案 A_i 优于其他所有方案的总可信度，$\Phi^+(A_i)$ 越大，相应的

方案 A_i 越好；而 $\Phi^-(A_i)$ 被视为其他所有方案优于方案 A_i 的总可信度，即方案 A_i 劣于其他方案的总可信度，$\Phi^-(A_i)$ 越小，相应的方案 A_i 越好。

依据 $\Phi^+(A_i)$ 和 $\Phi^-(A_i)$，可计算方案 A_i 的排序值 $\Phi(A_i)$，其计算公式为：

$$\Phi(A_i) = \Phi^+(A_i) - \Phi^-(A_i), \quad i \in M \tag{6-13}$$

显然，$\Phi(A_i)$ 越大，方案 A_i 越好。因此，依据 $\Phi(A_i)$ 值的大小，可对所有方案进行排序。

综上，基于前景随机占优准则的风险型多属性决策方法的具体计算步骤如下：

步骤 1 依据式 (6-1) 将风险决策矩阵 $X = [x_{ij}]_{m \times n}$ 转化为相对于参照点的收益—损失矩阵 $Z = [z_{ij}]_{m \times n}$。

步骤 2 依据式 (6-2)~式 (6-6) 计算随机变量 z_{ij} 的累积分布函数 $G_{ij}(z)$ 及期望值 u_{ij}。

步骤 3 运用前景随机占优准则判断并确定两两方案之间比较的前景随机占优关系，并建立针对每个属性的前景随机占优关系矩阵 $\widetilde{\Theta}_j = [\widetilde{\theta}_{ik}^j]_{m \times m}$。

步骤 4 运用式 (6-7)~式 (6-10) 计算两两方案比较的总体优序度 σ_{ik}，并建立总体优序度矩阵 D。

步骤 5 运用式 (6-11) 和式 (6-12) 计算每个方案的"出流"$\Phi^+(A_i)$ 和"入流"$\Phi^-(A_i)$。

步骤 6 运用式 (6-13) 计算每个方案的排序值 $\Phi(A_i)$，并依据 $\Phi(A_i)$ 值的大小对所有方案进行排序。

四、算例

考虑一个 L 城市地铁工程建设的线路选择问题。L 市拟建设一条新地铁线，现有 5 个线路（A_1, A_2, $\cdots$, A_5）可以选择，考虑的 3 个评价属性是：出行便利性（C_1）、环境的影响程度（C_2）和施工干扰程度（C_3）。假设许多市民（参与决策人）通过网上投票系统、短信平台和投票电话等途径发表意见，并按决策活动组织者预先给定的各属性的评价标度对 5 个备选线路进行投票，其中，属性 C_1 的评价标度为：$H_1 = \{1, 2, 3, 4, 5\} = \{$很不方便，不方便，一般，方便，很方便$\}$；属性 C_2 的评价标度为：$H_2 = \{1, 2, 3, 4, 5\} = \{$很大，大，一般，小，很小$\}$；属性 C_3 的评价标度为：$H_3 = \{1, 2, 3\} = \{$大，一般，小$\}$。经统计，参与

第六章 考虑行为的风险型多属性决策方法研究

决策人数目为 2000 人,每个备选线路关于各属性评价标度的概率分布形式的评价结果如表 6-1 所示。假设属性权重向量为 w =(0.445,0.315,0.240)。决策活动组织者提供的各属性期望水平分别为:$r_1 = 3$,$r_2 = 3$,$r_3 = 2$,并依据表 6-1 中的评价结果进行决策。为了解决该决策问题,下面简要说明采用提出的基于前景随机占优准则的风险型多属性决策方法的计算过程。

表 6-1 具有概率分布形式的各备选方案评价结果

方案	C_1					C_2					C_3		
	1	2	3	4	5	1	2	3	4	5	1	2	3
A_1	0.220	0.200	0.070	0.190	0.320	0.080	0.160	0.235	0.365	0.160	0.100	0.350	0.550
A_2	0.205	0.220	0.150	0.205	0.220	0.100	0.100	0.200	0.185	0.415	0.165	0.405	0.430
A_3	0.200	0.240	0.460	0.050	0.050	0.080	0.310	0.370	0.220	0.020	0.200	0.465	0.335
A_4	0.200	0.235	0.395	0.140	0.030	0.090	0.150	0.336	0.274	0.150	0.580	0.400	0.020
A_5	0.204	0.229	0.147	0.318	0.102	0.090	0.200	0.190	0.410	0.110	0.420	0.450	0.130

首先,将决策活动组织者针对各属性的期望水平视为参照点,依据式(6-1)建立相对于参照点的收益—损失矩阵,并依据式(6-2)~式(6-6)计算每个方案关于各属性的收益—损失的累积分布函数及期望值。

其次,针对决策者面对收益和损失时的不同风险态度,运用前景随机占优准则判断并确定针对各属性的方案两两比较的前景随机占优关系,可得到关于 3 个属性的前景随机占优关系矩阵分别为:

$$\widetilde{\Theta}_1 = \begin{bmatrix} — & — & \text{PSD} & — & — \\ — & — & \text{PSD} & \text{PSD} & \text{PSD} \\ — & — & — & — & — \\ — & — & \text{PSD} & — & — \\ — & — & \text{PSD} & — & — \end{bmatrix}$$

$$\widetilde{\Theta}_2 = \begin{bmatrix} — & — & \text{PSD} & \text{PSD} & \text{PSD} \\ \text{PSD} & — & \text{PSD} & \text{PSD} & \text{PSD} \\ — & — & — & — & — \\ — & — & \text{PSD} & — & — \\ — & — & \text{PSD} & — & — \end{bmatrix}$$

$$\tilde{\Theta}_3 = \begin{bmatrix} - & PSD & PSD & PSD & PSD \\ - & - & PSD & PSD & PSD \\ - & - & - & PSD & PSD \\ - & - & - & - & - \\ - & - & - & PSD & - \end{bmatrix}$$

其中，"—"表示两个方案之间不存在前景随机占优关系。

依据式（6-7）和式（6-8）计算得到各属性的偏好阈值分别为：$q_1 = 0.362$，$q_2 = 0.394$，$q_3 = 0.515$，运用式（6-9）和式（6-10）计算两两方案之间比较的总体优序度，并建立总体优序度矩阵，即：

$$D = \begin{bmatrix} - & 0.0862 & 0.9068 & 0.3367 & 0.3319 \\ 0.2798 & - & 0.8206 & 1 & 0.7148 \\ 0 & 0 & - & 0.2400 & 0.1980 \\ 0 & 0 & 0.3826 & - & 0 \\ 0 & 0 & 0.7600 & 0.1258 & - \end{bmatrix}$$

最后，依据总体优序度矩阵，运用式（6-11）和式（6-12）计算每个方案的"出流"和"入流"分别为：$\Phi^+(A_1) = 1.6617$，$\Phi^+(A_2) = 2.8152$，$\Phi^+(A_3) = 0.4380$，$\Phi^+(A_4) = 0.3826$，$\Phi^+(A_5) = 0.8858$；$\Phi^-(A_1) = 0.2798$，$\Phi^-(A_2) = 0.0862$，$\Phi^-(A_3) = 2.8700$，$\Phi^-(A_4) = 1.7026$，$\Phi^-(A_5) = 1.2448$；进一步地，运用式（6-13）计算每个方案的排序值为：$\Phi(A_1) = 1.3819$，$\Phi(A_2) = 2.7290$，$\Phi(A_3) = -2.4319$，$\Phi(A_4) = -1.3200$，$\Phi(A_5) = -0.3590$。因此，依据得到的每个方案的排序值的大小，可得到方案的排序结果为：$A_2 > A_1 > A_5 > A_4 > A_3$。

为了将基于前景随机占优准则的风险型多属性决策方法与传统的决策方法进行对比，这里采用基于随机占优准则的方法可得到方案的排序结果为：$A_1 > A_2 > A_3 > A_5 > A_4$。可以看出，排序结果不一样，主要原因是：本部分提出的基于前景随机占优准则的方法考虑了决策者参照依赖、敏感性递减等行为因素。

第二节 基于前景理论的风险型混合多属性决策方法

本部分针对考虑决策者给出期望信息的风险型混合多属性决策问题,提出一种基于前景理论的决策分析方法。依据前景理论的思想,首先,将决策者给出的各属性的期望水平作为参照点。其次,通过计算清晰数、区间数和三角模糊数三种形式属性值相对于参照点的收益和损失,分别建立了风险收益矩阵和风险损失矩阵,在此基础上,依据前景理论计算每个方案的综合前景值,并根据综合前景值的大小进行方案排序。最后,通过一个算例说明了提出方法的可行性。

一、研究问题的背景

风险型多属性决策在新产品开发、投资项目选择等领域具有广泛的实际背景,因此,如何解决风险型多属性决策问题是一个非常重要的研究课题。

目前,关于风险型多属性决策问题的研究已经取得了一些成果。例如:针对属性权重未知的灰色风险型多属性决策问题,罗党和刘思峰(2004)提出了灰色模糊关系法和双基点法两种决策方法,王坚强和周玲(2010)提出了基于前景理论的决策方法;针对属性值为连续随机变量的风险型多属性决策问题,刘培德和关忠良(2009)、Jin等(2010)分别提出了基于灰关联度的决策方法和基于投影的决策方法;Liu等(2011)针对属性值为不确定语言短语且概率为区间数的风险型多属性决策问题,通过建立不确定语言短语的前景价值函数和区间概率权重函数,进而进行方案排序。

需要指出的是,已有关于风险型多属性决策问题研究仍然存在不足之处。在现实中,由于风险型多属性决策问题的复杂性和不确定性,会遇到属性值的类型是清晰数、区间数和模糊数等多种形式并存的情形。例如,对于风险投资项目选择问题,"收益率"和"投资回收期"的属性值通常是以清晰数或区间数的形式来表示,而"风险"的属性值可以是语言短语或模糊数的形式,而且在决策过程中,决策者还会对每个属性有一定的期望要求。因此,有必要进一步研究考虑决策者给出期望信息的多种形式属性值并存的风险型混合多属性决策问题。另外，在实际决策过程中，通常可以考虑将决策者给出的期望水平视为参照点，并将属性值与参照点进行比较，超过参照点的部分视为"收益"，没有达到参照点的部分视为"损失"，且对待收益和损失有不同的心理反应，这实际上体现了决策者的心理行为。这样，考虑如何将心理行为引入到考虑决策者给出期望信息的风险型混合多属性决策分析中，并给出一种有针对性的决策分析方法是十分必要的。这里，解决问题的关键是如何测度多种形式的属性值相对于参照点的收益和损失。

基于以上分析，本部分则是给出一种基于前景理论的风险型混合多属性决策方法，以决策者给出的期望水平作为参照点，给出三种形式的属性值相对于参照点的收益和损失的计算方法，并建立相对于参照点的风险收益矩阵和风险损失矩阵，进而依据前景理论建立前景决策矩阵，并通过计算各方案的综合前景值进行方案排序。

二、问题的描述

在考虑决策者给出期望信息的风险型混合多属性决策问题中，为了方便起见，记 $M = \{1, 2, \cdots, m\}$，$N = \{1, 2, \cdots, n\}$，$H = \{1, 2, \cdots, h\}$。记 $A = \{A_1, A_2, \cdots, A_m\}$ 表示 m 个备选方案的集合，其中，A_i 表示第 i 个备选方案，$i \in M$；$C = \{C_1, C_2, \cdots, C_n\}$ 表示 n 个属性的集合，其中 C_j 表示第 j 个属性，$j \in N$，且 $C_1, C_2, \cdots, C_n$ 是加性独立的。通常，属性可以分为效益型和成本型，效益型属性的属性值越大越好，而成本型属性的属性值越小越好。记 N^1 和 N^2 分别表示效益型属性和成本型属性的下标集合，且满足 $N^1 \cup N^2 = N$ 和 $N^1 \cap N^2 = \emptyset$；$w = (w_1, w_2, \cdots, w_n)$ 表示属性的权重向量，其中 w_j 为属性 C_j 的权重或者重要程度，满足 $w_j \geq 0$ 且 $\sum_{j=1}^{n} w_j = 1$；$S = \{S_1, S_2, \cdots, S_h\}$ 表示自然状态集合，其中 S_t 表示第 t 种状态，$t \in H$；p_t 表示状态 S_t 发生的概率，满足 $p_t \geq 0$ 且 $\sum_{t=1}^{h} p_t = 1$；$R = (r_1, r_2, \cdots, r_n)$ 表示决策者根据已有信息和对未来的预期等因素给出的关于属性的期望水平向量，其中 $r_j = (r_j^1, r_j^2, \cdots, r_j^h)$ 为决策者针对属性 C_j 的期望水平，r_j^t 表示在状态 S_t 下决策者针对属性 C_j 的期望水平，$j \in N$，$t \in H$；$X = [x_{ij}^t]_{m \times n \times t}$ 表示风险决策矩

阵，其中 x_{ij}^t 表示在状态 S_t 下方案 A_i 针对属性 C_j 的结果。在本部分中，依据现实情况，考虑期望水平 r_j^t 为清晰数，属性值 x_{ij}^t 的类型为清晰数、区间数和三角模糊数三种形式。为了方便起见，令 C^K、C^I 和 C^F 分别表示属性值为清晰数、区间数和三角模糊数形式信息的属性子集合，$C^K = \{C_1, C_2, \cdots, C_{J_1}\}$，$C^I = \{C_{J_1+1}, C_{J_1+2}, \cdots, C_{J_2}\}$，$C^F = \{C_{J_2+1}, C_{J_2+2}, \cdots, C_n\}$，$C^K \cup C^I \cup C^F = C$；$N^K$、$N^I$ 和 N^F 分别为属性子集合 C^K、C^I 和 C^F 的下标集合，$N^K = \{1, 2, \cdots, J_1\}$，$N^I = \{J_1+1, J_1+2, \cdots, J_2\}$，$N^F = \{J_2+1, J_2+2, \cdots, n\}$，$N^K \cup N^I \cup N^F = N$。对于三种类型的属性值，具体的描述如下：

（1）当属性 $C_j \in C^K$ 时，记 $x_{ij}^t = x_{ij}^t$，x_{ij}^t 是实数型数值，$i \in M$, $j \in N^K$, $t \in H$。

（2）当属性 $C_j \in C^I$ 时，记 $x_{ij}^t = \bar{x}_{ij}^t$，$\bar{x}_{ij}^t$ 是区间数，即 $\bar{x}_{ij}^t = [x_{ij}^{tl}, x_{ij}^{tu}]$，满足 $x_{ij}^{tl} < x_{ij}^{tu}$，$i \in M$, $j \in N^I$, $t \in H$。由于区间数来自随机采样的计算，所以可以认为区间 $[x_{ij}^{tl}, x_{ij}^{tu}]$ 相对不动，实际的属性值 x 在区间 $[x_{ij}^{tl}, x_{ij}^{tu}]$ 上随机取值，且服从某种分布。在现实中，正态分布和均匀分布是最常用的分布，因此这里分别考虑 x 服从正态分布和均匀分布两种情况。当 x 服从正态分布 $N(\mu_{ij}^t, (\sigma_{ij}^t)^2)$ 时，依据概率统计知识中的 3σ 原则，x 以 99.73% 的概率被区间 $[x_{ij}^{tl}, x_{ij}^{tu}]$ 覆盖，$\mu_{ij}^t = (x_{ij}^{tl} + x_{ij}^{tu})/2$，$\sigma_{ij}^t = (x_{ij}^{tu} - x_{ij}^{tl})/6$，则 x 的概率密度函数为：

$$f_{ij}^t(x) = \frac{1}{\sqrt{2\pi}\,\sigma_{ij}^t} \exp[-(x - \mu_{ij}^t)^2 / 2(\sigma_{ij}^t)^2], \quad i \in M, j \in N^I, t \in H \quad (6-14)$$

当 x 服从均匀分布时，其概率密度函数为：

$$f_{ij}^t(x) = \begin{cases} \dfrac{1}{x_{ij}^{tu} - x_{ij}^{tl}}, & x_{ij}^{tl} \leq x \leq x_{ij}^{tu}, \\ 0, & \text{其他,} \end{cases} \quad i \in M, j \in N^I, t \in H \quad (6-15)$$

（3）当属性 $C_j \in C^F$ 时，记 $x_{ij}^t = \tilde{x}_{ij}^t$，$\tilde{x}_{ij}^t$ 是三角模糊数，即 $\tilde{x}_{ij}^t = (a_{ij}^t, b_{ij}^t, c_{ij}^t)$，$a_{ij}^t \leq b_{ij}^t \leq c_{ij}^t$，其隶属函数为：

$$\varphi_{ij}^t(x) = \begin{cases} 0, & x < a_{ij}^t, \\ (x - a_{ij}^t)/(b_{ij}^t - a_{ij}^t), & a_{ij}^t \leq x \leq b_{ij}^t, \\ (c_{ij}^t - x)/(c_{ij}^t - b_{ij}^t), & b_{ij}^t \leq x \leq c_{ij}^t, \\ 0, & x > c_{ij}^t, \end{cases} \quad i \in M, j \in N^F, t \in H \quad (6-16)$$

这里要解决的问题是：在考虑决策者心理行为的情境下，依据风险决策矩阵 X、属性权重向量 w 和期望水平向量 R，如何通过一个有效的决策分析方法得到所有方案的排序结果。

三、原理与方法

为了解决上述问题，下面阐述本书提出的基于前景理论的决策方法。该方法的基本思想是：首先将决策者的期望水平作为参照点，通过计算方案属性值相对于参照点的收益和损失分别建立风险收益矩阵和风险损失矩阵；然后依据前景理论，建立前景决策矩阵，在此基础上，通过计算各方案的综合前景值进行方案排序。下面分别给出收益和损失的计算方法、前景值的计算与方案排序方法。

（一）收益和损失的计算

首先，确定各属性的参照点。依据文献［41］，决策者给出的期望水平可以被视为参照点，这样，本书以决策者对各属性的期望水平 $r_j = (r_j^1, r_j^2, \cdots, r_j^h)$ 作为各属性的参照点。

其次，计算方案属性值相对于参照点的收益和损失。具体的计算方法如下：

（1）当属性 $C_j \in C^K$ 时，属性值 $x_{ij}^{'t}$ 与参照点 r_j^t 之间有两种可能的位置关系，即 $x_{ij}^{'t} \geq r_j^t$ 和 $x_{ij}^{'t} < r_j^t$。下面针对这两种情形分别给出收益和损失的计算公式。

1）当 $x_{ij}^{'t} \geq r_j^t$ 时，属性值 $x_{ij}^{'t}$ 相对于参照点 r_j^t 的收益 G_{ij}^t 的计算公式为：

$$G_{ij}^t = \begin{cases} x_{ij}^{'t} - r_j^t, & i \in M, j \in N^K \cap N^1, t \in H \\ 0, & i \in M, j \in N^K \cap N^2, t \in H \end{cases} \quad (6-17)$$

损失 L_{ij}^t 的计算公式为：

$$L_{ij}^t = \begin{cases} 0, & i \in M, j \in N^K \cap N^1, t \in H \\ r_j^t - x_{ij}^{'t}, & i \in M, j \in N^K \cap N^2, t \in H \end{cases} \quad (6-18)$$

2）当 $x_{ij}^{'t} < r_j^t$ 时，属性值 $x_{ij}^{'t}$ 相对于参照点 r_j^t 的收益 G_{ij}^t 的计算公式为：

$$G_{ij}^t = \begin{cases} 0, & i \in M, j \in N^K \cap N^1, t \in H \\ r_j^t - x_{ij}^{'t}, & i \in M, j \in N^K \cap N^2, t \in H \end{cases} \quad (6-19)$$

损失 L_{ij}^t 的计算公式为：

$$L_{ij}^t = \begin{cases} x_{ij}^{'t} - r_j^t, & i \in M, j \in N^K \cap N^1, t \in H \\ 0, & i \in M, j \in N^K \cap N^2, t \in H \end{cases} \quad (6-20)$$

(2) 当属性 $C_j \in C^I$ 时，属性值 x_{ij}^t 与参照点 r_j^t 之间有 3 种可能的位置关系，即 $x_{ij}^{tl} \geq r_j^t$、$x_{ij}^{tu} \leq r_j^t$ 和 $x_{ij}^{tl} < r_j^t < x_{ij}^{tu}$。下面针对这 3 种情形，分别给出收益和损失的计算公式。

1) 当 $x_{ij}^{tl} \geq r_j^t$ 时，有 $\bar{x}_{ij}^t > r_j^t$。令 x 为区间 $[x_{ij}^{tl}, x_{ij}^{tu}]$ 内任意一点，那么 x 可以被认为是服从某种分布的随机变量。这样，属性值 $\bar{x}_{ij}^t$ 相对于参照点 r_j^t 的收益 G_{ij}^t 可以表示为：

$$G_{ij}^t = \begin{cases} \int_{x_{ij}^{tl}}^{x_{ij}^{tu}} (x - r_j^t) f_{ij}^t(x) dx, & i \in M, j \in N^1 \cap N^1, t \in H \\ 0, & i \in M, j \in N^1 \cap N^2, t \in H \end{cases} \quad (6-21)$$

损失 L_{ij}^t 的计算公式为：

$$L_{ij}^t = \begin{cases} 0, & i \in M, j \in N^1 \cap N^1, t \in H \\ \int_{x_{ij}^{tl}}^{x_{ij}^{tu}} (r_j^t - x) f_{ij}^t(x) dx, & i \in M, j \in N^1 \cap N^2, t \in H \end{cases} \quad (6-22)$$

2) 当 $x_{ij}^{tu} \leq r_j^t$ 时，有 $\bar{x}_{ij}^t < r_j^t$。同第 1 种情形类似，属性值 $\bar{x}_{ij}^t$ 相对于参照点 r_j^t 的收益 G_{ij}^t 为：

$$G_{ij}^t = \begin{cases} 0, & i \in M, j \in N^1 \cap N^1, t \in H \\ \int_{x_{ij}^{tl}}^{x_{ij}^{tu}} (r_j^t - x) f_{ij}^t(x) dx, & i \in M, j \in N^1 \cap N^2, t \in H \end{cases} \quad (6-23)$$

损失 L_{ij}^t 的计算公式为：

$$L_{ij}^t = \begin{cases} \int_{x_{ij}^{tl}}^{x_{ij}^{tu}} (x - r_j^t) f_{ij}^t(x) dx, & i \in M, j \in N^1 \cap N^1, t \in H \\ 0, & i \in M, j \in N^1 \cap N^2, t \in H \end{cases} \quad (6-24)$$

3) 当 $x_{ij}^{tl} < r_j^t < x_{ij}^{tu}$ 时，r_j^t 将 $\bar{x}_{ij}^t$ 分成了两个子区间，分别记为 $\bar{x}_{ij}^{t*} = [x_{ij}^{tl}, r_j^t]$ 和 $\bar{x}_{ij}^{t**} = [r_j^t, x_{ij}^{tu}]$，则有 $\bar{x}_{ij}^{t*} < r_j^t$ 和 $\bar{x}_{ij}^{t**} > r_j^t$。这样，属性值 $\bar{x}_{ij}^t$ 相对于参照点 r_j^t 的收益 G_{ij}^t 可以表示为：

$$G_{ij}^t = \begin{cases} \int_{r_j^t}^{x_{ij}^{tu}} (x - r_j^t) f_{ij}^t(x) dx, & i \in M, j \in N^1 \cap N^1, t \in H \\ \int_{x_{ij}^{tl}}^{r_j^t} (r_j^t - x) f_{ij}^t(x) dx, & i \in M, j \in N^1 \cap N^2, t \in H \end{cases} \quad (6-25)$$

损失 L_{ij}^t 的计算公式为：

$$L_{ij}^t = \begin{cases} \int_{x_{ij}^d}^{r_j^t}(x-r_j^t)f_{ij}^t(x)dx, & i\in M, j\in N^I\cap N^1, t\in H \\ \int_{r_j^t}^{x_{ij}^u}(r_j^t-x)f_{ij}^t(x)dx, & i\in M, j\in N^I\cap N^2, t\in H \end{cases}$$ (6-26)

(3) 当属性 $C_j\in C^F$ 时，属性值 $\tilde{x}_{ij}^t$ 与参照点 r_j^t 之间有 3 种可能的位置关系，即 $a_{ij}^t\geq r_j^t$，$c_{ij}^t\leq r_j^t$ 和 $a_{ij}^t<r_j^t<c_{ij}^t$。下面针对这 3 种情形，分别给出收益和损失的计算公式。

1) 当 $a_{ij}^t\geq r_j^t$ 时，有 $\tilde{x}_{ij}^t>r_j^t$。属性值 $\tilde{x}_{ij}^t$ 相对于参照点 r_j^t 的收益 G_{ij}^t 可以表示为：

$$G_{ij}^t = \begin{cases} \int_{a_{ij}^t}^{c_{ij}^t}(x-r_j^t)\varphi_{ij}^t(x)dx, & i\in M, j\in N^F\cap N^1, t\in H \\ 0, & i\in M, j\in N^F\cap N^2, t\in H \end{cases}$$ (6-27)

损失 L_{ij}^t 的计算公式为：

$$L_{ij}^t = \begin{cases} 0, & i\in M, j\in N^F\cap N^1, t\in H \\ \int_{a_{ij}^t}^{c_{ij}^t}(r_j^t-x)\varphi_{ij}^t(x)dx, & i\in M, j\in N^F\cap N^2, t\in H \end{cases}$$ (6-28)

2) 当 $c_{ij}^t\leq r_j^t$ 时，有 $\tilde{x}_{ij}^t<r_j^t$。同第 1 种情形类似，属性值 $\tilde{x}_{ij}^t$ 相对于参照点 r_j^t 的收益 G_{ij}^t 为：

$$G_{ij}^t = \begin{cases} 0, & i\in M, j\in N^F\cap N^1, t\in H \\ \int_{a_{ij}^t}^{c_{ij}^t}(r_j^t-x)\varphi_{ij}^t(x)dx, & i\in M, j\in N^F\cap N^2, t\in H \end{cases}$$ (6-29)

损失 L_{ij}^t 的计算公式为：

$$L_{ij}^t = \begin{cases} \int_{a_{ij}^t}^{c_{ij}^t}(x-r_j^t)\varphi_{ij}^t(x)dx, & i\in M, j\in N^F\cap N^1, t\in H \\ 0, & i\in M, j\in N^F\cap N^2, t\in H \end{cases}$$ (6-30)

3) 当 $a_{ij}^t<r_j^t<c_{ij}^t$ 时，属性值 $\tilde{x}_{ij}^t$ 相对于参照点 r_j^t 的收益 G_{ij}^t 为：

$$G_{ij}^t = \begin{cases} \int_{r_j^t}^{c_{ij}^t}(x-r_j^t)\varphi_{ij}^t(x)dx, & i\in M, j\in N^F\cap N^1, t\in H \\ \int_{a_{ij}^t}^{r_j^t}(r_j^t-x)\varphi_{ij}^t(x)dx, & i\in M, j\in N^F\cap N^2, t\in H \end{cases}$$ (6-31)

损失 L_{ij}^t 的计算公式为：

$$L_{ij}^t = \begin{cases} \int_{a_{ij}^t}^{r_j^t}(x-r_j^t)\varphi_{ij}^t(x)dx, & i \in M, j \in N^F \cap N^1, t \in H \\ \int_{r_j^t}^{c_{ij}^t}(r_j^t-x)\varphi_{ij}^t(x)dx, & i \in M, j \in N^F \cap N^2, t \in H \end{cases} \quad (6-32)$$

综上,依据式 (6-17) ~式 (6-32) 可分别建立风险收益矩阵 $G = [G_{ij}^t]_{m \times n \times t}$ 和风险损失矩阵 $L = [L_{ij}^t]_{m \times n \times t}$。显然,$G_{ij}^t \geq 0$,$L_{ij}^t \leq 0$,$i \in M$,$j \in N$,$t \in H$。

(二) 前景值的计算与方案排序

针对风险收益矩阵 $G = [G_{ij}^t]_{m \times n \times t}$ 和风险损失矩阵 $L = [L_{ij}^t]_{m \times n \times t}$,考虑决策者对待收益和损失的不同风险态度,分别计算每个方案针对各属性的前景值。这里,先计算每个方案针对各属性的收益和损失的价值。依据前景理论,收益 G_{ij}^t 的价值 $V_{ij}^{(+)t}$ 为:

$$V_{ij}^{(+)t} = (G_{ij}^t)^\alpha, \ i \in M, j \in N, t \in H \quad (6-33)$$

损失 L_{ij}^t 的价值 $V_{ij}^{(-)t}$ 为:

$$V_{ij}^{(-)t} = -\lambda(-L_{ij}^t)^\beta, \ i \in M, j \in N, t \in H \quad (6-34)$$

其中,α 和 β 分别表示价值函数的收益区域和损失区域的凹凸程度,其反映了决策者对待收益和损失的不同风险态度,$0 < \alpha < 1$,$0 < \beta < 1$,α、β 越大,表明决策者越倾向于冒险;λ 表示决策者的损失规避程度,$\lambda > 1$,λ 越大,表明决策者的损失规避程度越大。

进一步地,分别计算每个方案针对各属性的收益和损失的概率权重。针对收益 G_{ij}^t 的概率权重 $\pi_{ij}^{(+)t}$ 的计算公式为:

$$\pi_{ij}^{(+)t} = \frac{(p_t)^{\gamma^+}}{[(p_t)^{\gamma^+} + (1-p_t)^{\gamma^+}]^{1/\gamma^+}}, \ i \in M, j \in N, t \in H \quad (6-35)$$

针对损失 L_{ij}^t 的概率权重 $\pi_{ij}^{(-)t}$ 的计算公式为:

$$\pi_{ij}^{(-)t} = \frac{(p_t)^{\gamma^-}}{[(p_t)^{\gamma^-} + (1-p_t)^{\gamma^-}]^{1/\gamma^-}}, \ i \in M, j \in N, t \in H \quad (6-36)$$

式 (6-35) 和式 (6-36) 中,γ^+ 和 γ^- 分别表示收益和损失的概率权重函数的弯曲程度,反映了决策者对待收益风险和损失风险的不同态度,$\gamma^+ > 0$,$\gamma^- > 0$。

关于上述公式中的参数,需要说明的是,Tversky 和 Kahneman (1992) 通过对大量决策个体进行实验测试,并对得到的数据进行回归分析,得出与实验结果最一致的参数取值为：α = β = 0.88，λ = 2.25，γ^+ = 0.61，γ^- = 0.69，这些取值被认为是能够表示任意决策者大致行为偏好的参数值。Abdellaoui（2000）和 Xu 等（2011）学者也通过实验对参数取值问题进行了研究，得出了与上述取值相近的参数值。此外，还可以看到，Birnbaum（2008）、Wakker（2010）、He 和 Zhou（2011）等学者也采用了上述取值，故本书也考虑采用文献中的参数值。

在此基础上，计算每个方案针对各属性的前景值。方案 A_i 针对属性 C_j 的前景值的计算公式为：

$$V_{ij} = \sum_{t=1}^{h} V_{ij}^{(+)t} \pi_{ij}^{(+)t} + \sum_{t=1}^{h} V_{ij}^{(-)t} \pi_{ij}^{(-)t}, \; i \in M, \; j \in N \quad (6-37)$$

依据式（6-37）可建立前景决策矩阵 $V = [V_{ij}]_{m \times n}$。

为了消除不同物理量纲对决策结果的影响，需要将前景决策矩阵 $V = [V_{ij}]_{m \times n}$ 规范化为矩阵 $V^* = [V_{ij}^*]_{m \times n}$，具体的规范化公式为：

$$V_{ij}^* = \frac{V_{ij}}{V_j^{max}}, \; i \in M, \; j \in N \quad (6-38)$$

其中：

$$V_j^{max} = \max_{i \in M} \{|V_{ij}|\}, \; j \in N \quad (6-39)$$

依据简单加权方法，计算每个方案的综合前景值 U_i，其计算公式为：

$$U_i = \sum_{j=1}^{n} w_j V_{ij}^*, \; i \in M, \; j \in N \quad (6-40)$$

显然，U_i 越大，方案 A_i 越好。因此，依据 U_i 值的大小，可对方案进行排序。综上所述，基于前景理论的风险型混合多属性决策方法的计算步骤如下：

步骤1 依据式（6-17）~式（6-32）建立风险收益矩阵 $G = [G_{ij}^t]_{m \times n \times t}$ 和风险损失矩阵 $L = [L_{ij}^t]_{m \times n \times t}$。

步骤2 依据式（6-33）~式（6-37）建立前景决策矩阵 $V = [V_{ij}]_{m \times n}$。

步骤3 依据式（6-38）和式（6-39）建立规范化前景决策矩阵 $V^* = [V_{ij}^*]_{m \times n}$。

步骤4 依据式（6-40）计算每个方案的综合前景值 U_i，并依据 U_i 值的大小对所有方案进行排序。

四、算例

考虑一个投资项目选择问题。某风险投资企业欲选择一个项目进行投资，现有 5 个备选项目（A_1, A_2, …, A_5）可以选择，考虑的属性有 3 个（C_1, C_2, C_3），其中，C_1 表示收益率（单位：%/年），C_2 表示投资回收期（单位：月），C_3 表示风险。针对属性 C_1 的属性值是区间数的形式，这里假设落在区间内的值服从正态分布，针对属性 C_2 的属性值是清晰数的形式，而针对属性 C_3 的属性值由决策者以语言变量形式给出，并进一步转换为三角模糊数，语言变量及对应的三角模糊数如表 6-2 所示。在三个属性中，属性 C_1 为效益型属性，C_2 和 C_3 为成本型属性。另外，在投资期间，有 3 种可能的自然状态（S_1, S_2, S_3），分别表示好、中和差。假设决策者提供的属性权重向量为 w = (0.4, 0.25, 0.35)，决策者针对各属性的期望水平向量和风险决策矩阵如表 6-3 所示。

表 6-2 关于属性 C_3 的语言变量及对应的三角模糊数

语言变量	非常低 (VL)	低 (L)	较低 (ML)	中 (M)	较高 (MH)	高 (H)	非常高 (VH)
对应的三角模糊数	(1, 2, 3)	(2, 3, 4)	(3, 4, 5)	(4, 5, 6)	(5, 6, 7)	(6, 7, 8)	(7, 8, 9)

为了解决该决策问题，下面简要说明基于前景理论的风险型混合多属性决策方法的计算过程。

首先，以决策者针对各属性的期望水平向量作为参照点向量，依据式（6-17）~式（6-32）分别建立风险收益矩阵和风险损失矩阵，如表 6-4 和表 6-5 所示。

表 6-3 风险决策矩阵和期望水平向量

属性		C_1			C_2			C_3		
状态		S_1	S_2	S_3	S_1	S_2	S_3	S_1	S_2	S_3
状态概率		0.3	0.5	0.2	0.3	0.5	0.2	0.3	0.5	0.2
方案	A_1	[15, 20]	[12, 15]	[8, 11]	45	60	72	(2, 3, 4)	(3, 4, 5)	(6, 7, 8)
	A_2	[20, 25]	[13, 18]	[10, 14]	38	55	62	(3, 4, 5)	(4, 5, 6)	(6, 7, 8)
	A_3	[16, 22]	[10, 14]	[7, 10]	40	65	80	(2, 3, 4)	(3, 4, 5)	(4, 5, 6)
	A_4	[15, 18]	[12, 16]	[8, 12]	48	58	70	(1, 2, 3)	(2, 3, 4)	(5, 6, 7)
	A_5	[19, 23]	[14, 20]	[10, 15]	32	50	60	(3, 4, 5)	(4, 5, 6)	(5, 6, 7)
期望水平		20	15	10	40	55	70	3	5	6

表 6-4　风险收益矩阵

属性		C_1			C_2			C_3		
状态		S_1	S_2	S_3	S_1	S_2	S_3	S_1	S_2	S_3
方案	A_1	0	0	0.04	0	0	0	0.17	1	0
	A_2	2.50	0.64	1.99	2	0	8	0	0.17	0
	A_3	0.08	0	0	0	0	0	0.17	1	1
	A_4	0	0.02	0.26	0	0	0	1	2	0.17
	A_5	1.02	2.00	2.49	8	5	10	0.17	0.17	0.17

表 6-5　风险损失矩阵

属性		C_1			C_2			C_3		
状态		S_1	S_2	S_3	S_1	S_2	S_3	S_1	S_2	S_3
方案	A_1	−2.50	−1.50	−0.54	−5	−5	−2	−0.17	0	−1
	A_2	0	−0.14	0	0	0	0	−1	−0.17	−1
	A_3	−1.08	−2.99	−1.50	0	−10	−10	−0.17	0	0
	A_4	−3.49	−1.02	−0.26	−8	−3	0	0	0	−0.17
	A_5	−0.02	−0.01	0	0	0	0	−0.17	−0.17	−0.17

其次，依据式（6-33）~式（6-37），建立前景决策矩阵，即：

$$V = \begin{bmatrix} -3.431 & -8.313 & -0.244 \\ 1.294 & 2.211 & -1.440 \\ -4.259 & -12.136 & 0.595 \\ -3.337 & -7.280 & 1.027 \\ 1.639 & 5.696 & -0.277 \end{bmatrix}$$

进一步，依据式（6-38）和式（6-39）建立规范化前景决策矩阵，即：

$$V^* = \begin{bmatrix} -0.806 & -0.685 & -0.169 \\ 0.304 & 0.182 & -1.000 \\ -1.000 & -1.000 & 0.413 \\ -0.784 & -0.600 & -0.713 \\ 0.385 & 0.469 & -0.192 \end{bmatrix}$$

在此基础上，依据式（6-40）计算得到每个方案的综合前景值为：$U_1 = -0.553$，$U_2 = -0.183$，$U_3 = -0.505$，$U_4 = -0.214$，$U_5 = 0.204$。最后，根据得到的

每个方案的综合前景值,可得到方案的排序结果为:$A_5 > A_2 > A_4 > A_3 > A_1$。

第三节 基于后悔理论的风险型多属性决策方法

针对决策者没有给出期望信息的风险型多属性决策问题,在考虑决策者行为的情境下,本部分提出了一种基于后悔理论的决策分析方法。在该方法中,首先,考虑属性值和状态概率均为区间数的情形,该方法是基于后悔理论,分别计算关于属性值的效用值和后悔值;其次,通过计算效用值和后悔值之和来得到决策者对每个方案的感知效用;再次,通过构建方案综合感知效用最大化的优化模型并进行模型的求解来得到方案的排序结果;最后,通过两个算例说明了提出方法的可行性与有效性。

一、问题的描述

考虑风险型多属性决策问题,为方便起见,记 $M = \{1, 2, \cdots, m\}$,$N = \{1, 2, \cdots, n\}$,$H = \{1, 2, \cdots, h\}$。记 $A = \{A_1, A_2, \cdots, A_m\}$ 表示 m 个备选方案的集合,其中 A_i 表示第 i 个备选方案,$i \in M$;$C = \{C_1, C_2, \cdots, C_n\}$ 表示 n 个属性的集合,其中 C_j 表示第 j 个属性,$j \in N$,且 $C_1, C_2, \cdots, C_n$ 是加性独立的;$w = (w_1, w_2, \cdots, w_n)$ 表示属性的权重向量,其中,w_j 为属性 C_j 的权重或者重要程度,满足 $w_j \geq 0$ 且 $\sum_{j=1}^{n} w_j = 1$;$S = \{S_1, S_2, \cdots, S_h\}$ 表示自然状态集合,其中 S_t 表示第 t 种状态,$t \in H$。在现实中,由于决策问题的复杂性和不确定性,会遇到属性值和状态概率均为区间数形式的情形,这里,记 $\bar{p}_t = [p_t^l, p_t^u]$ 表示状态 S_t 发生的概率,满足 $0 \leq p_t^l \leq p_t^u \leq 1$,$\sum_{t=1}^{h} p_t^l \leq 1$ 且 $\sum_{t=1}^{h} p_t^u \geq 1$;$X = [\bar{x}_{ij}^t]_{m \times n \times h}$ 表示风险决策矩阵,其中 $\bar{x}_{ij}^t$ 表示在状态 S_t 下方案 A_i 针对属性 C_j 的结果,$\bar{x}_{ij}^t$ 为区间数,即 $\bar{x}_{ij}^t = [x_{ij}^{tl}, x_{ij}^{tu}]$,满足 $x_{ij}^{tl} \leq x_{ij}^{tu}$,$i \in M$,$j \in N$,$t \in H$。风险决策矩阵 X 可表示为表 6-6 的形式。

另外，在风险型多属性决策问题中，属性又可以分为效益型和成本型，效益型属性的属性值越大越好，而成本型属性的属性值越小越好。记 N_b 和 N_c 分别表示效益型属性和成本型属性的下标集合，且满足 $N_b \cup N_c = N$，$N_b \cap N_c = \emptyset$。

本部分要解决的问题是：在考虑决策者心理行为的情境下，依据风险决策矩阵 X 和属性权重向量 w，如何通过一个有效的决策分析方法得到所有方案的排序结果。

表6-6 风险型多属性决策问题的决策矩阵

方案	$S_1(\bar{p}_1=[p_1^l, p_1^u])$				$S_2(\bar{p}_2=[p_2^l, p_2^u])$				...	$S_h(\bar{p}_h=[p_h^l, p_h^u])$			
	C_1	C_2	...	C_n	C_1	C_2	...	C_n	...	C_1	C_2	...	C_n
A_1	$\bar{x}_{11}^1$	$\bar{x}_{12}^1$	...	$\bar{x}_{1n}^1$	$\bar{x}_{11}^2$	$\bar{x}_{12}^2$	...	$\bar{x}_{1n}^2$	...	$\bar{x}_{11}^h$	$\bar{x}_{12}^h$	...	$\bar{x}_{1n}^h$
A_2	$\bar{x}_{21}^1$	$\bar{x}_{22}^1$	...	$\bar{x}_{2n}^1$	$\bar{x}_{21}^2$	$\bar{x}_{22}^2$	...	$\bar{x}_{2n}^2$	...	$\bar{x}_{21}^h$	$\bar{x}_{22}^h$	...	$\bar{x}_{2n}^h$
⋮	⋮	⋮	⋮	⋮	⋮	⋮	⋮	⋮	⋮	⋮	⋮	⋮	⋮
A_m	$\bar{x}_{m1}^1$	$\bar{x}_{m2}^1$	...	$\bar{x}_{mn}^1$	$\bar{x}_{m1}^2$	$\bar{x}_{m2}^2$	...	$\bar{x}_{mn}^2$	...	$\bar{x}_{m1}^h$	$\bar{x}_{m2}^h$	...	$\bar{x}_{mn}^h$

二、原理与方法

为了解决上述问题，下面阐述本节提出的基于后悔理论的决策方法。该方法的基本思想是：基于后悔理论的思想，计算关于属性值的效用值，进一步地，计算方案的后悔值，然后通过计算效用值和后悔值之和来得到决策者对每个方案的感知效用，并通过构建方案综合感知效用最大化的优化模型并进行模型的求解来得到方案的排序结果。下面分别给出属性效用值的计算、后悔值的计算、感知效用的计算与方案排序方法。

（一）属性值效用值的计算

首先，为了消除不同物理量纲对决策结果的影响，需要将决策矩阵 $X = [\bar{x}_{ij}^t]_{m \times n \times t}$ 规范化为 $B = [\bar{b}_{ij}^t]_{m \times n \times t}$，其规范化计算公式表述如下：

$$b_{ij}^{tl} = \begin{cases} (x_{ij}^{tl} - g_j^t)/(q_j^t - g_j^t), & i \in M, j \in N_b, t \in H \\ (q_j^t - x_{ij}^{tu})/(q_j^t - g_j^t), & i \in M, j \in N_c, t \in H \end{cases} \quad (6\text{-}41)$$

$$b_{ij}^{tu} = \begin{cases} (x_{ij}^{tu} - g_j^t)/(q_j^t - g_j^t), & i \in M, j \in N_b, t \in H \\ (q_j^t - x_{ij}^{tl})/(q_j^t - g_j^t), & i \in M, j \in N_c, t \in H \end{cases} \quad (6\text{-}42)$$

其中：

$g_j^t = \min\{x_{ij}^{tl} | i \in M\}$，$j \in N$，$t \in H$ （6-43）

$q_j^t = \max\{x_{ij}^{tu} | i \in M\}$，$j \in N$，$t \in H$ （6-44）

其次，构建理想点 $I = (I_1^+, I_2^+, \cdots, I_h^+)$。令 $I_t^+ = (\bar{b}_1^{t*}, \bar{b}_2^{t*}, \cdots, \bar{b}_n^{t*})$ 表示针对状态 S_t 的理想点，$t \in H$，其中，$\bar{b}_j^{t*} = [b_j^{tl*}, b_j^{tu*}]$，则 b_j^{tl*} 和 b_j^{tu*} 的计算公式为：

$b_j^{tl*} = b_j^{tu*} = \max\{b_{ij}^{tu} | i \in M\}$，$j \in N$，$t \in H$ （6-45）

最后，计算关于属性值 $\bar{b}_{ij}^t$ 的效用值 v_{ij}^t，即决策者能从 $\bar{b}_{ij}^t$ 中获得的效用。这里，需要构造效用函数 $v(x)$，由于在现实的风险型决策问题中，决策者通常都是风险规避的，因此 $v(x)$ 是单调递增的凹函数，满足 $v'(x) > 0$ 且 $v''(x) < 0$。在本部分中，采用幂函数作为属性值的效用函数，即：

$v(x) = x^\alpha$ （6-46）

其中，α 为决策者的风险规避系数，$0 < \alpha < 1$，且 α 越小，决策者的风险规避程度越大。关于不同 α 取值的效用函数 $v(x)$ 的图像如图 6-1 所示，其中，x 表示关于属性值的变量，$v(x)$ 表示属性值的效用值。

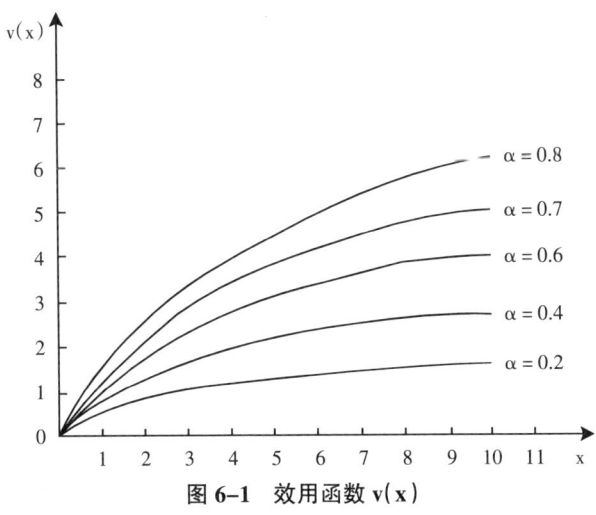

图 6-1 效用函数 $v(x)$

对于属性值 $\bar{b}_{ij}^t$，由于区间数来自随机采样的计算，所以可以认为区间 $[b_{ij}^{tl}, b_{ij}^{tu}]$ 相对不动，实际的属性值 x 在区间 $[b_{ij}^{tl}, b_{ij}^{tu}]$ 上随机取值，且服从某种分布。

考虑行为的多属性决策方法研究

若设其概率密度函数为 $f_{ij}^t(x)$，那么属性值 $\overline{b_{ij}^t}$ 的效用值 v_{ij}^t 可以表示为：

$$v_{ij}^t = \int_{b_{ij}^{tl}}^{b_{ij}^{tu}} v(x) f_{ij}^t(x) dx, \ i \in M, \ j \in N, \ t \in H \tag{6-47}$$

由于在现实中，正态分布和均匀分布是最常见的分布，这里分别考虑 x 服从正态分布和均匀分布两种情况。特别地，当 x 服从正态分布 $N(\mu_{ij}^t, (\sigma_{ij}^t)^2)$ 时，依据概率统计知识中的 3σ 原则，x 以 99.73% 的概率被区间 $[b_{ij}^{tl}, b_{ij}^{tu}]$ 覆盖，$\mu_{ij}^t = (b_{ij}^{tl} + b_{ij}^{tu})/2$，$\sigma_{ij}^t = (b_{ij}^{tu} - b_{ij}^{tl})/6$，则 x 的概率密度函数为：

$$f_{ij}^t(x) = \frac{1}{\sqrt{2\pi} \ \sigma_{ij}^t} \exp[-(x - \mu_{ij}^t)^2 / 2(\sigma_{ij}^t)^2], \ i \in M, \ j \in N, \ t \in H \tag{6-48}$$

当 x 服从均匀分布时，其概率密度函数为：

$$f_{ij}^t(x) = \begin{cases} \dfrac{1}{b_{ij}^{tu} - b_{ij}^{tl}}, & b_{ij}^{tl} \leq x \leq b_{ij}^{tu}, \\ 0, & \text{其他}, \end{cases} \ i \in M, \ j \in N, \ t \in H \tag{6-49}$$

（二）后悔值的计算

在计算得到属性值的效用值基础上，计算每种状态下每个方案针对各属性相对于理想点的后悔值。这里，首先构造后悔—欣喜函数 $R(\Delta v)$，由于决策者对于后悔和欣喜都是风险规避的，因此，函数 $R(\Delta v)$ 是单调递增的凹函数，满足 $R'(\Delta v) > 0$ 且 $R''(\Delta v) < 0$。另外，当 $\Delta v = 0$ 时，$R(0) = 0$，表示对于两个结果没有差异的方案，决策者既不感到后悔也不感到欣喜。依据文献 [12] 和 [43]，$R(\Delta v)$ 可以表示为：

$$R(\Delta v) = 1 - \exp(-\delta \Delta v) \tag{6-50}$$

其中，δ 为决策者的后悔规避系数，$\delta > 0$，且 δ 越大，决策者的后悔规避程度越大。关于不同 δ 取值的后悔—欣喜函数 $R(\Delta v)$ 的图像如图 6-2 所示，其中，Δv 表示关于两个方案结果效用值之差的变量，$R(\Delta v)$ 表示后悔—欣喜值。当 $R(\Delta v) > 0$ 时，$R(\Delta v)$ 表示欣喜值；当 $R(\Delta v) < 0$ 时，$R(\Delta v)$ 表示后悔值。依据式 (6-50)，对于某两个方案结果的效用值之差 Δv_0，$\Delta v_0 > 0$，随着 δ 的增大，有 $|R(-\Delta v_0)| > R(\Delta v_0)$ 成立，表示决策者对 $-\Delta v_0$ 的心理感知比对 Δv_0 的心理感知更加敏感，即决策者是后悔规避的，且 δ 越大，$|R(-\Delta v_0)|$ 大于 $R(\Delta v_0)$ 的程度也越大，因此，在计算过程中，欣喜值也可以不用考虑。

依据式 (6-50)，计算状态 S_t 下方案 A_i 针对属性 C_j 相对于理想点的后悔—

欣喜值,其计算公式为:

$$R_{ij}^t = 1 - \exp[-\delta(v_{ij}^t - v_j^{t*})], \ i \in M, \ j \in N, \ t \in H \tag{6-51}$$

其中:

$$v_j^{t*} = \int_{b_j^{t0*}}^{b_j^{tu*}} v(x) f_j^{t*}(x) dx = (b_j^{tu*})^\alpha, \ i \in M, \ j \in N, \ t \in H \tag{6-52}$$

这里,由于 $v_{ij}^t \leq v_j^{t*}$,因此,$R_{ij}^t \leq 0$,即 R_{ij}^t 为后悔值。

依据式 (6-51) 和式 (6-52),可建立后悔值矩阵 $R = [R_{ij}^t]_{m \times n \times h}$。

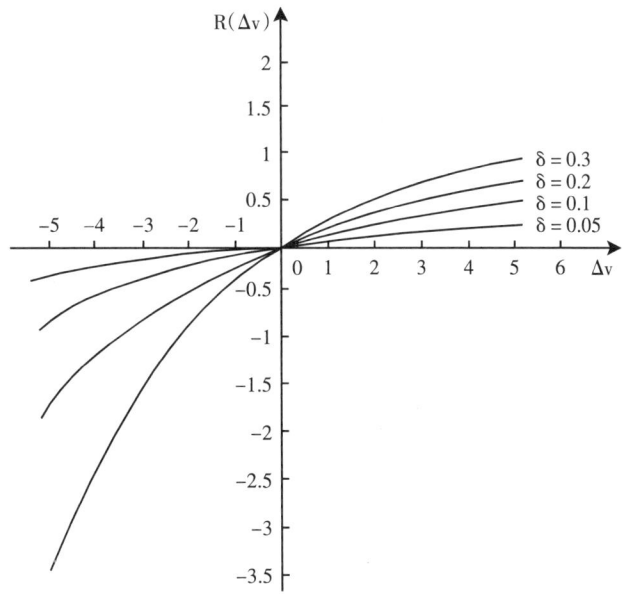

图 6-2 后悔—欣喜函数 $R(\Delta v)$

(三) 感知效用的计算与方案排序

进一步地,建立决策者的感知效用矩阵 $U = [u_{ij}^t]_{m \times n \times h}$,其中,$u_{ij}^t$ 表示在状态 S_t 下针对属性 C_j 决策者对方案 A_i 的感知效用,其计算公式为:

$$u_{ij}^t = v_{ij}^t + R_{ij}^t, \ i \in M, \ j \in N, \ t \in H \tag{6-53}$$

基于式 (6-53),可计算决策者对方案 A_i 的综合感知效用,其计算公式为:

$$U_i = \sum_{j=1}^{n} \sum_{t=1}^{h} w_j \bar{p}_t u_{ij}^t, \ i \in M \tag{6-54}$$

这里,由于 $\bar{p}_t$ 为区间数,因此,需要将区间概率 $\bar{p}_t$ 转化为点概率 p_t。下面给

出确定概率 $p_t(t \in H)$ 的方法。

对于每个方案，其综合感知效用是越大越好，而且各方案的综合感知效用必须来自同一个点概率向量 $p = (p_1, p_2, \cdots, p_h)$。因此，可以通过建立如下优化模型来求得点概率向量 $p = (p_1, p_2, \cdots, p_h)$：

$$\max \quad Z = \sum_{i=1}^{m} \sum_{j=1}^{n} \sum_{t=1}^{h} w_j p_t u_{ij}^t \quad (6-55a)$$

$$\text{s.t.} \quad p_t^l \leq p_t \leq p_t^u, \quad t \in H \quad (6-55b)$$

$$\sum_{t=1}^{h} p_t = 1 \quad (6-55c)$$

模型（6-55）中，式（6-55a）表示最大化所有方案的综合感知效用。求解模型（6-55），可得到最优点概率向量 $p^* = (p_1^*, p_2^*, \cdots, p_h^*)$。然后，运用式（6-54）计算得到方案 A_i 的最优综合感知效用为：

$$U_i = \sum_{j=1}^{n} \sum_{t=1}^{h} w_j p_t^* u_{ij}^t, \quad i \in M \quad (6-56)$$

依据 U_i 的大小可得到所有方案的排序结果。显然，U_i 越大，方案 A_i 越好。

综上所述，基于后悔理论的风险型多属性决策方法的计算步骤如下：

步骤 1 依据式（6-41）~式（6-44）将风险决策矩阵 $X = [\bar{x}_{ij}^t]_{m \times n \times h}$ 规范化为 $B = [\bar{b}_{ij}^t]_{m \times n \times h}$。

步骤 2 依据式（6-45）构建理想点 $I = (I_1^+, I_2^+, \cdots, I_h^+)$。

步骤 3 依据式（6-46）~式（6-52）建立后悔值矩阵 $R = [R_{ij}^t]_{m \times n \times h}$。

步骤 4 依据式（6-53）建立决策者的感知效用矩阵 $U = [u_{ij}^t]_{m \times n \times h}$。

步骤 5 求解模型（6-55）得到最优点概率向量 $p^* = (p_1^*, p_2^*, \cdots, p_h^*)$。

步骤 6 依据式（6-56）计算每个方案的最优综合感知效用 U_i，并据此对所有方案进行排序。

三、算例

下面，通过两个例子说明上面提及的基于后悔理论的风险型多属性决策方法的可行性和有效性。

第六章　考虑行为的风险型多属性决策方法研究

例1　考虑一个投资项目选择问题。某企业欲选择一个项目进行投资，现有5个投资方案（A_1，A_2，…，A_5）可以选择，考虑的属性有3个（C_1，C_2，…，C_3），其中，C_1表示期望净现值（单位：万元），C_2表示风险盈利值（单位：万元），C_3表示风险损失值（单位：万元）。属性C_1和C_2为效益型属性，C_3为成本型属性，且属性值均为区间数，这里，假设落在区间内的值服从正态分布。另外，在投资期间，有3种可能的市场状态（S_1，S_2，S_3），分别表示好、中和差，其发生的概率分别为$\bar{p}_1=[0.3,0.4]$，$\bar{p}_2=[0.4,0.6]$，$\bar{p}_3=[0.1,0.3]$。假设决策者提供的属性权重向量为$w=(0.4,0.3,0.3)$，风险决策矩阵如表6-7所示。为了解决该决策问题，下面简要说明采用基于后悔理论的风险型多属性决策方法的计算过程。

表6-7　风险决策矩阵

方案	$S_1(\bar{p}_1=[0.3,0.4])$			$S_2(\bar{p}_2=[0.4,0.6])$			$S_3(\bar{p}_3=[0.1,0.3])$		
	C_1	C_2	C_3	C_1	C_2	C_3	C_1	C_2	C_3
A_1	[300, 320]	[100, 120]	[40, 50]	[250, 280]	[80, 90]	[55, 70]	[180, 210]	[50, 60]	[70, 80]
A_2	[350, 370]	[120, 150]	[30, 40]	[300, 320]	[90, 100]	[50, 60]	[230, 250]	[70, 80]	[60, 75]
A_3	[320, 350]	[120, 130]	[45, 55]	[280, 300]	[100, 120]	[60, 65]	[220, 240]	[80, 90]	[70, 75]
A_4	[290, 310]	[100, 110]	[50, 60]	[250, 280]	[80, 95]	[70, 80]	[190, 220]	[50, 70]	[80, 90]
A_5	[325, 350]	[120, 140]	[35, 50]	[280, 300]	[90, 110]	[50, 60]	[250, 260]	[65, 75]	[60, 65]

首先，依据式（6-41）~式（6-44）建立规范化风险决策矩阵；其次，依据式（6-45）~式（6-53）建立决策者的感知效用矩阵，如表6-8所示，其中，参数α的取值采用相关文献[185]中经过实验验证得到的数据，即$\alpha=0.88$，δ的值这里取0.3。

表6-8　决策者的感知效用矩阵

方案	$S_1(\bar{p}_1=[0.3,0.4])$			$S_2(\bar{p}_2=[0.4,0.6])$			$S_3(\bar{p}_3=[0.1,0.3])$		
	C_1	C_2	C_3	C_1	C_2	C_3	C_1	C_2	C_3
A_1	0.05	−0.02	0.39	0	−0.13	0.28	−0.03	−0.13	0.39
A_2	0.86	0.65	0.8	0.83	0.24	0.8	0.7	0.55	0.7
A_3	0.47	0.39	0.18	0.49	0.7	0.51	0.57	0.86	0.51
A_4	−0.13	−0.17	−0.06	0	−0.03	−0.06	0.15	0.05	−0.06
A_5	0.51	0.51	0.5	0.49	0.39	0.8	0.93	0.39	0.9

进一步地，基于决策者的感知效用矩阵，建立如下优化模型：

max　　$Z = 1.655p_1 + 1.774p_2 + 2.176p_3$

s.t.　　$0.3 \leqslant p_1 \leqslant 0.4$

　　　　$0.4 \leqslant p_2 \leqslant 0.6$

　　　　$0.1 \leqslant p_3 \leqslant 0.3$

　　　　$p_1 + p_2 + p_3 = 1$

运用 Lingo 11.0 优化软件包求解上述模型，可得最优点概率向量为 $p^* = (0.3, 0.4, 0.3)$。在此基础上，依据式（6-56），计算得到每个方案的最优综合感知效用为：$U_1 = 0.0771$，$U_2 = 0.6878$，$U_3 = 0.5230$，$U_4 = -0.0300$，$U_5 = 0.6010$。最后，根据得到的每个方案的最优综合感知效用，可得到方案的排序结果为：$A_2 > A_5 > A_3 > A_1 > A_4$。

为了进一步说明本节提出的方法，下面通过另外一个例子，分别与基于期望效用理论的决策方法和基于前景理论的决策方法进行对比。需要说明的是，由于基于前景理论的决策方法通常需要决策者给出参照点，因此，在例 2 中考虑决策者给出了参照点信息，并且为了使不同方法得到的结果具有可比性，在运用基于后悔理论的风险型多属性决策方法计算后悔—欣喜值时，将式（6-51）中的理想点替换为参照点。

例 2　考虑一个新产品开发项目选择问题。某公司计划开发一种新的电子产品，现有 3 个方案（A_1，A_2，A_3）可以选择，考虑的属性有 3 个（C_1，C_2，C_3），其中，C_1 表示市场占有率（单位：%），C_2 表示产品销量（单位：百万台/年），C_3 表示收益率（单位：%/年）。这三个属性均为效益型属性，且属性值均为区间数，这里，假设落在区间内的值服从均匀分布。另外，未来市场环境有 3 种可能的自然状态（S_1，S_2，S_3），分别表示好、中和差，其发生的概率分别为 $\bar{p}_1 = [0.3, 0.5]$，$\bar{p}_2 = [0.4, 0.6]$，$\bar{p}_3 = [0.1, 0.3]$，假设决策者提供的属性权重向量为 $w = (0.3, 0.45, 0.25)$，风险决策矩阵和决策者提供的参照点向量如表 6-9 所示。为了解决该决策问题，下面简要说明采用基于后悔理论的风险型多属性决策方法的计算过程。

首先，依据式（6-41）~式（6-44）建立规范化风险决策矩阵，然后，依据式（6-46）~式（6-53）建立决策者的感知效用矩阵，如表 6-10 所示，这里，参数 α 和 δ 的取值分别为 $\alpha = 0.9$，$\delta = 3.5$。

第六章 考虑行为的风险型多属性决策方法研究

表 6-9 风险决策矩阵和参照点向量

方案	$S_1(\bar{p}_1=[0.3, 0.5])$			$S_2(\bar{p}_2=[0.4, 0.6])$			$S_3(\bar{p}_3=[0.1, 0.3])$		
	C_1	C_2	C_3	C_1	C_2	C_3	C_1	C_2	C_3
A_1	[22, 26]	[100, 100]	[20, 24]	[19.5, 22.5]	[76, 80]	[18, 19]	[11, 14]	[44, 48]	[14, 15]
A_2	[24, 30]	[92, 100]	[18, 30]	[21, 24]	[73, 79]	[18, 20]	[11, 15]	[44, 50]	[13, 14]
A_3	[10, 16]	[60, 72]	[10, 15]	[9, 15.75]	[60, 70]	[10, 14]	[5, 8]	[30, 38]	[5, 10]
参照点	25	100	23	21	78	18.5	12.5	49	13

表 6-10 决策者的感知效用矩阵

方案	$S_1(\bar{p}_1=[0.3, 0.5])$			$S_2(\bar{p}_2=[0.4, 0.6])$			$S_3(\bar{p}_3=[0.1, 0.3])$		
	C_1	C_2	C_3	C_1	C_2	C_3	C_1	C_2	C_3
A_1	−0.76	1	−0.86	0.80	0.9	0.85	0.75	−5.23	1.88
A_2	1.69	−4.15	1.29	1.73	−4.25	1.49	1.39	−4.20	1.44
A_3	−7.02	−18.44	−5.16	−6.26	−8.48	−8.53	−7.02	−12.60	−0.55

进一步地，基于决策者的感知效用矩阵，建立如下优化模型：

max　$Z = -12.723p_1 - 7.985p_2 - 10.683p_3$

s.t.　$0.3 \leq p_1 \leq 0.5$

　　　$0.4 \leq p_2 \leq 0.6$

　　　$0.1 \leq p_3 \leq 0.3$

　　　$p_1 + p_2 + p_3 = 1$

运用 Lingo 11.0 优化软件包求解上述模型，可得最优点概率向量为 $p^* = (0.3, 0.6, 0.1)$。在此基础上，依据式（6-56）计算得到每个方案的最优综合感知效用为：$U_1 = 0.3509$，$U_2 = -1.0337$，$U_3 = -8.9935$。最后，根据得到的每个方案的最优综合感知效用，可得到方案的排序结果为：$A_1 > A_2 > A_3$。

下面，分别运用基于期望效用理论的决策方法和基于前景理论的决策方法对例 2 进行求解，以对比说明本节提出的基于后悔理论的风险型多属性决策方法的有效性和合理性。

目前，针对属性值和状态概率均为区间数的风险型多属性决策问题，基于期望效用理论的方法还不多见，这里，采用基于期望值的风险型多属性决策方法的思路进行求解。首先建立规范化风险决策矩阵，然后依据式（6-55）建立优化模型来求得点概率向量，优化模型的目标函数为 max $Z = 1.800p_1 + 1.940p_2 +$

$1.853p_3$,约束条件与基于后悔理论的风险型多属性决策方法的约束条件相同,对模型进行求解,得到最优点概率向量为 $p^* = (0.3, 0.6, 0.1)$。在此基础上,可得到每个方案的最优综合期望值为:$E_1 = 0.8398$,$E_2 = 0.8470$,$E_3 = 0.2025$,方案的排序结果为:$A_2 > A_1 > A_3$。

依据文献 [268] 中提出的基于前景理论的风险型多属性决策方法对例 2 进行求解。首先,将风险决策矩阵和参照点向量进行规范化,并计算属性值相对于参照点的收益或损失,然后依据前景理论的思想,建立前景决策矩阵,如表 6-11 所示,这里,参数取值采用文献 [185] 中给出的实验数据,即 $\alpha = \beta = 0.88$,$\lambda = 2.25$,$\gamma^+ = 0.61$,$\gamma^- = 0.69$。进一步地,依据简单加权方法,计算得到每个方案的综合前景值为:$V_1 = [-0.0668, -0.0490]$,$V_2 = [-0.1845, -0.0737]$,$V_3 = [-3.8275, -2.7513]$。在此基础上,根据区间数的排序方法可得到方案的排序结果为:$A_1 > A_2 > A_3$。

表 6-11　前景决策矩阵

方案	C_1	C_2	C_3
A_1	[-0.1215, -0.0891]	[0, 0]	[-0.1215, -0.0891]
A_2	[0.1815, 0.2431]	[-0.4816, -0.3360]	[-0.0888, 0.0184]
A_3	[-3.5698, -2.4402]	[-4.2177, -2.9181]	[-3.4344, -2.8244]

综上,可以看出,本节提出的基于后悔理论的决策方法得到的排序结果与基于期望效用理论的决策方法得到的排序结果不同,而与基于前景理论的决策方法得到的排序结果相同。从基于期望效用理论的方法得到的结果可以看出,方案 A_2 的综合期望值要高于 A_1,但从表 6-10 和表 6-11 中可以看出,方案 A_2 比方案 A_1 面临着更多的后悔和损失,基于后悔理论的决策方法和基于前景理论的决策方法分别考虑了决策者后悔规避和损失规避的心理行为,从而使得方案 A_1 的综合感知效用值和综合前景值都比方案 A_2 大。这样,运用基于后悔理论的决策方法和基于前景理论的决策方法得到的结果都能够反映决策者的行为,但基于后悔理论的决策方法与基于前景理论的决策方法相比,涉及的参数较少且计算也比较简单。

第四节 考虑后悔规避的风险型多属性决策方法

针对属性值为区间数的风险型多属性决策问题，本节给出一种考虑决策者后悔规避心理行为的决策分析方法。由于在人的主观判断中，两两比较的相对判断更加符合人类的直觉思维习惯，因此，关于两两比较决策方法的研究一直受到学者们的关注并取得了丰富的研究成果，如层次分析法、级别高于关系法等。本节则是考虑决策者对两两方案比较的后悔和欣喜的心理反应，依据后悔理论的思想，首先，给出了关于属性值的效用值计算公式，并在此基础上给出了方案两两比较的后悔值和欣喜值的计算公式，进而通过计算方案两两比较的后悔值和欣喜值分别建立后悔值矩阵及欣喜值矩阵。其次，通过计算每个方案相对于其他方案的总体后悔值和总体欣喜值可得到每个方案的排序值，并依据排序值的大小对所有方案进行排序。最后，通过一个算例说明了该方法的可行性和有效性。

一、问题的描述

考虑风险型多属性决策问题，为方便起见，记 $M = \{1, 2, \cdots, m\}$，$N = \{1, 2, \cdots, n\}$，$H = \{1, 2, \cdots, h\}$。记 $A = \{A_1, A_2, \cdots, A_m\}$ 表示 m 个备选方案的集合，其中 A_i 表示第 i 个备选方案，$i \in M$；$C = \{C_1, C_2, \cdots, C_n\}$ 表示 n 个属性的集合，其中 C_j 表示第 j 个属性，$j \in N$，且 $C_1, C_2, \cdots, C_n$ 是加性独立的。通常，属性可以分为效益型和成本型，效益型属性的属性值越大越好，而成本型属性的属性值越小越好。记 N_b 和 N_c 分别表示效益型属性和成本型属性的下标集合，且满足 $N_b \cup N_c = N$ 和 $N_b \cap N_c = \emptyset$；$w = (w_1, w_2, w_n)$ 表示属性的权重向量，其中 w_j 为属性 C_j 的权重或者重要程度，满足 $w_j \geq 0$ 且 $\sum_{j=1}^{n} w_j = 1$；$S = \{S_1, S_2, \cdots, S_h\}$ 表示自然状态集合，其中 S_t 表示第 t 种状态，$t \in H$；p_t 表示状态 S_t 发生的概率，满足 $p_t \geq 0$ 且 $\sum_{t=1}^{h} p_t = 1$；$X = [\bar{x}_{ij}^t]_{m \times n \times t}$ 表示风险决策矩阵，其中 $\bar{x}_{ij}^t$ 表示在状态 S_t 下方案 A_i 针对属性 C_j 的结果。由于在现实的风险型多属性决策问题中，属性值

往往难以精确量化，因此，这里考虑 $\bar{x}_{ij}^t$ 为区间数，即 $\bar{x}_{ij}^t = [x_{ij}^{tl}, x_{ij}^{tu}]$，满足 $x_{ij}^{tl} \leqslant x_{ij}^{tu}$，$i \in M$，$j \in N$，$t \in H$。不失一般性，这里假设 $x_{ij}^{tl} \geqslant 0$。风险决策矩阵 X 可表示为表 6-12 的形式。

表 6-12　风险型多属性决策问题的决策矩阵

方案	$S_1(p_1)$				$S_2(p_2)$				...	$S_h(p_h)$			
	C_1	C_2	...	C_n	C_1	C_2	...	C_n	...	C_1	C_2	...	C_n
A_1	$\bar{x}_{11}^1$	$\bar{x}_{12}^1$	...	$\bar{x}_{1n}^1$	$\bar{x}_{11}^2$	$\bar{x}_{12}^2$	...	$\bar{x}_{1n}^2$	...	$\bar{x}_{11}^h$	$\bar{x}_{12}^h$	...	$\bar{x}_{1n}^h$
A_2	$\bar{x}_{21}^1$	$\bar{x}_{22}^1$	...	$\bar{x}_{2n}^1$	$\bar{x}_{21}^2$	$\bar{x}_{22}^2$	...	$\bar{x}_{2n}^2$	...	$\bar{x}_{21}^h$	$\bar{x}_{22}^h$	...	$\bar{x}_{2n}^h$
⋮	⋮	⋮		⋮	⋮	⋮		⋮		⋮	⋮		⋮
A_m	$\bar{x}_{m1}^1$	$\bar{x}_{m2}^1$	...	$\bar{x}_{mn}^1$	$\bar{x}_{m1}^2$	$\bar{x}_{m2}^2$	...	$\bar{x}_{mn}^2$	...	$\bar{x}_{m1}^h$	$\bar{x}_{m2}^h$	...	$\bar{x}_{mn}^h$

本节要解决的问题是：在考虑决策者后悔规避心理行为的情境下，依据风险决策矩阵 X 和属性权重向量 w，如何通过一个有效的决策分析方法得到所有方案的排序结果。

二、原理与方法

为了解决上述问题，下面阐述提出的决策方法。该方法的基本思想是：依据后悔理论的思想，通过计算方案两两比较的后悔值和欣喜值分别建立后悔值矩阵和欣喜值矩阵，在此基础上，通过计算每个方案相对于其他所有方案的总体后悔值和总体欣喜值进行方案排序。下面分别给出基于方案两两比较的后悔值和欣喜值的计算方法、方案排序值的计算与方案排序方法。

（一）基于方案两两比较的后悔值和欣喜值的计算

1. 计算关于属性值 $\bar{x}_{ij}^t$ 的效用值 v_{ij}^t

这里，首先需要构造效用函数 $v(x)$，由于在现实的风险型决策问题中，决策者通常都是风险规避的，因此，对于效益型属性 C_j，$j \in N_b$，$v(x)$ 是单调递增的凹函数，满足 $v'(x) > 0$ 且 $v''(x) < 0$。在本节中，采用负指数函数作为效益型属性的效用函数，即：

$$v(x) = \frac{1 - \exp(-\alpha x)}{\alpha} \tag{6-57}$$

其中，α 为决策者的风险规避系数，$0 < \alpha < 1$，且 α 越大，决策者的风险规

避程度越大。关于不同 α 取值的效用函数图像如图 6-3 所示，其中，x 表示关于属性值的变量，v(x) 表示属性值的效用值。

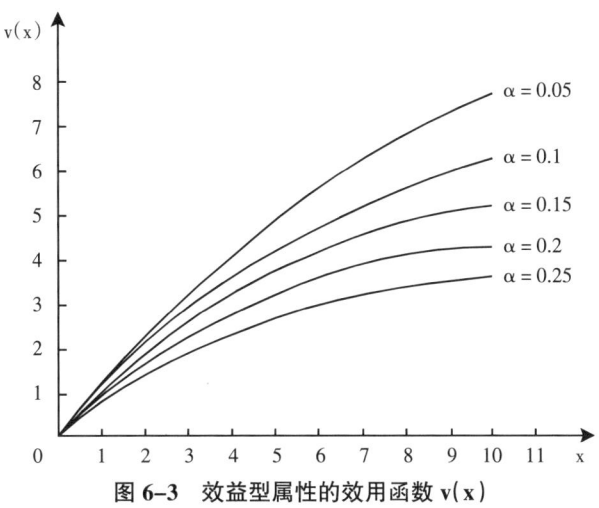

图 6-3　效益型属性的效用函数 v(x)

对于成本型属性 C_j，$j \in N_c$，v(x) 是单调递减的凹函数，满足 $v'(x) < 0$ 且 $v''(x) < 0$。在本节中，采用指数函数来表示成本型属性的效用函数，即：

$$v(x) = 1 - \exp(\beta x) \tag{6-58}$$

其中，β 为决策者的风险规避系数，$0 < \beta < 1$，且 β 越大，决策者的风险规避程度越大，关于不同 β 取值的效用函数图像如图 6-4 所示。

对于属性值 $\tilde{x}_{ij}^t$，由于区间数来自随机采样的计算，所以可以认为区间 $[x_{ij}^{tl}, x_{ij}^{tu}]$ 相对不动，实际的属性值 x 在区间 $[x_{ij}^{tl}, x_{ij}^{tu}]$ 上随机取值，且服从某种分布。若设其概率密度函数为 $f_{ij}^t(x)$，那么属性值 $\tilde{x}_{ij}^t$ 的效用值 v_{ij}^t 可以表示为：

$$v_{ij}^t = \int_{x_{ij}^{tl}}^{x_{ij}^{tu}} v(x) f_{ij}^t(x) dx, \ i \in M, \ j \in N, \ t \in H \tag{6-59}$$

由于在现实中，正态分布和均匀分布是最常见的分布，因此这里分别考虑 x 服从正态分布和均匀分布两种情况。当 x 服从正态分布 $N(\mu_{ij}^t, (\sigma_{ij}^t)^2)$ 时，依据概率统计知识中的 3σ 原则，x 以 99.73% 的概率被区间 $[x_{ij}^{tl}, x_{ij}^{tu}]$ 覆盖，$\mu_{ij}^t = (x_{ij}^{tl} + x_{ij}^{tu})/2$，$\sigma_{ij}^t = (x_{ij}^{tu} - x_{ij}^{tl})/6$，则 x 的概率密度函数为：

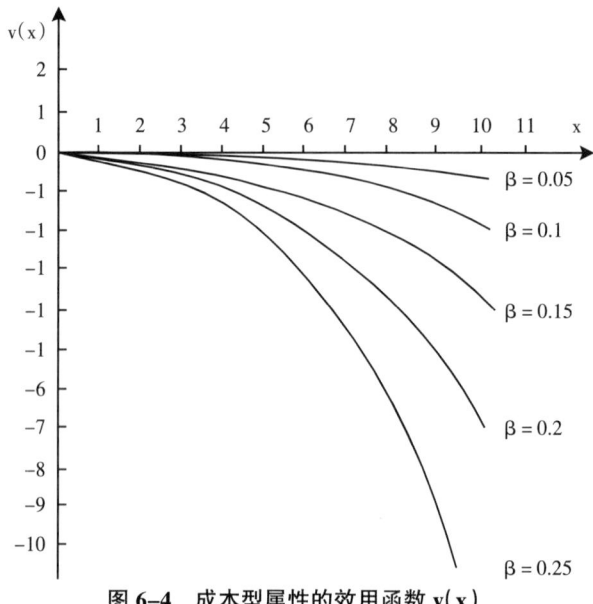

图 6-4 成本型属性的效用函数 v(x)

$$f_{ij}^t(x) = \frac{1}{\sqrt{2\pi}\,\sigma_{ij}^t} \exp[-(x - \mu_{ij}^t)^2 / 2(\sigma_{ij}^t)^2], \quad i \in M, j \in N, t \in H \tag{6-60}$$

当 x 服从均匀分布时,其概率密度函数为:

$$f_{ij}^t(x) = \begin{cases} \dfrac{1}{x_{ij}^{tu} - x_{ij}^{tl}}, & x_{ij}^{tl} \leq x \leq x_{ij}^{tu}, \\ 0, & \text{其他}, \end{cases} \quad i \in M, j \in N, t \in H \tag{6-61}$$

2. 计算每种状态下方案两两比较的后悔值和欣喜值

这里,首先构造后悔—欣喜函数 $R(\Delta v)$,由于决策者对于后悔和欣喜都是风险规避的,因此,函数 $R(\Delta v)$ 是单调递增的凹函数,满足 $R'(\Delta v) > 0$ 且 $R''(\Delta v) < 0$。另外,当 $\Delta v = 0$ 时,$R(0) = 0$。依据文献 [12] 和 [43],$R(\Delta v)$ 可以表示为:

$$R(\Delta v) = 1 - \exp(-\gamma \Delta v) \tag{6-62}$$

其中,γ 为决策者的后悔规避系数,$\gamma > 0$,且 γ 越大,决策者的后悔规避程度越大。关于不同 γ 取值的后悔—欣喜函数 $R(\Delta v)$ 的图像如图 6-2 所示,其中,Δv 表示关于两个方案效用值之差的变量,$R(\Delta v)$ 表示后悔—欣喜值,当 $R(\Delta v) > 0$ 时,$R(\Delta v)$ 表示欣喜值;当 $R(\Delta v) < 0$ 时,$R(\Delta v)$ 表示后悔值。依据式 (6-62),对于某两个方案的效用值之差 Δv_0,$\Delta v_0 > 0$,随着 γ 的增大,有 $|R(-\Delta v_0)| > R(\Delta v_0)$ 成立,表示决策者对 $-\Delta v_0$ 的心理感知比对 Δv_0 的心理感知更加敏感,即决策者是

后悔规避的,且 γ 越大,$|R(-\Delta v_0)|$ 大于 $R(\Delta v_0)$ 的程度也越大。

依据式(6-59)和式(6-62),计算在状态 S_t 下方案 A_i 相对于方案 A_k 的后悔值:

$$R_{ikj}^t = \begin{cases} 1 - \exp[-\gamma(v_{ij}^t - v_{kj}^t)], & v_{ij}^t < v_{kj}^t, \\ 0, & v_{ij}^t \geq v_{kj}^t, \end{cases} \quad i, k \in M, j \in N, t \in H \qquad (6\text{-}63)$$

在状态 S_t 下方案 A_i 相对于方案 A_k 的欣喜值为:

$$G_{ikj}^t = \begin{cases} 0, & v_{ij}^t < v_{kj}^t, \\ 1 - \exp[-\gamma(v_{ij}^t - v_{kj}^t)], & v_{ij}^t \geq v_{kj}^t, \end{cases} \quad i, k \in M, j \in N, t \in H \qquad (6\text{-}64)$$

显然,$R_{ikj}^t \leq 0$,$G_{ikj}^t \geq 0$,且 $R_{iij}^t = G_{iij}^t = 0$。

在此基础上,分别建立针对各属性的方案两两比较的后悔值矩阵 $R_j = [R_{ikj}]_{m \times m}$ 和欣喜值矩阵 $G_j = [G_{ikj}]_{m \times m}$,其中,$R_{ikj}$ 和 G_{ikj} 分别表示针对属性 C_j 方案 A_i 相对于方案 A_k 的后悔值和欣喜值,其计算公式分别为:

$$R_{ikj} = \sum_{t=1}^h p_t R_{ikj}^t, \quad i, k \in M, j \in N \qquad (6\text{-}65)$$

$$G_{ikj} = \sum_{t=1}^h p_t G_{ikj}^t, \quad i, k \in M, j \in N \qquad (6\text{-}66)$$

(二) 方案排序值的计算与方案排序

为了消除不同物理量纲对决策结果的影响,需要将后悔值矩阵 $R_j = [R_{ikj}]_{m \times m}$ 规范化为矩阵 $R_j' = [R_{ikj}']_{m \times m}$,欣喜值矩阵 $G_j = [G_{ikj}]_{m \times m}$ 规范化为矩阵 $G_j' = [G_{ikj}']_{m \times m}$,其具体的规范化公式分别为:

$$R_{ikj}' = \frac{R_{ikj}}{Q_j^{max}}, \quad i, k \in M, j \in N \qquad (6\text{-}67)$$

$$G_{ikj}' = \frac{G_{ikj}}{Q_j^{max}}, \quad i, k \in M, j \in N \qquad (6\text{-}68)$$

其中:

$$Q_j^{max} = \max\left\{ \max_{i,k \in M}\{|R_{ikj}|\}, \max_{i,k \in M}\{|G_{ikj}|\} \right\}, \quad j \in N \qquad (6\text{-}69)$$

这里,$R_{ikj}' \in [-1, 0]$,$G_{ikj}' \in [0, 1]$。

运用简单加权方法,可分别建立方案两两比较的综合后悔值矩阵 $R = [R_{ik}]_{m \times m}$ 和综合欣喜值矩阵 $G = [G_{ik}]_{m \times m}$,其中,$R_{ik}$ 和 G_{ik} 分别表示方案 A_i 相对于方案 A_k 的综合后悔值和综合欣喜值,其计算公式分别为:

$$R_{ik} = \sum_{j=1}^{n} w_j R'_{ikj}, \quad i, k \in M \tag{6-70}$$

$$G_{ik} = \sum_{j=1}^{n} w_j G'_{ikj}, \quad i, k \in M \tag{6-71}$$

依据矩阵 R 和 G，分别计算方案 A_i 相对于其他所有方案的总体后悔值 $R(A_i)$ 和总体欣喜值 $G(A_i)$，其计算公式分别为：

$$R(A_i) = \sum_{k=1}^{m} R_{ik}, \quad i \in M \tag{6-72}$$

$$G(A_i) = \sum_{k=1}^{m} G_{ik}, \quad i \in M \tag{6-73}$$

进一步地，依据 $R(A_i)$ 和 $G(A_i)$，可计算方案 A_i 的排序值 $\Phi(A_i)$，其计算公式为：

$$\Phi(A_i) = R(A_i) + G(A_i), \quad i \in M \tag{6-74}$$

显然，$\Phi(A_i)$ 越大，方案 A_i 越好。因此，依据 $\Phi(A_i)$ 值的大小，可对所有方案进行排序。

综上所述，考虑后悔规避的风险型多属性决策方法的计算步骤如下：

步骤1 依据式（6-57）~式（6-61）计算关于属性值的效用值 v_{ij}^t，$i \in M$，$j \in N$，$t \in H$。

步骤2 依据式（6-62）~式（6-66）分别建立针对各属性的方案两两比较的后悔值矩阵 $R_j = [R_{ikj}]_{m \times m}$ 和欣喜值矩阵 $G_j = [G_{ikj}]_{m \times m}$，$j \in N$。

步骤3 依据式（6-67）~式（6-69）将后悔值矩阵 $R_j = [R_{ikj}]_{m \times m}$ 和欣喜值矩阵 $G_j = [G_{ikj}]_{m \times m}$ 分别规范化为 $R'_j = [R'_{ikj}]_{m \times m}$ 和 $G'_j = [G'_{ikj}]_{m \times m}$，$j \in N$。

步骤4 依据式（6-70）和式（6-71）分别建立方案两两比较的综合后悔值矩阵 $R = [R_{ik}]_{m \times m}$ 和综合欣喜值矩阵 $G = [G_{ik}]_{m \times m}$。

步骤5 依据式（6-72）和式（6-73）分别计算每个方案相对于其他方案的总体后悔值 $R(A_i)$ 和总体欣喜值 $G(A_i)$。

步骤6 依据式（6-74）计算每个方案的排序值 $\Phi(A_i)$，并据此对所有方案进行排序。

三、算例

考虑一个新产品开发项目选择问题。某公司计划开发一种新的电子产品,现有5个方案(A_1, A_2, …, A_5)可以选择,考虑的属性有3个(C_1, C_2, C_3),其中,C_1表示开发成本(单位:万元),C_2表示产品销量(单位:万台/年),C_3表示收益率(单位:%/年)。在这三个属性中,属性C_1为成本型属性,属性C_2和C_3为效益型属性,且针对三个属性的属性值均为区间数,这里,假设落在区间内的值服从正态分布。另外,未来市场环境有3种可能的自然状态(S_1, S_2, S_3),分别表示好、中和差,其发生的概率分别为$p_1 = 0.3$, $p_2 = 0.4$, $p_3 = 0.3$。假设决策者提供的属性权重向量为$w = (0.35, 0.25, 0.4)$,风险决策矩阵如表6-13所示。为了解决该决策问题,下面简要说明采用本节给出的考虑后悔规避的风险型多属性决策方法的计算过程。

表6-13 风险决策矩阵

方案	$S_1(p_1=0.3)$			$S_2(p_2=0.4)$			$S_3(p_3=0.3)$		
	C_1	C_2	C_3	C_1	C_2	C_3	C_1	C_2	C_3
A_1	[80, 90]	[100, 120]	[12, 16]	[90, 100]	[80, 100]	[9, 12]	[90, 110]	[70, 80]	[6, 8]
A_2	[90, 100]	[110, 120]	[12, 18]	[100, 110]	[90, 100]	[10, 15]	[110, 120]	[80, 90]	[7, 10]
A_3	[90, 110]	[120, 130]	[15, 22]	[100, 120]	[100, 110]	[13, 20]	[110, 130]	[80, 100]	[8, 12]
A_4	[100, 110]	[100, 110]	[18, 23]	[110, 130]	[80, 90]	[15, 20]	[120, 130]	[60, 80]	[6, 10]
A_5	[110, 120]	[120, 150]	[20, 25]	[115, 130]	[100, 120]	[12, 18]	[120, 140]	[90, 100]	[8, 10]

首先,依据式(6-57)~式(6-61)计算属性值的效用值,并进一步依据式(6-62)~式(6-66)分别建立针对各属性的方案两两比较的后悔值矩阵R_j和欣喜值矩阵G_j。具体地,针对属性C_1的后悔值矩阵和欣喜值矩阵分别为:

$$R_1 = \begin{bmatrix} 0 & 0 & 0 & 0 & 0 \\ -0.7015 & 0 & 0 & 0 & 0 \\ -1.2362 & -0.3052 & 0 & 0 & 0 \\ -2.4023 & -0.9960 & -0.5280 & 0 & 0 \\ -3.7469 & -1.7784 & -1.1300 & -0.4297 & 0 \end{bmatrix}$$

$$G_1 = \begin{bmatrix} 0 & 0.3955 & 0.5332 & 0.6859 & 0.7815 \\ 0 & 0 & 0.2325 & 0.4839 & 0.6398 \\ 0 & 0 & 0 & 0.3286 & 0.5304 \\ 0 & 0 & 0 & 0 & 0.2829 \\ 0 & 0 & 0 & 0 & 0 \end{bmatrix}$$

针对属性 C_2 的后悔值矩阵和欣喜值矩阵分别为：

$$R_2 = \begin{bmatrix} 0 & -0.4086 & -0.9340 & 0 & -1.2009 \\ 0 & 0 & -0.3822 & 0 & -0.5421 \\ 0 & 0 & 0 & 0 & -0.1122 \\ -0.3019 & -0.8606 & -1.5510 & 0 & -1.9291 \\ 0 & 0 & 0 & 0 & 0 \end{bmatrix}$$

$$G_2 = \begin{bmatrix} 0 & 0 & 0 & 0.2280 & 0 \\ 0.2649 & 0 & 0 & 0.4266 & 0 \\ 0.4683 & 0.2731 & 0 & 0.5852 & 0 \\ 0 & 0 & 0 & 0 & 0 \\ 0.4950 & 0.3252 & 0.0755 & 0.6017 & 0 \end{bmatrix}$$

针对属性 C_3 的后悔值矩阵和欣喜值矩阵分别为：

$$R_3 = \begin{bmatrix} 0 & -0.4593 & -2.0057 & -2.5294 & -2.3971 \\ 0 & 0 & -1.0464 & -1.4268 & -1.4529 \\ 0 & 0 & 0 & -0.1284 & -0.1901 \\ 0 & 0 & -0.0164 & 0 & -0.0633 \\ 0 & 0 & -0.0723 & -0.1220 & 0 \end{bmatrix}$$

$$G_3 = \begin{bmatrix} 0 & 0 & 0 & 0 & 0 \\ 0.3073 & 0 & 0 & 0 & 0 \\ 0.6437 & 0.4874 & 0 & 0 & 0 \\ 0.6100 & 0.4330 & 0 & 0 & 0 \\ 0.6280 & 0.4454 & 0 & 0 & 0 \end{bmatrix}$$

这里，假设决策者给出的参数取值为 $\alpha = \beta = 0.02$，$\gamma = 0.3$。

其次，依据式（6-67）~式（6-69）将后悔值矩阵 R_j 和欣喜值矩阵 G_j 分别规范化为矩阵 R_j' 和矩阵 G_j'。针对属性 C_1 的规范化后悔值矩阵和规范化欣喜值矩阵分别为：

$$R_1' = \begin{bmatrix} 0 & 0 & 0 & 0 & 0 \\ -0.1872 & 0 & 0 & 0 & 0 \\ -0.3299 & -0.0815 & 0 & 0 & 0 \\ -0.6411 & -0.2658 & -0.1409 & 0 & 0 \\ -1 & -0.4746 & -0.3016 & -0.1147 & 0 \end{bmatrix}$$

$$G_1' = \begin{bmatrix} 0 & 0.1056 & 0.1423 & 0.1831 & 0.2086 \\ 0 & 0 & 0.0621 & 0.1291 & 0.1708 \\ 0 & 0 & 0 & 0.0877 & 0.1416 \\ 0 & 0 & 0 & 0 & 0.0755 \\ 0 & 0 & 0 & 0 & 0 \end{bmatrix}$$

针对属性 C_2 的规范化后悔值矩阵和规范化欣喜值矩阵分别为：

$$R_2' = \begin{bmatrix} 0 & -0.2118 & -0.4842 & 0 & -0.6225 \\ 0 & 0 & -0.1981 & 0 & -0.2810 \\ 0 & 0 & 0 & 0 & -0.0582 \\ -0.1565 & -0.4461 & -0.8040 & 0 & -1 \\ 0 & 0 & 0 & 0 & 0 \end{bmatrix}$$

$$G_2' = \begin{bmatrix} 0 & 0 & 0 & 0.1182 & 0 \\ 0.1373 & 0 & 0 & 0.2211 & 0 \\ 0.2428 & 0.1416 & 0 & 0.3034 & 0 \\ 0 & 0 & 0 & 0 & 0 \\ 0.2566 & 0.1686 & 0.0391 & 0.3119 & 0 \end{bmatrix}$$

针对属性 C_3 的规范化后悔值矩阵和规范化欣喜值矩阵分别为：

$$R_3' = \begin{bmatrix} 0 & -0.1816 & -0.7930 & -1 & -0.9477 \\ 0 & 0 & -0.4137 & -0.5641 & -0.5744 \\ 0 & 0 & 0 & -0.0508 & -0.0752 \\ 0 & 0 & -0.0065 & 0 & -0.0250 \\ 0 & 0 & -0.0286 & -0.0482 & 0 \end{bmatrix}$$

$$G_3' = \begin{bmatrix} 0 & 0 & 0 & 0 & 0 \\ 0.1215 & 0 & 0 & 0 & 0 \\ 0.2545 & 0.1927 & 0 & 0 & 0 \\ 0.2412 & 0.1712 & 0 & 0 & 0 \\ 0.2483 & 0.1761 & 0 & 0 & 0 \end{bmatrix}$$

进一步地，依据式（6-70）和式（6-71）分别建立方案两两比较的综合后悔值矩阵 R 和综合欣喜值矩阵 G，即：

$$R = \begin{bmatrix} 0 & -0.1256 & -0.4383 & -0.4000 & -0.5347 \\ -0.0655 & 0 & -0.2150 & -0.2256 & -0.3000 \\ -0.1155 & -0.0285 & 0 & -0.0203 & -0.0446 \\ -0.2635 & -0.2046 & -0.2529 & 0 & -0.2600 \\ -0.3500 & -0.1661 & -0.1170 & -0.0594 & 0 \end{bmatrix}$$

$$G = \begin{bmatrix} 0 & 0.0370 & 0.0498 & 0.0936 & 0.0730 \\ 0.0829 & 0 & 0.0217 & 0.1005 & 0.0598 \\ 0.1625 & 0.1125 & 0 & 0.1065 & 0.0496 \\ 0.0965 & 0.0685 & 0 & 0 & 0.0264 \\ 0.1635 & 0.1126 & 0.0098 & 0.0780 & 0 \end{bmatrix}$$

依据式（6-72）和式（6-73）计算得到每个方案相对于其他方案的总体后悔值和总体欣喜值分别为：$R(A_1) = -1.4986$，$R(A_2) = -0.8061$，$R(A_3) = -0.2089$，$R(A_4) = -0.981$，$R(A_5) = -0.6925$；$G(A_1) = 0.2534$，$G(A_2) = 0.2649$，$G(A_3) = 0.4311$，$G(A_4) = 0.1914$，$G(A_5) = 0.3639$。在此基础上，依据式（6-74）计算每个方案的排序值为：$\Phi(A_1) = -1.2452$，$\Phi(A_2) = -0.5412$，$\Phi(A_3) = 0.2222$，$\Phi(A_4) = -0.7896$，$\Phi(A_5) = -0.3286$。因此，依据得到的每个方案的排序值的大小，可得到方案的排序结果为：$A_3 > A_5 > A_2 > A_4 > A_1$。

第五节 本章小结

本章针对考虑行为的风险型多属性决策问题，提出了有针对性的决策理论与方法，所研究的主要内容及贡献总结如下。

（1）基于前景随机占优准则的风险型多属性决策方法研究的主要内容及贡献包括：①考虑了决策者的心理行为，将决策者的期望水平视为参照点，建立收益—损失矩阵，然后依据前景随机占优准则判断并确定两两方案之间比较所具有的占优关系，并运用 PROMETHEE Ⅱ 方法得到方案的排序结果；②提出的方法考虑了决策者在决策过程中的心理行为，得到的决策结果能够反映决策者的实际行为，对解决考虑行为的风险型多属性决策问题具有借鉴和参考价值。

（2）基于前景理论的风险型混合多属性决策方法研究的主要内容及贡献包括：①考虑了决策者在决策过程中的心理行为，将前景理论引入风险型混合多属性决策分析中，给出了针对清晰数、区间数和三角模糊数三种形式属性值的收益和损失的计算方法；②给出了前景值的计算和方案排序方法，通过计算方案前景值进行方案排序；③提出的方法为前景理论在风险型混合多属性决策问题中的应用提供了可以借鉴的思路与依据，运用提出的方法，不仅能够较好地处理与融合多种形式的信息，而且可使得到的决策结果能够反映决策者的实际行为，对解决现实中考虑决策者给出期望信息的风险型混合多属性决策问题具有借鉴和参考价值。

（3）基于后悔理论的风险型多属性决策方法研究的主要内容及贡献包括：①考虑了决策者的心理行为，将后悔理论引入风险型多属性决策分析中，给出了属性值的效用值和后悔值的计算公式；②给出了决策者对方案感知效用的计算公式，并通过构建方案综合感知效用最大化的优化模型并求解模型得到方案排序结果；③与基于期望效用理论的决策方法相比，提出方法得到的决策结果能够反映决策者的行为，与基于前景理论的决策方法相比，可以不需要决策者给出参照点信息，且涉及计算公式中的参数较少，计算也比较简单，对解决考虑行为的风险型多属性决策问题具有借鉴和参考价值。

（4）考虑后悔规避的风险型多属性决策方法研究的主要内容及贡献包括：①考虑了决策者在决策过程中对方案两两比较的后悔和欣喜的心理反应，给出了方案两两比较的后悔值和欣喜值的计算方法；②给出了依据后悔值和欣喜值进行方案排序的方法；③提出的方法将决策者后悔规避的心理行为引入风险型多属性决策中，运用该方法得到的结果能够反映决策者在决策过程中的实际行为，为解决风险型多属性决策问题提供了一种新的思路或途径。

第七章 考虑行为的多属性群决策方法研究

考虑行为的多属性群决策问题在现实中具有广泛的实际背景，研究考虑行为的多属性群决策理论与方法具有重要的意义。本章围绕考虑群体期望水平的多属性群决策问题和参与决策人没有给出期望信息的多属性多标度群决策问题进行研究，分别提出了考虑群体期望水平的多属性群决策方法和基于后悔理论的多属性多标度群决策方法。

第一节 考虑群体期望水平的多属性群决策方法

本节围绕考虑群体期望水平的多属性群决策问题进行研究。首先，以各参与决策人对各属性的期望水平作为其参照点。其次，依据D—S证据理论的思想，通过计算各参与决策人参照点的影响度来确定针对各属性的群体参照点。再次，依据前景理论的思想，将决策矩阵转化为相对于群体参照点的群体收益矩阵和群体损失矩阵，通过计算每个方案针对各属性的群体前景值建立群体前景决策矩阵，进而运用简单加权方法计算每个方案的群体综合前景值，并依据群体综合前景值的大小对所有方案进行排序。最后，通过一个算例说明了该方法的可行性和有效性。

一、问题的描述

在考虑群体期望水平的多属性群决策问题中，为方便起见，记 $M = \{1, 2, \cdots, m\}$，$N = \{1, 2, \cdots, n\}$，$H = \{1, 2, \cdots, h\}$。记 $A = \{A_1, A_2, \cdots, A_m\}$ 表示 m

个备选方案的集合,其中 A_i 表示第 i 个备选方案,$i \in M$;$C = \{C_1, C_2, \cdots, C_n\}$ 表示 n 个属性的集合,其中 C_j 表示第 j 个属性,$j \in N$,且 $C_1, C_2, \cdots, C_n$ 是加性独立的。通常,属性可以分为效益型和成本型,效益型属性的属性值越大越好,而成本型属性的属性值越小越好。记 N_b 和 N_c 分别表示效益型属性和成本型属性的下标集合,且满足 $N_b \cup N_c = N$ 和 $N_b \cap N_c = \emptyset$;$w = (w_1, w_2, \cdots, w_n)$ 表示属性的权重向量,其中 w_j 为属性 C_j 的权重或者重要程度,满足 $w_j \geq 0$ 且 $\sum_{j=1}^{n} w_j = 1$;$X = [x_{ij}]_{m \times n}$ 表示决策矩阵,其中 x_{ij} 表示方案 A_i 针对属性 C_j 的结果,$i \in M$,$j \in N$。记 $D = \{D_1, D_2, \cdots, D_h\}$ 表示参与决策人集合,其中 D_l 表示第 l 个参与决策人,$l \in H$;$R = [r_j^l]_{n \times h}$ 表示参与决策人的期望水平矩阵,其中 r_j^l 表示参与决策人 D_l 根据已有信息和对未来的预期等因素给出的针对属性 C_j 的期望水平,$j \in N$,$l \in H$。在本节中,考虑 x_{ij} 和 r_j^l 均为清晰数,不失一般性,这里假设 $x_{ij} \geq 0$,$r_j^l \geq 0$,$i \in M$,$j \in N$,$l \in H$。

这里要解决的问题是:在考虑参与决策人心理行为的情境下,依据决策矩阵 X、属性权重向量 w 和参与决策人集合 D 给出的期望水平矩阵 R,如何通过一个有效的决策分析方法得到所有方案的排序结果。

二、预备知识:D—S 证据理论

Dempster-Shafer 证据理论(D—S 证据理论)是关于不确定性推理的理论,最早由 Dempster 于 1967 年提出,后来由 Shafer 于 1976 年对其进行发展形成了 D—S 证据理论。目前,D—S 证据理论已广泛应用于信息融合、不确定推理和决策分析等领域中,以简单的推理形式为信息的合成与融合提供了有力的工具。

D—S 证据理论是建立在一个非空集合"识别框架"之上,引入了基本概率分配函数、信度函数等概念,下面给出这些概念的基本定义。

定义 7-1 某证据 E 下所有假设的有限集合 $\Theta = \{\theta_1, \theta_2, \cdots, \theta_n\}$ 称为识别框。

定义 7-2 给定一识别框 Θ,2^Θ 为 Θ 的幂集,如果幂集 2^Θ 上的一个映射 m:$2^\Theta \rightarrow [0, 1]$ 满足 $\sum_{Y \subseteq \Theta} m(Y) = 1$ 且 $m(\emptyset) = 0$,则称 m(Y) 为基本概率分配函数,表示证据 E 对结论 Y 的信任程度。

定义 7-3 若 Y⊆Θ 且 m(Y)>0，则称 Y 为焦元。

定义 7-4 设 ∀Y⊆Θ，则由 $Bel(Y)=\sum_{B\subseteq Y}m(B)$ 所定义的函数 Bel：$2^\Theta\to[0,1]$ 为 Θ 上的信度函数。

设 Bel_1 和 Bel_2 为识别框 Θ 上的两个独立证据的信任函数，其相应的基本概率分配函数分别为 m_1 和 m_2，相应的焦元分别为 A_1，A_2，…，A_k 和 B_1，B_2，…，B_t，则由下式定义的函数 m：$2^\Theta\to[0,1]$ 为两个证据合成后的基本概率分配函数：

$$m(Y)=\begin{cases}0, & Y=\emptyset \\ \dfrac{\sum\limits_{A_i\cap B_j=Y}m_1(A_i)m_2(B_j)}{1-\sum\limits_{A_i\cap B_j=\emptyset}m_1(A_i)m_2(B_j)}, & Y\neq\emptyset\end{cases} \quad (7-1)$$

其中，$\sum\limits_{A_i\cap B_j=\emptyset}m_1(A_i)m_2(B_j)$ 为冲突因子，反映了不同证据间互相冲突的程度。

三、原理与方法

为了解决前面描述的问题，下面阐述本节提出的基于前景理论的决策方法。该方法的基本思想是：首先将各参与决策人的期望水平作为其参照点，并依据 D—S 证据理论的思想来确定群体参照点；然后依据前景理论的思想，通过计算各方案的群体综合前景值进行方案排序。下面分别给出群体参照点的确定和群体前景值的计算方法。

（一）群体参照点的确定

首先，确定各参与决策人对各属性的参照点。依据文献［41］，参与决策人的期望可以被视为其参照点，这样，本节以参与决策人 D_l 对属性 C_j 的期望水平 r_j^l 作为 D_l 的参照点。

其次，依据各参与决策人的参照点来确定各属性的群体参照点。这里，各参与决策人的参照点（期望水平）是由他们各自根据自己的主观偏好或者心理预期给出的，因而需要将每个参与决策人的参照点进行合成，形成一个群体参照点，并依据群体参照点进行价值判断。由于 D—S 证据理论在信息处理与合成等方面具有较大的优势，并且能够较好地反映人的主观判断。基于此，下面给出一种基于 D—S 证据理论确定群体参照点的方法。

依据 D—S 证据理论的思想，将各参与决策人针对属性 C_j 的参照点 r_j^1，r_j^2，…，r_j^h 视为识别框，记为 $\Theta_j = \{r_j^1, r_j^2, \cdots, r_j^h\}$，$j \in N$，由决策活动组织者根据自己的知识、经验或偏好定义若干独立的证据对识别框 Θ_j 进行判断。设决策活动组织者在对属性 C_j 的群体参照点 R_j 进行判断时考虑 k_j 个证据，证据集合为 $E_j = \{E_j^1, E_j^2, \cdots, E_j^{k_j}\}$，其中 E_j^q 表示第 q 个证据，为方便起见，记 $K_j = \{1, 2, \cdots, k_j\}$，$j \in N$。为了便于分析，这里假设各证据的权重相等。然后，由决策活动组织者针对证据 E_j^q 给出关于识别框 Θ_j 的概率分布形式的判断信息，$j \in N$，$q \in K_j$。记 φ_{jq}^l 为决策活动组织者针对证据 E_j^q 给出 r_j^l 的可信度，$\varphi_{jq}^l \geq 0$ 且 $\sum_{l=1}^{h} \varphi_{jq}^l = 1$，那么，在证据 E_j^q 下，针对属性 C_j 的群体参照点 R_j 的判断信息可用分布形式表示为：

$$\Psi(E_q(r_j^l)) = \{(r_j^l, \varphi_{jq}^l), l \in H\}, j \in N, q \in K_j$$

进一步地，依据证据推理算法，将针对每个证据的群体参照点 R_j 的判断信息进行合成。这里，首先对群体参照点 R_j 按照每一个证据做基本概率分配。在证据 E_j^q 下，群体参照点 R_j 被判断为 r_j^l 的基本概率分配函数为：

$$S_{jq}^l = \varphi_{jq}^l, j \in N, q \in K_j, l \in H \tag{7-2}$$

然后，将每个证据下群体参照点 R_j 的基本概率分配函数进行合成。记 $E_{j,Q(q)} = \{E_j^1, E_j^2, \cdots, E_j^q\}$ 为前 q 个证据的集合，$q = 1, 2, \cdots, k_j - 1$，$s_{j,Q(q)}^l$ 表示 $E_{j,Q(q)}$ 中所有证据支持群体参照点 R_j 被判断为 r_j^l 的概率分配函数，则 $s_{j,Q(q+1)}^l$ 可以通过对前 q 个证据的概率分配函数进行合成得到，算法如下：

$$s_{j,Q(q+1)}^l = T_{j,Q(q+1)} S_{jQ(q)}^l S_{j,q+1}^l, j \in N, q \in K_j, l \in H \tag{7-3}$$

其中，$T_{j,Q(q+1)}$ 为规模化因子，其计算公式为：

$$T_{j,Q(q+1)} = \left[1 - \sum_{u=1}^{h} \sum_{\substack{v=1 \\ u \neq v}}^{h} S_{j,Q(q)}^u S_{j,q+1}^v \right]^{-1}, j \in N, q \in K_j \tag{7-4}$$

其中，$\sum_{u=1}^{h} \sum_{\substack{v=1 \\ u \neq v}}^{h} S_{j,Q(q)}^u S_{j,q+1}^v$ 反映了各证据间互相冲突的程度，即各证据不同时支持群体参照点 R_j 被判断为识别框 Θ_j 内某一元素的程度。初始值为 $S_{j,Q(1)}^l = S_{j1}^l$。

依据式（7-2）～式（7-4）对 k_j 个证据下的判断信息进行合成之后，可得到

群体参照点 R_j 关于识别框 Θ_j 的综合可信度，即：

$$\varphi_j^l = S_{jk_l}^l, \ j \in N, \ l \in H \tag{7-5}$$

这里，φ_j^l 可以被视为参与决策人 D_l 的参照点的影响度。因此，群体参照点 R_j 可用分布形式表示为 $\Psi(R_j) = \{(r_j^l, \varphi_j^l), \ l \in H\}, \ j \in N$。

在此基础上，依据各参与决策人针对属性 C_j 的参照点 r_j^1, r_j^2, …, r_j^h 和影响度 φ_j^1, φ_j^2, …, φ_j^h，可计算得到针对属性 C_j 的群体参照点 R_j，其计算公式为：

$$R_j = \sum_{l=1}^{h} \varphi_j^l r_j^l, \ j \in N \tag{7-6}$$

（二）群体前景值的计算

针对决策矩阵 $X = [x_{ij}]_{m \times n}$ 和各属性的群体参照点 R_1, R_2, …, R_n，计算每个方案针对各属性的属性值相对于参照点的收益和损失。属性值 x_{ij} 相对于群体参照点 R_j 的收益 G_{ij} 的计算公式为：

$$G_{ij} = \begin{cases} x_{ij} - R_j, & x_{ij} \geqslant R_j, \\ 0, & x_{ij} < R_j, \end{cases} \ i \in M, \ j \in N_b \tag{7-7}$$

$$G_{ij} = \begin{cases} 0, & x_{ij} \geqslant R_j, \\ R_j - x_{ij}, & x_{ij} < R_j, \end{cases} \ i \in M, \ j \in N_c \tag{7-8}$$

损失 L_{ij} 的计算公式为：

$$L_{ij} = \begin{cases} 0, & x_{ij} \geqslant R_j, \\ x_{ij} - R_j, & x_{ij} < R_j, \end{cases} \ i \in M, \ j \in N_b \tag{7-9}$$

$$L_{ij} = \begin{cases} R_j - x_{ij}, & x_{ij} \geqslant R_j, \\ 0, & x_{ij} < R_j, \end{cases} \ i \in M, \ j \in N_c \tag{7-10}$$

依据式 (7-7) ~式 (7-10)，可分别建立群体收益矩阵 $G = [G_{ij}]_{m \times n}$ 和群体损失矩阵 $L = [L_{ij}]_{m \times n}$。显然，$G_{ij} \geqslant 0$, $L_{ij} \leqslant 0$, $i \in M$, $j \in N$。

针对矩阵 $G = [G_{ij}]_{m \times n}$ 和 $L = [L_{ij}]_{m \times n}$，考虑到人们对待收益和损失的不同风险态度，分别计算每个方案针对各属性的群体前景值。依据前景理论，群体前景值 V_{ij} 的计算公式为：

$$V_{ij} = (G_{ij})^\alpha + [-\lambda(-L_{ij})^\beta], \ i \in M, \ j \in N \tag{7-11}$$

其中，α 和 β 分别表示价值函数的收益区域和损失区域的凹凸程度，$0 < \alpha < 1$, $0 < \beta < 1$；λ 表示决策者的损失规避程度，$\lambda > 1$。

考虑行为的多属性决策方法研究

这里，需要说明的是，在文献［185］中，Kahneman 和 Tversky 运用参数法对大量实验结果进行拟合，得到参数 α、β 和 λ 的取值分别为 α = β = 0.88，λ = 2.25，它们能够表示任意决策者大致的行为偏好，因此，在式（7-11）中取 α = β = 0.88，λ = 2.25。依据式（7-11），可建立群体前景决策矩阵 $V = [V_{ij}]_{m \times n}$。

为了消除不同物理量纲对决策结果的影响，需要将群体前景决策矩阵 $V = [V_{ij}]_{m \times n}$ 规范化为矩阵 $V^* = [V_{ij}^*]_{m \times n}$，具体的规范化公式为：

$$V_{ij}^* = \frac{V_{ij}}{V_j^{max}}, \quad i \in M, j \in N \tag{7-12}$$

其中：

$$V_j^{max} = \max_{i \in M}\{|V_{ij}|\}, \quad j \in N \tag{7-13}$$

依据简单加权方法，计算每个方案的群体综合前景值 U_i，其计算公式为：

$$U_i = \sum_{j=1}^{n} w_j V_{ij}^*, \quad i \in M, j \in N \tag{7-14}$$

显然，U_i 越大，方案 A_i 越好。因此，依据 U_i 值的大小，可对方案进行排序。

综上所述，考虑群体期望水平的多属性群决策方法的计算步骤如下：

步骤 1　依据式（7-2）~式（7-5）计算每个参与决策人的参照点的影响度 φ_j^l。

步骤 2　依据式（7-6）计算针对每个属性的群体参照点 R_j。

步骤 3　依据式（7-7）~式（7-10）分别建立群体收益矩阵 $G = [G_{ij}]_{m \times n}$ 和群体损失矩阵 $L = [L_{ij}]_{m \times n}$。

步骤 4　依据式（7-11）建立群体前景决策矩阵 $V = [V_{ij}]_{m \times n}$。

步骤 5　依据式（7-12）和式（7-13）建立规范化群体前景决策矩阵 $V^* = [V_{ij}^*]_{m \times n}$。

步骤 6　依据式（7-14）计算每个方案的群体综合前景值 U_i，并依据 U_i 值的大小对所有方案进行排序。

四、算例

本节以选择一个电子产品的设计方案为例，说明提出的考虑群体期望水平的多属性群决策方法的可行性和有效性。

某电子产品公司考虑开发一种个人掌上电脑并投放市场，现有 5 个备选设计方案（A_1, A_2, …, A_5），考虑的属性有三个，其中，C_1 为制造成本（单位：元），

C_2 为电池连续使用时间（单位：小时），C_3 为重量（单位：克）。在这 3 个属性中，属性 C_1 和 C_3 为成本型属性，属性 C_2 为效益型属性。假设决策活动组织者提供的属性权重向量为 w =（0.40，0.30，0.30），决策矩阵如表 7-1 所示。公司的产品设计小组中的 5 个成员给出的期望水平矩阵如表 7-2 所示。为了解决该决策问题，下面简要说明采用上文给出的方法的计算过程。

表 7-1　决策矩阵

方案	属性		
	C_1	C_2	C_3
A_1	1200	18	160
A_2	1100	12	150
A_3	1300	20	180
A_4	900	10	130
A_5	1000	11	120

表 7-2　期望水平矩阵

产品设计小组成员	属性		
	C_1	C_2	C_3
D^1	1000	12	120
D^2	1050	20	150
D^3	1200	24	130
D^4	950	15	110
D^5	1100	18	100

其次，将产品设计小组成员针对各属性的期望水平视为识别框，即 Θ_1 = {1000，1050，1200，950，1100}，Θ_2 = {12，20，24，15，12}，Θ_3 = {120，150，130，110，100}。为了对上述识别框进行判断，决策活动组织者针对各识别框定义了若干证据，针对识别框 Θ_1 的证据包括：E_1^1（市场需求）、E_1^2（经济性）、E_1^3（设计成员的经验与知识）；针对识别框 Θ_2 的证据包括：E_2^1（经济性）、E_2^2（技术可行性）、E_2^3（顾客偏好）；针对识别框 Θ_3 的证据包括：E_3^1（经济性）、E_3^2（技术可行性）。决策活动组织者针对上述证据对各识别框进行判断，并给出了关于识别框的概率分布形式的判断信息如表 7-3 所示。

表 7–3　概率分布形式的判断信息

证据	判断信息
E_1^1	{(1000, 0.3), (1050, 0.2), (1200, 0.1), (950, 0.2), (1100, 0.2)}
E_1^2	{(1000, 0.3), (1050, 0.25), (1200, 0.1), (950, 0.15), (1100, 0.2)}
E_1^3	{(1000, 0.2), (1050, 0.2), (1200, 0.2), (950, 0.1), (1100, 0.3)}
E_2^1	{(12, 0.3), (20, 0.15), (24, 0.1), (15, 0.25), (18, 0.2)}
E_2^2	{(12, 0.3), (20, 0.1), (24, 0.1), (15, 0.3), (18, 0.2)}
E_2^3	{(12, 0.1), (20, 0.25), (24, 0.3), (15, 0.1), (18, 0.25)}
E_3^1	{(120, 0.2), (150, 0.3), (130, 0.25), (110, 0.15), (100, 0.1)}
E_3^2	{(120, 0.2), (150, 0.4), (130, 0.25), (110, 0.1), (100, 0.05)}

其次，依据式（7-2）~式（7-4），将针对每个证据的群体参照点 R_j 的判断信息进行合成，可以得到规模化因子和基本概率分配函数如下：

$T_{1,2} = 4.55$，$S_{1,2}^1 = 0.4095$，$S_{1,2}^2 = 0.2275$，$S_{1,2}^3 = 0.0455$，$S_{1,2}^4 = 0.1365$，$S_{1,2}^5 = 0.1820$；$T_{1,3} = 4.91$，$S_{1,3}^1 = 0.4021$，$S_{1,3}^2 = 0.2234$，$S_{1,3}^3 = 0.0446$，$S_{1,3}^4 = 0.0670$，$S_{1,3}^5 = 0.2680$；$T_{2,2} = 4.35$，$S_{2,2}^1 = 0.3915$，$S_{2,2}^2 = 0.0653$，$S_{2,2}^3 = 0.0435$，$S_{2,2}^4 = 0.32625$，$S_{2,2}^5 = 0.1740$；$T_{2,3} = 6.94$，$S_{2,3}^1 = 0.2717$，$S_{2,3}^2 = 0.1132$，$S_{2,3}^3 = 0.0905$，$S_{2,3}^4 = 0.2264$，$S_{2,3}^5 = 0.3010$；$T_{3,2} = 4.12$，$S_{3,2}^1 = 0.1648$，$S_{3,2}^2 = 0.4944$，$S_{3,2}^3 = 0.2575$，$S_{3,2}^4 = 0.0618$，$S_{3,2}^5 = 0.0206$。

在此基础上，依据式（7-5）得到针对各属性的概率分布形式的群体参照点如表7-4所示，并依据式（7-6）计算得到针对各属性的群体参照点分别为：$R_1 = 1049$，$R_2 = 17$，$R_3 = 136$。

表 7–4　概率分布形式的群体参照点

属性	群体参照点
C_1	{(1000, 0.4021), (1050, 0.2234), (1200, 0.0446), (950, 0.0670), (1100, 0.2680)}
C_2	{(12, 0.2717), (20, 0.1132), (24, 0.0905), (15, 0.2264), (18, 0.3010)}
C_3	{(120, 0.1648), (150, 0.4944), (130, 0.2575), (110, 0.0618), (100, 0.0206)}

依据式（7-7）~式（7-10）分别建立群体收益矩阵 $G = [G_{ij}]_{m \times n}$ 和群体损失矩阵 $L = [L_{ij}]_{m \times n}$，即：

$$G = \begin{bmatrix} 0 & 1 & 0 \\ 0 & 0 & 0 \\ 0 & 3 & 0 \\ 149 & 0 & 6 \\ 49 & 0 & 16 \end{bmatrix}$$

$$L = \begin{bmatrix} -151 & 0 & -24 \\ -51 & -5 & -14 \\ -251 & 0 & -44 \\ 0 & -7 & 0 \\ 0 & -6 & 0 \end{bmatrix}$$

进一步地，依据式（7-11）建立群体前景决策矩阵，即：

$$V = \begin{bmatrix} -186.07 & 1 & -36.88 \\ -71.59 & -9.27 & -22.95 \\ -291.00 & 2.63 & -62.87 \\ 81.73 & -12.47 & 4.84 \\ 30.72 & -10.89 & 11.47 \end{bmatrix}$$

在此基础上，依据式（7-12）和式（7-13）建立规范化群体前景决策矩阵，即：

$$V^* = \begin{bmatrix} -0.64 & 0.08 & -0.59 \\ -0.25 & -0.74 & -0.37 \\ -1 & 0.21 & -1 \\ 0.28 & -1 & 0.08 \\ 0.11 & -0.87 & 0.18 \end{bmatrix}$$

依据式（7-14）计算得到每个方案的群体综合前景值为：$U_1 = -0.409$，$U_2 = -0.433$，$U_3 = -0.637$，$U_4 = -0.170$，$U_5 = -0.163$。依据前景值的大小，可以得到方案的排序结果为：$A_5 > A_4 > A_1 > A_2 > A_3$。

第二节　基于后悔理论的多属性多标度群决策方法

为了解决参与决策人没有给出期望信息的多属性多标度群决策问题，本节给出一种基于后悔理论的多属性多标度群决策方法。首先，给出问题的描述；其次，给出相关的概念与定义；最后，给出基于后悔理论的多属性多标度群决策方法的原理与计算步骤，并通过一个算例说明给出方法的可行性和有效性。

一、问题的描述

在基于后悔理论的多属性多标度群决策方法中，为了方便起见，记 $M = \{1, 2, \cdots, m\}$，$N = \{1, 2, \cdots, n\}$，$K = \{1, 2, \cdots, k\}$。设 $A = \{A_1, A_2, A_m\}$ 表示 m 个备选方案的集合，其中 A_i 表示第 i 个备选方案，$i \in M$；$C = \{C_1, C_2, \cdots, C_n\}$ 表示 n 个属性的集合，其中 C_j 表示第 j 个属性，$j \in N$，且 $C_1, C_2, \cdots, C_n$ 是加性独立的，记 N_b 和 N_c 分别表示效益型属性和成本型属性的下标集合，且满足 $N_b \cup N_c = N$ 和 $N_b \cap N_c = \emptyset$。$w = (w_1, w_2, \cdots, w_n)$ 表示属性的权重向量，其中 w_j 为属性 C_j 的权重或者重要程度，满足 $w_j \geq 0$ 且 $\sum_{j=1}^{n} w_j = 1$；$D = \{D_1, D_2, \cdots, D_k\}$ 表示参与决策人集合，其中 D_l 表示第 l 个参与决策人，$l \in K$；$H_j = \{H_j^1, H_j^2, \cdots, H_j^{q_j}\}$ 是由决策活动组织者预先定义好的有序集合，表示关于属性 C_j 的评价标度集合，记 $Q_j = \{1, 2, \cdots, q_j\}$，$H_j^s$ 表示关于属性 C_j 的第 s 个评价标度，$s \in Q_j$，且 s 越大，评价等级越高；x_{ij}^l 表示参与决策人 D_l 对方案 A_i 关于属性 C_j 的评价值，$x_{ij}^l \in H_j$，$i \in M$，$j \in N$，$l \in K$。在实际决策问题中，H_j 可以表示一个分值评价集合，也可以表示一个语言短语评价集合。不失一般性，由于语言短语都可以通过一定方法转化为分值的形式，因此，这里假设每一个评价标度都是或者已经转化为分值的形式，且满足 $H_j^1 < H_j^2 < \cdots < H_j^{q_j}$。

这里要解决的问题是：在考虑参与决策人心理行为的情境下，依据各参与决策人 $D_l(l \in K)$ 给出的关于属性评价标度的方案评价值 $x_{ij}^l(i \in M, j \in N, l \in K)$ 和

第七章 考虑行为的多属性群决策方法研究

属性权重向量 w,如何通过一个有效的决策分析方法得到所有方案的排序结果。

二、基本概念与定义

为了便于分析与描述,下面分别给出多标度概率分布信息比较的优势和劣势的定义以及后悔值和欣喜值的定义。

(一) 多标度概率分布信息比较的优势和劣势的定义

下面给出关于多标度概率分布信息进行比较的优势和劣势的定义。

定义 7-5 设 $H = \{H^1, H^2, \cdots, H^q\}$ 为一个预先设定的评价标度集合,满足 $H^1 < H^2 < \cdots < H^q$,$P_1(x)$ 和 $P_2(x)$ 分别为关于评价标度 H 的两个随机变量 x_1 和 x_2 的概率分布,其中:

$$P_1(x) = \begin{cases} p_1^1, & x_1 = H^1 \\ p_1^2, & x_1 = H^2 \\ \vdots & \vdots \\ p_1^s, & x_1 = H^s \\ \vdots & \vdots \\ p_1^q, & x_1 = H^q \end{cases}$$

$$P_2(x) = \begin{cases} p_2^1, & x_2 = H^1 \\ p_2^2, & x_2 = H^2 \\ \vdots & \vdots \\ p_2^s, & x_2 = H^s \\ \vdots & \vdots \\ p_2^q, & x_2 = H^q \end{cases}$$

设 $F_1(x)$ 和 $F_2(x)$ 分别为 $P_1(x)$ 和 $P_2(x)$ 的累积分布函数,满足 $F_1(H^q) = F_2(H^q) = 1$,那么,对于效益型属性,$P_1(x)$ 相对于 $P_2(x)$ 的优势和劣势分别为:

$$G(P_1(x), P_2(x)) = \int_{\Omega_{12}} [F_2(x) - F_1(x)] dx \tag{7-15}$$

$$L(P_1(x), P_2(x)) = \int_{\Theta_{12}} [F_1(x) - F_2(x)] dx \tag{7-16}$$

相应地,对于成本型属性,$P_1(x)$ 相对于 $P_2(x)$ 的优势和劣势分别为:

$$G(P_1(x), P_2(x)) = \int_{\Theta_{12}} [F_1(x) - F_2(x)] dx \tag{7-17}$$

$$L(P_1(x), P_2(x)) = \int_{\Omega_{12}} [F_2(x) - F_1(x)] dx \tag{7-18}$$

其中，$\Omega_{12} = \{x | F_1(x) < F_2(x), x \in H\}$，$\Theta_{12} = \{x | F_1(x) > F_2(x), x \in H\}$。

这里，用图 7-1 对式（7-15）和式（7-16）的含义进行说明，为了便于描述，这里假设 q = 5。在图 7-1 中，$F_1(x)$ 相对于 $F_2(x)$ 的优势区域为曲线 $F_1(x)$ 与 $F_2(x)$ 之间位于 $F_2(x)$ 下方的部分，即 $G(P_1(x), P_2(x))$，而 $F_1(x)$ 相对于 $F_2(x)$ 的劣势为曲线 $F_1(x)$ 与 $F_2(x)$ 之间位于 $F_1(x)$ 下方的部分，即 $L(P_1(x), P_2(x))$。

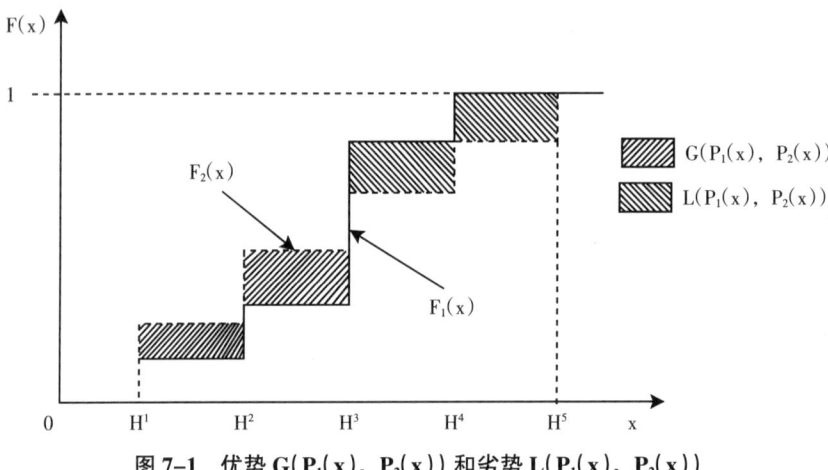

图 7-1 优势 $G(P_1(x), P_2(x))$ 和劣势 $L(P_1(x), P_2(x))$

依据定义 7-5，给出如下性质。

性质 7-1 记 $G(P_1(x), P_2(x))$ 和 $L(P_1(x), P_2(x))$ 分别为多标度概率分布函数 $P_1(x)$ 相对于 $P_2(x)$ 的优势和劣势；$G(P_2(x), P_1(x))$ 和 $L(P_2(x), P_1(x))$ 分别为多标度概率分布函数 $P_2(x)$ 相对于 $P_1(x)$ 的优势和劣势，那么，$G(P_1(x), P_2(x)) = L(P_2(x), P_1(x))$，$L(P_1(x), P_2(x)) = G(P_2(x), P_1(x))$。特别地，若 $F_1(x) = F_2(x)$，$\forall x \in H$，那么有 $G(P_1(x), P_2(x)) = L(P_1(x), P_2(x)) = G(P_2(x), P_1(x)) = L(P_2(x), P_1(x)) = 0$。

（二）后悔值和欣喜值的定义

基于定义 7-5，下面给出多标度概率分布信息比较的后悔值和欣喜值的定义。

定义 7-6 设 $G(P_1(x), P_2(x))$ 和 $L(P_1(x), P_2(x))$ 分别为多标度概率分布函数

$P_1(x)$ 相对于 $P_2(x)$ 的优势和劣势,那么,$P_1(x)$ 相对于 $P_2(x)$ 的后悔值为:

$$R_{12} = 1 - \exp(\gamma L(P_1(x), P_2(x))) \tag{7-19}$$

$P_1(x)$ 相对于 $P_2(x)$ 的欣喜值为:

$$T_{12} = 1 - \exp(-\gamma G(P_1(x), P_2(x))) \tag{7-20}$$

其中,γ 为决策者的后悔规避系数,$\gamma > 0$,且 γ 越大,决策者的后悔规避程度越大。

依据定义 7-6 可知,$R_{12} \leq 0$,$G_{12} \geq 0$。

三、原理与方法

为了解决上述问题,下面阐述本节提出的决策方法。该方法的基本思想是:首先,依据概率论与统计方法的相关知识,将参与决策人的评价信息转化为关于属性评价标度概率分布形式的群体评价信息;其次,依据后悔理论的思想,通过计算方案两两比较的后悔值和欣喜值分别建立后悔值矩阵和欣喜值矩阵;最后,通过计算每个方案相对于其他所有方案的总体后悔值和总体欣喜值进行方案排序。下面分别给出群体评价信息的集结、后悔值和欣喜值的计算和方案排序方法。

(一) 群体评价信息的集结

依据参与决策人给出的方案评价值 x_{ij}^l,计算出方案 A_i 关于属性 C_j 的群体评价值 x_{ij}。x_{ij} 是方案 A_i 针对属性 C_j 被群体确认为评价标度 H_j^s 的一个落影函数,其计算公式为:

$$p_{ij}^s = \frac{1}{k} \sum_{l=1}^{k} \varphi^s(x_{ij}^l), \quad i \in M, \, j \in N, \, s \in Q_j \tag{7-21}$$

其中:

$$\varphi^s(x_{ij}^l) = \begin{cases} 1, & x_{ij}^l = H_j^s \\ 0, & x_{ij}^l \neq H_j^s \end{cases} \quad i \in M, \, j \in N, \, l \in K, \, s \in Q_j \tag{7-22}$$

这里,p_{ij}^s 实际上就是 x_{ij} 等于 H_j^s 的概率,即方案 A_i 针对属性 C_j 被群体评价为 H_j^s 的概率,满足 $p_{ij}^s \in [0, 1]$ 且 $\sum_{s=1}^{q_j} p_{ij}^s = 1$。

依据式(7-21)和式(7-22),得到方案 A_i 针对属性 C_j 的群体评价值 x_{ij} 的概率分布为：

$$P(x_{ij}) = \begin{cases} p_{ij}^1, & x_{ij} = H_j^1 \\ p_{ij}^2, & x_{ij} = H_j^2 \\ \vdots & \vdots \\ p_{ij}^s, & x_{ij} = H_j^s \quad i \in M, \ j \in N, \ s \in Q_j \\ \vdots & \vdots \\ p_{ij}^q, & x_{ij} = H_j^{q_j} \end{cases} \qquad (7\text{-}23)$$

其累积分布函数为：

$$F_{ij}(x) = \begin{cases} 0, & x_{ij} = H_j^1 \\ p_{ij}^1, & H_j^1 \leq x_{ij} < H_j^2 \\ p_{ij}^1 + p_{ij}^2, & H_j^2 \leq x_{ij} < H_j^3 \\ \vdots & \vdots \\ p_{ij}^1 + p_{ij}^2 + \cdots + p_{ij}^{s-1}, & H_j^{s-1} \leq x_{ij} < H_j^s \\ \vdots & \vdots \\ 1, & x_{ij} \geq H_j^{q_j} \end{cases} \qquad (7\text{-}24)$$

（二）后悔值和欣喜值的计算

依据定义 7-5，计算针对属性 C_j 方案 A_i 相对于方案 A_h 的优势和劣势，对于效益型属性，其计算公式分别为：

$$G(P(x_{ij}), P(x_{hj})) = \int_{\Omega_{ih}^j} [F_{hj}(x) - F_{ij}(x)] dx, \ i, h \in M, \ i \neq h, \ j \in N_b \qquad (7\text{-}25)$$

$$L(P(x_{ij}), P(x_{hj})) = \int_{\Theta_{ih}^j} [F_{ij}(x) - F_{hj}(x)] dx, \ i, h \in M, \ i \neq h, \ j \in N_b \qquad (7\text{-}26)$$

相应地，对于成本型属性，其计算公式分别为：

$$G(P(x_{ij}), P(x_{hj})) = \int_{\Theta_{ih}^j} [F_{ij}(x) - F_{hj}(x)] dx, \ i, h \in M, \ i \neq h, \ j \in N_c \qquad (7\text{-}27)$$

$$L(P(x_{ij}), P(x_{hj})) = \int_{\Omega_{ih}^j} [F_{hj}(x) - F_{ij}(x)] dx, \ i, h \in M, \ i \neq h, \ j \in N_c \qquad (7\text{-}28)$$

其中，$\Omega_{ih}^j = \{x | F_{ij}(x) < F_{hj}(x), \ x \in H\}$，$\Theta_{ih}^j = \{x | F_{ij}(x) > F_{hj}(x), \ x \in H\}$。

在此基础上，依据定义 7-6 计算针对属性 C_j 方案 A_i 相对于方案 A_h 的后悔值和欣喜值，其计算公式分别为：

$$R_{ih}^j = 1 - \exp(\gamma L(P(x_{ij}), P(x_{hj}))), \ i, h \in M, i \neq h, j \in N \tag{7-29}$$

$$T_{ih}^j = 1 - \exp(-\gamma G(P(x_{ij}), P(x_{hj}))), \ i, h \in M, i \neq h, j \in N \tag{7-30}$$

式中，γ 为群体后悔规避系数，$\gamma > 0$，且 γ 越大，群体后悔规避程度越大。

下面说明确定群体后悔规避系数 γ 的方法。在已有关于后悔理论的文献中，决策者的后悔规避系数通常在区间 [0, 1.35] 内，因此，将区间 [0, 1.35] 划分为若干个子区间，分别记为 $\eta_1 = [0, 0.2]$，$\eta_2 = [0.2, 0.4]$，$\eta_3 = [0.4, 0.6]$，$\eta_4 = [0.6, 0.8]$，$\eta_5 = [0.8, 1]$，$\eta_6 = [1, 1.2]$，$\eta_7 = [1.2, 1.35]$。为了确定群体后悔规避系数，在获取群体评价信息的同时，让每个参与决策人针对上述 7 个区间选择其后悔规避系数的范围。在对所有参与决策人的后悔规避系数范围进行统计后，可得到 $\gamma \in \eta_v$ 的概率 p_v，$v = 1, 2, \cdots, 7$。由于区间 $\eta_v = [\eta_v^l, \eta_v^u]$ 可以被视为是服从均匀分布的随机变量，这样，可通过如下公式计算得到群体后悔规避系数 γ，即：

$$\gamma = \sum_{v=1}^{7} \int_{\eta_v^l}^{\eta_v^u} p_v f_v(x) dx \tag{7-31}$$

其中：

$$f_v(x) = \begin{cases} \dfrac{1}{\eta_v^u - \eta_v^l}, & \eta_v^l \leqslant x \leqslant \eta_v^u \\ 0, & \text{其他}, \end{cases} \tag{7-32}$$

依据式（7-25）~式（7-32），分别建立针对各属性的方案两两比较的后悔值矩阵 $R_j = [R_{ih}^j]_{m \times m}$ 和欣喜值矩阵 $T_j = [T_{ih}^j]_{m \times m}$，即：

$$R_j = [R_{ih}^j]_{m \times m} = \begin{array}{c} \\ A_1 \\ A_2 \\ \vdots \\ A_m \end{array} \begin{array}{c} A_1 \quad A_2 \quad \cdots \quad A_m \\ \begin{bmatrix} — & R_{12}^j & \cdots & R_{1m}^j \\ R_{21}^j & — & \cdots & R_{2m}^j \\ \vdots & \vdots & \cdots & \vdots \\ R_{m1}^j & R_{m2}^j & \cdots & — \end{bmatrix} \end{array}, \ j \in N$$

$$T_j = [T_{ih}^j]_{m \times m} = \begin{array}{c} \\ A_1 \\ A_2 \\ \vdots \\ A_m \end{array} \begin{array}{c} A_1 \quad A_2 \quad \cdots \quad A_m \\ \begin{bmatrix} — & T_{12}^j & \cdots & T_{1m}^j \\ T_{21}^j & — & \cdots & T_{2m}^j \\ \vdots & \vdots & \cdots & \vdots \\ T_{m1}^j & T_{m2}^j & \cdots & — \end{bmatrix} \end{array}, \ j \in N$$

（三）方案排序

为了消除不同物理量纲对决策结果的影响，需要将后悔值矩阵 $R_j = [R_{ih}^j]_{m \times m}$ 规范化为矩阵 $R_j' = [R_{ih}'^j]_{m \times m}$，欣喜值矩阵 $T_j = [T_{ih}^j]_{m \times m}$ 规范化为矩阵 $T_j' = [T_{ih}'^j]_{m \times m}$，其具体的规范化公式分别为：

$$R_{ih}'^j = \frac{R_{ih}^j}{Z_j^{max}}, \quad i, h \in M, i \neq h, j \in N \qquad (7\text{-}33)$$

$$T_{ih}'^j = \frac{T_{ih}^j}{Z_j^{max}}, \quad i, h \in M, i \neq h, j \in N \qquad (7\text{-}34)$$

其中：

$$Z_j^{max} = \max\{\max_{i,h \in M}\{|R_{ih}^j|\}, \max_{i,h \in M}\{T_{ih}^j\}\}, \quad j \in N \qquad (7\text{-}35)$$

这里，$R_{ih}'^j \in [-1, 0]$，$T_{ih}'^j \in [0, 1]$。

运用简单加权方法，可分别建立方案两两比较的综合后悔值矩阵 $R = [R_{ih}]_{m \times m}$ 和综合欣喜值矩阵 $T = [T_{ih}]_{m \times m}$，其中，$R_{ih}$ 和 T_{ih} 分别表示方案 A_i 相对于方案 A_h 的综合后悔值和综合欣喜值，其计算公式分别为：

$$R_{ih} = \sum_{j=1}^{n} w_j R_{ih}'^j, \quad i, h \in M, i \neq h \qquad (7\text{-}36)$$

$$T_{ih} = \sum_{j=1}^{n} w_j T_{ih}'^j, \quad i, h \in M, i \neq h \qquad (7\text{-}37)$$

在此基础上，针对矩阵 R 和 T，下面给出一种基于 PROMETHEE Ⅱ 方法的方案排序方法。

首先，分别计算 A_i 相对于其他所有方案的总体后悔值 $R(A_i)$ 和总体欣喜值 $T(A_i)$，其计算公式分别为：

$$R(A_i) = \sum_{h=1}^{m} R_{ih}, \quad i \in M \qquad (7\text{-}38)$$

$$T(A_i) = \sum_{h=1}^{m} T_{ih}, \quad i \in M \qquad (7\text{-}39)$$

其次，依据 $R(A_i)$ 和 $T(A_i)$ 计算方案 A_i 的排序值 $\Phi(A_i)$，其计算公式为：

$$\Phi(A_i) = R(A_i) + T(A_i), \quad i \in M \qquad (7\text{-}40)$$

显然，$\Phi(A_i)$ 越大，方案 A_i 越好。因此，依据 $\Phi(A_i)$ 值的大小，可对所有方案进行排序。

第七章 考虑行为的多属性群决策方法研究

综上所述,基于后悔理论的多属性多标度群决策方法的计算步骤如下:

步骤1 依据式(7-21)~式(7-23)将各参与决策人针对各属性给出的方案评价信息转化为关于属性评价标度概率分布形式的群体评价值 x_{ij},并依据式(7-24)计算群体评价值的累积分布函数 $F_{ij}(x)$。

步骤2 依据式(7-25)~式(7-32),分别建立针对各属性的方案两两比较的后悔值矩阵 $R_j = [R_{ih}^j]_{m \times m}$ 和欣喜值矩阵 $T_j = [T_{ih}^j]_{m \times m}$,$j \in N$。

步骤3 依据式(7-33)~式(7-35)将后悔值矩阵 $R_j = [R_{ikj}]_{m \times m}$ 和欣喜值矩阵 $T_j = [T_{ih}^j]_{m \times m}$ 分别规范化为 $R_j' = [R_{ih}^j]_{m \times m}$ 和 $T_j' = [T_{ih}^j]_{m \times m}$,$j \in N$。

步骤4 依据式(7-36)和式(7-37)分别建立方案两两比较的综合后悔值矩阵 $R = [R_{ih}]_{m \times m}$ 和综合欣喜值矩阵 $T = [T_{ih}]_{m \times m}$。

步骤5 依据式(7-38)和式(7-39)分别计算每个方案相对于其他方案的总体后悔值 $R(A_i)$ 和总体欣喜值 $T(A_i)$。

步骤6 依据式(7-40)计算每个方案的排序值 $\Phi(A_i)$,并据此对所有方案进行排序。

四、算例

考虑一个城市公共交通系统线路选择问题。T市拟开通一条新的交通线路,现有5个线路(A_1,A_2,…,A_5)可以选择。在做决策时,管理部门通过发放问卷和建立网上投票系统的方式让市民进行投票决策,考虑的三个属性分别是:出行便利性(C_1)、经济性(C_2)和社会效应(C_3)。这三个属性均为效益型属性,决策活动组织者给出的针对三个属性的权重向量为 $w = (0.4, 0.35, 0.25)$。假设参与投票决策的市民(参与决策人)共有1000名,通过网上投票系统或者调查问卷,按照预先给定的各属性的评价标度对5个备选线路给出评价信息,同时通过测试选择其后悔规避系数的区间。属性 C_1 的评价标度为:$H_1 = \{VP, P, M, G, VG\} = \{1, 2, 3, 4, 5\}$;属性 C_2 的评价标度为:$H_2 = \{VP, P, M, G, VG\} = \{1, 2, 3, 4, 5\}$;属性 C_3 的评价标度为:$H_3 = \{VP, P, M, G, VG\} = \{1, 2, 3, 4, 5\}$。为了解决该决策问题,下面简要说明采用基于后悔理论的多属性多标度群决策方法的计算过程。

首先,通过网上投票系统或者调查问卷获取每个参与决策人的评价信息和后悔规避系数区间。依据式(7-21)~式(7-23)将各参与决策人给出的方案评价信息转化为关于属性评价标度概率分布形式的群体评价值，如表 7-5 所示。同时，得到群体后悔规避系数关于 7 个后悔规避系数区间的概率分别为：$p_1 = 0.2$，$p_2 = 0.15$，$p_3 = 0.45$，$p_4 = 0$，$p_5 = 0$，$p_6 = 0.2$，$p_7 = 0$，依据式（7-31）和式（7-32）可计算得到群体的后悔规避系数为 $\gamma = 0.51$。

表 7-5 具有概率分布形式的各备选方案评价结果

方案	C_1					C_2					C_3				
	1	2	3	4	5	1	2	3	4	5	1	2	3	4	5
A_1	0	0.05	0.4	0.3	0.25	0.1	0.1	0.3	0.3	0.2	0.05	0.2	0.3	0.35	0.1
A_2	0.15	0.2	0.35	0.2	0.1	0.25	0.15	0.35	0.15	0.1	0.1	0.15	0.3	0.25	0.2
A_3	0.05	0.25	0.3	0.15	0.25	0	0.15	0.3	0.25	0.3	0.1	0.2	0.4	0.3	0
A_4	0.1	0.15	0.3	0.2	0.25	0.05	0.2	0.25	0.35	0.15	0	0.25	0.3	0.25	0.2
A_5	0.15	0.3	0.25	0.2	0.1	0.15	0.15	0.2	0.3	0.2	0.1	0.2	0.45	0.25	0

其次，依据式（7-24）~式（7-30），分别建立针对各属性的方案两两比较的后悔值矩阵和欣喜值矩阵。具体地，针对属性 C_1 的后悔值矩阵和欣喜值矩阵分别为：

$$R_1 = \begin{bmatrix} 0 & 0 & 0 & 0 & 0 \\ -0.53 & 0 & -0.22 & -0.25 & 0 \\ -0.25 & 0 & 0 & -0.05 & 0 \\ -0.22 & 0 & -0.03 & 0 & 0 \\ -0.61 & -0.05 & -0.28 & -0.32 & 0 \end{bmatrix}$$

$$T_1 = \begin{bmatrix} 0 & 0.35 & 0.20 & 0.18 & 0.38 \\ 0 & 0 & 0 & 0 & 0.05 \\ 0 & 0.18 & 0 & 0.02 & 0.22 \\ 0 & 0.20 & 0.05 & 0 & 0.24 \\ 0 & 0 & 0 & 0 & 0 \end{bmatrix}$$

针对属性 C_2 的后悔值矩阵和欣喜值矩阵分别为：

$$R_2 = \begin{bmatrix} 0 & 0 & -0.16 & -0.03 & 0 \\ -0.42 & 0 & -0.65 & -0.38 & -0.32 \\ 0 & 0 & 0 & 0 & 0 \\ -0.05 & 0 & -0.19 & 0 & -0.03 \\ -0.08 & 0 & -0.25 & -0.08 & 0 \end{bmatrix}$$

$$T_2 = \begin{bmatrix} 0 & 0.30 & 0 & 0.05 & 0.07 \\ 0 & 0 & 0 & 0 & 0 \\ 0.14 & 0.39 & 0 & 0.16 & 0.20 \\ 0.02 & 0.28 & 0 & 0 & 0.07 \\ 0 & 0.24 & 0 & 0.02 & 0 \end{bmatrix}$$

针对属性 C_3 的后悔值矩阵和欣喜值矩阵分别为：

$$R_3 = \begin{bmatrix} 0 & -0.05 & -0.04 & -0.08 & 0 \\ -0.03 & 0 & -0.04 & -0.05 & 0 \\ -0.11 & -0.13 & 0 & -0.19 & 0 \\ 0 & 0 & -0.04 & 0 & 0 \\ -0.22 & -0.25 & -0.21 & -0.32 & 0 \end{bmatrix}$$

$$T_3 = \begin{bmatrix} 0 & 0.02 & 0.10 & 0 & 0.18 \\ 0.05 & 0 & 0.12 & 0 & 0.20 \\ 0.04 & 0.04 & 0 & 0.04 & 0.13 \\ 0.07 & 0.05 & 0.16 & 0 & 0.24 \\ 0 & 0.24 & 0 & 0 & 0 \end{bmatrix}$$

由于针对三个属性的评价标度都是 1~5 分，因此，这里不需要对后悔值矩阵和欣喜值矩阵进行规范化。进一步地，依据式（7-36）和式（7-37）分别建立方案两两比较的综合后悔值矩阵和综合欣喜值矩阵，即：

$$R = \begin{bmatrix} 0 & -0.01 & -0.07 & -0.03 & 0 \\ -0.36 & 0 & -0.33 & -0.25 & -0.11 \\ -0.13 & -0.03 & 0 & -0.07 & 0 \\ -0.11 & 0 & -0.09 & 0 & -0.01 \\ -0.33 & -0.08 & -0.25 & -0.23 & 0 \end{bmatrix}$$

$$T = \begin{bmatrix} 0 & 0.25 & 0.10 & 0.09 & 0.22 \\ 0.01 & 0 & 0.03 & 0 & 0.07 \\ 0.06 & 0.22 & 0 & 0.08 & 0.19 \\ 0.03 & 0.19 & 0.06 & 0 & 0.18 \\ 0 & 0.08 & 0 & 0.01 & 0 \end{bmatrix}$$

在此基础上，依据式（7-38）和式（7-39）分别计算每个方案相对于其他方案的总体后悔值和总体欣喜值,即 $R(A_1) = -0.11$,$R(A_2) = -1.05$,$R(A_3) = -0.23$,$R(A_4) = -0.20$,$R(A_5) = -0.90$;$T(A_1) = 0.66$,$T(A_2) = 0.11$,$T(A_3) = 0.55$,$T(A_4) = 0.46$,$T(A_5) = 0.09$。最后,依据式(7-40)计算得到每个方案的排序值:$\Phi(A_1) = 0.56$,$\Phi(A_2) = -0.94$,$\Phi(A_3) = 0.32$,$\Phi(A_4) = 0.26$,$\Phi(A_5) = -0.80$。依据方案排序值的大小,可以得到方案的排序结果为:$A_1 > A_3 > A_4 > A_5 > A_2$。

第三节 本章小结

本章针对考虑行为的多属性群决策问题,提出了有针对性的决策理论与方法,所研究的主要内容及贡献总结如下。

(1)考虑群体期望水平的多属性群决策方法研究的主要内容及贡献包括:①考虑了参与决策人的心理行为,以各参与决策人对各属性的期望水平作为其参照点,并给出了确定群体参照点的方法;②给出了群体前景值的计算方法,通过计算群体前景值得到方案的排序结果;③提出的方法考虑了决策者的心理行为,使得到的决策结果能够反映决策者的行为,对解决现实中考虑群体期望水平的多属性群决策问题具有借鉴和参考价值。

(2)基于后悔理论的多属性多标度群决策方法研究的主要内容及贡献包括:①给出了群体评价信息的集结方法,将参与决策人针对各属性给出的方案评价信息转化为关于属性评价标度概率分布形式的群体评价值,能够完整地描述参与决策人评价信息的统计特征;②给出了多标度概率分布信息比较的优势和劣势的定义以及后悔值和欣喜值的定义,为解决考虑行为的多属性多标度群决策问题奠定了基础,依据给出的上述定义,通过计算方案两两比较的后悔值和欣喜值进行方案排序;③提出的方法考虑了决策者对方案两两比较的后悔和欣喜的心理反应,运用该方法得到的结果能够反映决策者在决策过程中的实际行为,对解决考虑行为的多属性多标度群决策问题具有借鉴和参考价值。

第八章　潜在应用

考虑行为的多属性决策问题在现实中具有广泛的实际背景。本章分别针对考虑多种类型属性期望的产品设计方案选择问题、考虑行为的新产品组合决策问题和考虑投资者后悔规避的风险投资项目选择问题进行研究，提出相应的决策分析方法。

第一节　考虑多种类型属性期望的产品设计方案选择问题

本节针对需要考虑多种类型属性期望的产品设计方案选择问题，给出一种基于前景理论的多属性决策方法。

一、实际背景

产品设计对于企业生存与发展至关重要。现实中，设计部门往往会产生多种备选设计方案，如何从多个设计方案中选择最优方案是企业面临的一个重要决策问题。在一些现实的产品设计方案选择问题中，企业决策者往往会根据其心理预期、个人偏好、历史经验等对各设计属性有一定的期望要求，且会将其期望水平作为参照点，将属性值与期望水平进行比较，从而在心理上感到"收益"或"损失"，而且对待收益和损失有不同的心理感知，这实际上是决策者的心理行为。决策者对设计方案的属性期望信息通常有三种类型：①设计方案的属性最好不超过某一数值；②设计方案的属性最好不低于某一数值；③设计方案的属性最好在某一区间内。基于前面章节中提出的方法，下面给出解决考虑多种类型属性期望的产品设计方案选择问题的方法,并以 HM 公司智能手表设计方案选择为背景进行实例分析。

二、决策问题描述

针对考虑多种类型属性期望的产品设计方案选择问题,为了便于描述,记 $M = \{1, 2, \cdots, m\}$,$N = \{1, 2, \cdots, n\}$。设 $P = \{P_1, P_2, \cdots, P_m\}$ 表示 m 个备选产品设计方案的集合,其中 P_i 表示第 i 个备选设计方案,$i \in M$;$Q = \{Q_1, Q_2, \cdots, Q_n\}$ 表示设计方案的 n 个属性的集合,其中 Q_j 表示设计方案的第 j 个属性,$j \in N$;$w = (w_1, w_2, \cdots, w_n)$ 表示属性权重向量,通常由决策活动组织者与设计小组成员进行协商,并结合自己的偏好、经验及历史信息等确定,其中 w_j 表示属性 Q_j 的权重,满足 $\sum_{j=1}^{n} w_j = 1$ 且 $0 \leq w_j \leq 1$,$j \in N$;$S = [s_{ij}]_{m \times n}$ 表示决策矩阵,其中 s_{ij} 为设计方案 P_i 针对属性 Q_j 的属性值,$i \in M$,$j \in N$。基于现实中的产品设计问题,考虑 s_{ij} 为清晰数和区间数两种信息形式。当属性值 s_{ij} 是清晰数时,记 $s_{ij} = s_{ij}'$;当属性值 s_{ij} 为区间数时,记 $s_{ij} = \bar{s}_{ij} = [s_{ij}^l, s_{ij}^u]$,$s_{ij}^u > s_{ij}^l$。决策者根据自己偏好与经验给出的针对设计方案的属性期望信息为以下三种形式:

(1)期望类型 I:设计方案 P_i 的属性值 s_{ij} 最好不超过 e_j',其中 e_j' 是决策者提供的针对属性 Q_j 的期望水平,e_j' 为清晰数。例如,选择一款中高端智能手表设计方案,决策者期望该设备的表壳重量最好不超过 50 克。

(2)期望类型 II:设计方案 P_i 的属性值 s_{ij} 最好不低于 e_j^*,e_j^* 为清晰数。例如,决策者期望一台智能手表的内存最好不低于 512MB。

(3)期望类型 III:设计方案 P_i 的属性值 s_{ij} 最好在区间 $[e_j^l, e_j^u]$ 内,$e_j^u > e_j^l$,并且区间内任意值对于决策者是同等可接受的。例如,决策者期望设计的智能手表的屏幕尺寸最好在 [1.5, 1.7] 英寸。

依据属性期望信息的不同类型,将属性集合 $Q = \{Q_1, Q_2, \cdots, Q_n\}$ 划分为三个子集合:Q^I、Q^{II} 和 Q^{III},$Q^I \cup Q^{II} \cup Q^{III} = Q$,其中 $Q^I = \{Q_1, Q_2, \cdots, Q_{l_1}\}$,$Q^{II} = \{Q_{l_1+1}, Q_{l_1+2}, \cdots, Q_{l_2}\}$ 和 $Q^{III} = \{Q_{l_2+1}, Q_{l_2+2}, \cdots, Q_n\}$ 分别为针对期望类型 I、II 和 III 的属性集合。进一步地,记 $N^I = \{1, 2, \cdots, l_1\}$,$N^{II} = \{l_1+1, l_1+2, \cdots, l_2\}$ 和 $N^{III} = \{l_2+1, l_2+2, \cdots, n\}$。

三、决策方法

在现实的考虑多种类型属性期望的产品设计方案选择问题中,决策者通常会将各备选设计方案的属性值与决策者给出的属性期望进行比较,并关注两者之间的偏差。依据前景理论的思想,将决策者给出的针对各属性的期望视为参照点。则针对三种类型属性期望的收益和损失的计算方法分别如下。

(1)期望类型 I:若 $s_{ij} > e'_j$,即设计方案 P_i 针对属性 Q_j 的结果没有满足决策者的期望,决策者会感知到"损失";若 $s_{ij} < e'_j$,则设计方案 P_i 针对属性 Q_j 的结果满足了决策者的期望,则决策者会感知到"收益"。由于 s_{ij} 可能为清晰数或者区间数两种形式,下面分别考虑两种情况:

1)当 $s_{ij} = s'_{ij}$ 时,决策者针对设计方案 P_i 感知到的收益和损失分别为:

$$G_{ij} = \begin{cases} e'_j - s'_{ij}, & s'_{ij} < e'_j \\ 0, & s'_{ij} \geq e'_j \end{cases}, \ i \in M, \ j \in N^I \tag{8-1}$$

$$L_{ij} = \begin{cases} 0, & s'_{ij} < e'_j \\ e'_j - s'_{ij}, & s'_{ij} \geq e'_j \end{cases}, \ i \in M, \ j \in N^I \tag{8-2}$$

2)当 $s_{ij} = \bar{s}_{ij} = [s^l_{ij}, s^u_{ij}]$ 时,决策者针对设计方案 P_i 感知到的收益和损失分别为:

$$G_{ij} = \begin{cases} e'_j - 0.5(s^l_{ij} + s^u_{ij}), & s^u_{ij} < e'_j \\ 0.5(c'_j - s^l_{ij}), & s^l_{ij} \leq e'_j \leq s^u_{ij}, \ i \in M, \ j \in N^I \\ 0, & s^l_{ij} > e'_j \end{cases} \tag{8-3}$$

$$L_{ij} = \begin{cases} 0, & s^u_{ij} < e'_j \\ 0.5(e'_j - s^u_{ij}), & s^l_{ij} \leq e'_j \leq s^u_{ij}, \ i \in M, \ j \in N^I \\ e'_j - 0.5(s^l_{ij} + s^u_{ij}), & s^l_{ij} > e'_j \end{cases} \tag{8-4}$$

(2)期望类型 II:如果 $s_{ij} > e^*_j$,决策者会对设计方案 P_i 感知到"收益";如果 $s_{ij} < e^*_j$,则决策者会对设计方案 P_i 感知到"损失"。下面分别考虑 s_{ij} 为清晰数和区间数两种形式的情况:

1)当 $s_{ij} = s'_{ij}$ 时,决策者针对设计方案 P_i 感知到的收益和损失分别为:

$$G_{ij} = \begin{cases} 0, & s'_{ij} < e^*_j \\ s'_{ij} - e^*_j, & s'_{ij} \geq e^*_j \end{cases}, \ i \in M, \ j \in N^{II} \tag{8-5}$$

$$L_{ij} = \begin{cases} s'_{ij} - e^*_j, & s'_{ij} < e^*_j \\ 0, & s'_{ij} \geqslant e^*_j \end{cases}, \quad i \in M, \ j \in N^{II} \tag{8-6}$$

2) 当 $s_{ij} = \bar{s}_{ij} = [s^l_{ij}, s^u_{ij}]$ 时，决策者针对设计方案 P_i 感知到的收益和损失分别为：

$$G_{ij} = \begin{cases} 0, & s^u_{ij} < e^*_j \\ 0.5(s^u_{ij} - e^*_j), & s^l_{ij} \leqslant e^*_j \leqslant s^u_{ij}, \ i \in M, \ j \in N^{II} \\ 0.5(s^l_{ij} + s^u_{ij}) - e^*_j, & s^l_{ij} > e^*_j \end{cases} \tag{8-7}$$

$$L_{ij} = \begin{cases} 0.5(s^l_{ij} + s^u_{ij}) - e^*_j, & s^u_{ij} < e^*_j \\ 0.5(s^l_{ij} - e^*_j), & s^l_{ij} \leqslant e^*_j \leqslant s^u_{ij}, \ i \in M, \ j \in N^{II} \\ 0, & s^l_{ij} > e^*_j \end{cases} \tag{8-8}$$

(3) 期望类型 III：分别考虑属性值 s_{ij} 为清晰数和区间数两种情况：

1) 当 $s_{ij} = s'_{ij}$ 时，决策者针对设计方案 P_i 感知到的收益和损失分别为：

$$G_{ij} = \begin{cases} 0, & s'_{ij} < e^l_j \\ 0, & e^l_j \leqslant s'_{ij} \leqslant e^u_j, \ i \in M, \ j \in N^{III} \\ 0, & s'_{ij} > e^u_j \end{cases} \tag{8-9}$$

$$L_{ij} = \begin{cases} s'_{ij} - e^l_j, & s'_{ij} < e^l_j \\ 0, & e^l_j \leqslant s'_{ij} \leqslant e^u_j, \ i \in M, \ j \in N^{III} \\ e^u_j - s'_{ij}, & s'_{ij} > e^u_j \end{cases} \tag{8-10}$$

2) 当 $s_{ij} = \bar{s}_{ij} = [s^l_{ij}, s^u_{ij}]$ 时，属性值 $[s^l_{ij}, s^u_{ij}]$ 与决策者属性期望 $[e^l_j, e^u_j]$ 之间有六种可能的位置关系，基于这六种关系，计算决策者针对设计方案 P_i 感知到的收益和损失分别为：

$$G_{ij} = \begin{cases} 0, & e^u_j < s^l_{ij} \\ 0, & s^u_{ij} < e^l_j \\ 0, & e^l_j < s^l_{ij} \leqslant e^u_j < s^u_{ij} \\ 0, & s^l_{ij} < e^l_j \leqslant s^u_{ij} < e^u_j \\ 0, & e^l_j \leqslant s^l_{ij} < s^u_{ij} \leqslant e^u_j \\ 0, & s^l_{ij} < e^l_j < e^u_j < s^u_{ij} \end{cases}, \ i \in M, \ j \in N^{III} \tag{8-11}$$

$$L_{ij} = \begin{cases} e_j^u - 0.5(s_{ij}^l + s_{ij}^u), & e_j^u < s_{ij}^l \\ 0.5(s_{ij}^l + s_{ij}^u) - e_j^l, & s_{ij}^u < e_j^l \\ 0.5(e_j^l - s_{ij}^l) + 0.5(e_j^u - s_{ij}^u), & e_j^l < s_{ij}^l \leq e_j^u < s_{ij}^u \\ 0.5(s_{ij}^l - e_j^l) + 0.5(s_{ij}^u - e_j^u), & s_{ij}^l < e_j^l \leq s_{ij}^u < e_j^u \\ 0, & e_j^l \leq s_{ij}^l < s_{ij}^u \leq e_j^u \\ 0.5(s_{ij}^l - e_j^l) + 0.5(e_j^u - s_{ij}^u), & s_{ij}^l < e_j^l < e_j^u < s_{ij}^u \end{cases}, i \in M, j \in N^{III} \qquad (8-12)$$

依据式（8-1）~式（8-12），可建立产品设计方案选择的收益矩阵 $G = [G_{ij}]_{m \times n}$ 和损失矩阵 $L = [L_{ij}]_{m \times n}$。

由于决策者通常在决策时面对收益和损失有不同的心理反应，因此，需要依据前景理论将收益和损失转化为前景值，建立前景值矩阵 $V = [V_{ij}]_{m \times n}$，其中，产品设计方案 P_i 针对属性 Q_j 的前景值 V_{ij} 为：

$$V_{ij} = (G_{ij})^\alpha + [-\lambda(-L_{ij})^\beta], i \in M, j \in N \qquad (8-13)$$

式中，α 和 β 分别表示价值函数的收益和损失区域的凹凸程度，$0 \leq \alpha, \beta \leq 1$；$\lambda$ 表示决策者的损失规避程度，$\lambda > 1$。

进一步地，将前景值矩阵 $V = [V_{ij}]_{m \times n}$ 规范化为矩阵 $V' = [V'_{ij}]_{m \times n}$，其规范化公式为：

$$V'_{ij} = \frac{V_{ij}}{V_j^{max}}, i \in M, j \in N \qquad (8-14)$$

式中，$V_j^{max} = \max_{i \in M} \{|V_{ij}|\}$，$j \in N$。

然后，计算每个备选设计方案的综合前景值，其计算公式为：

$$U_i = \sum_{j=1}^n w_j V'_{ij}, i \in M \qquad (8-15)$$

显然，U_i 越大，设计方案 P_i 越好。依据综合前景值的大小，可对各备选的产品设计方案进行排序。

四、实例分析

HM 信息科技有限公司成立于中国，是一家以智能可穿戴设备为基础的互联网服务公司，公司业务覆盖电子产品开发与销售、网络工程、通信工程、信息技术咨询与技术服务等领域。公司成立至今，专注于智能手环、智能手表、智能秤等可穿戴设备的研发与生产，其产品多次获国内及国际设计大奖。目前，HM公司的可穿戴产品主要销往中国市场，随着国外市场的开拓，销量和市场占有率有望进一步提高。HM公司还推出了产品APP及云端数据服务，已成为了全球著名的智能手环及互联网服务企业。由于HM公司开发的产品外观美观、性能稳定、质量优秀、价格合理，从而成为了智能可穿戴设备行业中一个受用户信赖的品牌。

目前，HM公司的智能手环产品销量已居国内领先地位，为了进一步提升公司业绩、增加市场份额，HM公司计划加大在智能手表产品上的投入，拟设计一款产品售价在2500~3500元的中高端智能手表投放市场。通过市场调研，目前市场上同等价位的智能手表主要有A公司的AWS3系列产品、HUW公司的WP2系列产品、S公司的GS3系列产品。HM公司的市场部做了大量市场分析，在全国各地通过问卷及访谈等方式调查了几千名潜在客户，了解客户对智能手表的需求与偏好，研发部门分析比较了A公司的AWS3产品、HUW公司的WP2产品以及S公司的GS3产品的技术与经济性能，将产品定位于一款集成蓝牙通话、GPS及北斗定位、运动指导、心率检测、网络支付、第三方应用、智能语音、时间显示、防水防尘等多功能的智能手表。

基于产品定位，产品设计部门提出了4个备选智能手表设计方案（A_1，A_2，A_3，A_4），考虑的决策属性有6个，其中，C_1为制造成本（单位：元），C_2为电池容量（单位：mAh），C_3为表壳重量（单位：克），C_4为显示屏幕尺寸（单位：英寸），C_5为系统内存（单位：MB），C_6为屏幕分辨率（单位：DPI）。4个备选智能手表设计方案针对上述6个属性的属性值信息如表8-1所示。为了选择合适的设计方案进行生产并投放市场，设计部门、研发部门以及企业高级管理层成立了决策委员会，决策委员会经过讨论确定属性权重向量为w = (0.3，0.2，0.1，0.1，

表8-1 备选智能手表设计方案的决策矩阵

方案	属性					
	C_1	C_2	C_3	C_4	C_5	C_6
P_1	[1400, 1500]	380	45	1.65	750	400
P_2	[1300, 1400]	300	76	1.4	512	390
P_3	[1000, 1200]	280	57	1.3	512	320
P_4	[1500, 1700]	420	32	1.8	900	360

0.2,0.1),给出针对各属性的期望信息如表8-2所示。

表8-2 决策者委员会给出的属性期望信息

属性	期望
Q_1	制造成本最好在1300元到1600元之间
Q_2	电池容量最好不低于300mAH
Q_3	表壳重量最好不超过50克
Q_4	显示屏幕尺寸最好在1.5英寸到1.7英寸
Q_5	系统内存最好不低于512MB
Q_6	屏幕分辨率最好不低于360DPI

为了解决该智能手表设计方案选择问题,下面简要说明采用本节给出的方法的计算过程。

首先,将决策者给出的针对各设计属性的期望值视为参照点,并运用式(8-1)~式(8-12)建立各备选设计方案的收益矩阵和损失矩阵,分别为:

$$G = \begin{bmatrix} 0 & 80 & 5 & 0 & 238 & 400 \\ 0 & 0 & 0 & 0 & 0 & 30 \\ 0 & 0 & 0 & 0 & 0 & 0 \\ 0 & 120 & 18 & 0 & 388 & 0 \end{bmatrix}$$

$$L = \begin{bmatrix} 0 & 0 & 0 & 0 & 0 & 0 \\ 0 & 0 & -26 & -0.1 & 0 & 0 \\ -200 & -20 & -7 & -0.2 & 0 & -40 \\ -150 & 0 & 0 & -0.1 & 0 & 0 \end{bmatrix}$$

然后,运用式(8-13)和式(8-14)分别建立前景值矩阵 $V = [V_{ij}]_{m \times n}$ 和规范化矩阵 $V' = [V'_{ij}]_{m \times n}$,即:

$$V = \begin{bmatrix} 0 & 47.28 & 4.12 & 0 & 123.42 & 194.90 \\ 0 & 0 & -39.57 & -0.30 & 0 & 19.95 \\ -238.28 & -31.41 & -12.47 & -0.55 & 0 & -57.81 \\ -184.99 & 67.56 & 12.72 & -0.30 & 189.75 & 0 \end{bmatrix}$$

$$V' = \begin{bmatrix} 0 & 0.7 & 0.10 & 0 & 0.65 & 1 \\ 0 & 0 & -1 & -0.54 & 0 & 0.10 \\ -1 & -0.46 & -0.32 & -1 & 0 & -0.30 \\ -0.78 & 1 & 0.32 & -0.54 & 1 & 0 \end{bmatrix}$$

这里，参数取值为 $\alpha = \beta = 0.88$，$\lambda = 2.25$。

进一步地，运用式（8-15）计算得到各备选设计方案的综合前景值，分别为 $U_1 = 0.38$，$U_2 = -0.14$，$U_3 = -0.55$，$U_4 = 0.15$。依据前景值的大小，可以得到各备选设计方案的排序结果为：$P_1 > P_4 > P_2 > P_3$。因此，应该HM公司应该选择设计方案 P_1 进行生产并投放市场。

第二节　考虑行为的新产品组合决策问题

本节针对新产品组合决策问题，在考虑决策者行为的情境下，给出一种基于前景理论的决策方法。

一、实际背景

新产品对于企业发展与竞争是至关重要的。在企业资源有限的情况下，从多个新产品开发项目中选择最优的组合，不仅能够有效降低企业研发风险，还可以满足多种客户需求。因此，研究新产品组合决策问题具有十分重要的意义。需要指出的是，在企业新产品组合决策问题中，由于决策环境及决策信息的不确定性和复杂性，决策者往往表现出有限理性的行为，例如，决策者会依据历史产品信息以及个人的经验、偏好等对新产品的收益和风险等属性有一定的期望要求，并且将新产品的实际值同期望值进行比较，进而产生不同的心理感知。基于此，需要在新产品组合决策问题中考虑决策者的行为因素，提出相应的决策分析方法。

本节给出一种基于前景理论的新产品组合决策方法。在提出的方法中，分别从新产品的效益和风险两个维度对备选新产品的绩效进行评价，首先，分别建立关于新产品的效益和风险的评价属性体系；其次，基于前景理论的思想，对备选新产品项目进行效益分析与风险评估；再次，在此基础上，建立以预期效益最大和风险最小为目标的多目标优化模型,并通过模型的求解得到新产品组合方案。

二、新产品组合决策的评价属性

在已有研究文献的基础上,通过对相关评价属性进行整理和归纳,提取与新产品组合决策相关的属性形成备选属性集合,这些属性主要是关于效益和风险两个方面的。然后,运用专家调查法,请 9 位产品研发领域的专家对备选属性集合进行重要性评价。依据重要性评价结果,并结合专家的意见,确定新产品决策的评价属性。基于上述过程,建立的新产品组合决策的评价属性体系如表 8-3 所示。需要指出的是,在现实的新产品组合决策问题中,针对不同的产品背景,评价属性集合可能会基于实际情况有一定变化。

表 8-3 新产品组合决策的评价属性体系

维度	属性	属性的描述
效益	预期利润（C_{I_1}）	新产品的预期销售利润,反映新产品的获利能力
	生产能力（C_{I_2}）	新产品的生产能力及规模
	市场占有率（C_{I_3}）	产品的销售量在市场同类产品中所占的比重
	客户满意度（C_{I_4}）	反映客户对新产品的认可程度,通过与客户交流,以获得客户对新产品的认可度和满意度
风险	技术开发风险（C_{R_1}）	因技术上的随机性因素导致技术开发工作失败的可能性,包括技术不成熟、技术被替代等
	资金风险（C_{R_2}）	资金不能按时供应而导致新产品开发失败的可能性
	市场风险（C_{R_3}）	市场需求变化导致的新产品销售达不到预期目标,包括被替代的风险、竞争对手产品的冲击、宏观政策的调整等
	管理风险（C_{R_4}）	因管理失误导致新产品的失败,如各部门配合不到位、组织协调不力等

三、基于前景理论的新产品组合决策方法

在新产品组合决策问题中,为方便起见,记 $M = \{1, 2, \cdots, m\}$。设 $P = \{P_1, P_2, \cdots, P_m\}$ 表示 m 个备选新产品项目的集合,其中 P_i 表示第 i 个备选新产品,$i \in M$；$C_I = \{C_{I_1}, C_{I_2}, C_{I_3}, C_{I_4}\}$ 表示关于新产品预期效益的 4 个评价属性集合,其中,C_{I_j} 表示关于新产品预期效益的第 j 个属性；$C_R = \{C_{R_1}, C_{R_2}, C_{R_3}, C_{R_4}\}$ 表示关于新产品风险的 4 个评价属性集合,其中,C_{R_t} 表示关于新产品风险的第 t 个属

性；设 $w_I = (w_{I_1}, w_{I_2}, w_{I_3}, w_{I_4})$ 表示关于预期效益评价属性的权重向量，其中 w_{I_j} 为属性 C_{I_j} 的权重或者重要程度，满足 $w_{I_j} \geq 0$ 且 $\sum_{j=1}^{4} w_{I_j} = 1$；$w_R = (w_{R_1}, w_{R_2}, w_{R_3}, w_{R_4})$ 表示关于风险属性的权重向量，其中 w_{R_t} 为属性 C_{R_t} 的权重或者重要程度，满足 $w_{R_t} \geq 0$ 且 $\sum_{t=1}^{4} w_{R_t} = 1$。这里，权重向量 w_I 和 w_R 由来自公司研发部、市场部及管理层的决策委员会成员打分或协商后给出。记 $X = [x_{ij}]_{m \times 4}$ 表示关于新产品预期效益的决策矩阵，其中 x_{ij} 为新产品 P_i 针对属性 C_{I_j} 的属性值；$Y = [y_{it}]_{m \times 4}$ 表示关于新产品风险的决策矩阵，其中 y_{it} 为新产品 P_i 针对属性 C_{R_t} 的属性值。在本节中，考虑 x_{ij} 和 y_{it} 为数值型的信息，其中，关于属性 C_{I_1} 和 C_{I_3} 的属性值由市场部进行市场调查后预测出，C_{I_2} 的属性值由生产部门根据经验及生产现状按照 1~10 分（1分表示生产能力最差，10 分表示生产能力最强）给出，C_{I_4} 的属性值通过对大量潜在客户进行调研与访谈后按照 1~10 分（1 分表示满意度最低，10 分表示满意度最高）给出；属性 C_{R_1}、C_{R_2}、C_{R_3} 和 C_{R_4} 的属性值由企业决策委员会及聘请的风险评估领域专家按照 1~10 分（1 分表示风险最低，10 分表示风险最高）给出。设决策者针对效益属性和风险属性给出的期望水平向量分别为 $E_I = (e_{I_1}, e_{I_2}, e_{I_3}, e_{I_4})$ 和 $E_R = (e_{R_1}, e_{R_2}, e_{R_3}, e_{R_4})$，其中 e_{I_j} 和 e_{R_t} 分别表示决策者针对效益属性 C_{I_j} 和风险属性 C_{R_t} 的期望水平，其数值由决策者根据自己的偏好、心理预期及历史信息给出。

这里要解决的问题是：在考虑决策者行为的情境下，依据决策矩阵 X 和 Y、属性权重向量 w_I 和 w_R，以及期望水平向量 E_I 和 E_R，如何选择最优的新产品组合方案。

1. 基于决策者行为的效益分析与风险评估

首先，为了消除不同量纲的影响，将决策矩阵 $X = [x_{ij}]_{m \times 4}$ 和 $Y = [y_{it}]_{m \times 4}$ 分别规范化为矩阵 $X' = [x'_{ij}]_{m \times 4}$ 和 $Y' = [y'_{it}]_{m \times 4}$，其计算公式分别为：

$$x'_{ij} = \frac{x_{ij}}{\sqrt{\sum_{i=1}^{m} x_{ij}^2 + e_{I_j}^2}}, \quad i \in M, \quad j = 1, 2, 3, 4 \qquad (8-16)$$

$$y'_{it} = \frac{y_{it}}{\sqrt{\sum_{i=1}^{m} y_{it}^2 + e_{R_t}^2}}, \quad i \in M, \quad t = 1, 2, 3, 4 \tag{8-17}$$

将期望向量 $E_I = (e_{I_1}, e_{I_2}, e_{I_3}, e_{I_4})$ 和 $E_R = (e_{R_1}, e_{R_2}, e_{R_3}, e_{R_4})$ 分别规范化为 $E'_I = (e'_{I_1}, e'_{I_2}, e'_{I_3}, e'_{I_4})$ 和 $E'_R = (e'_{R_1}, e'_{R_2}, e'_{R_3}, e'_{R_4})$，其计算公式为：

$$e'_{I_j} = \frac{e_{I_j}}{\sqrt{\sum_{i=1}^{m} x_{ij}^2 + e_{I_j}^2}}, \quad j = 1, 2, 3, 4 \tag{8-18}$$

$$e'_{R_t} = \frac{e_{R_t}}{\sqrt{\sum_{i=1}^{m} y_{it}^2 + e_{R_t}^2}}, \quad t = 1, 2, 3, 4 \tag{8-19}$$

然后，依据前景理论的思想，将决策者的期望水平视为参照点，计算各备选新产品相对于参照点的益损值。具体地，关于新产品预期效益的益损值为：

$$S_{ij} = x'_{ij} - e'_{I_j}, \quad i \in M, \quad j = 1, 2, 3, 4 \tag{8-20}$$

关于新产品风险的益损值为：

$$T_{it} = e'_{R_t} - y'_{it}, \quad i \in M, \quad t = 1, 2, 3, 4 \tag{8-21}$$

在此基础上，分别计算新产品 P_i 针对效益属性 C_{I_j} 和风险属性 C_{R_t} 的前景值，其计算公式为：

$$U_{ij} = \begin{cases} (S_{ij})^\alpha, & S_{ij} \geq 0 \\ -\lambda(-S_{ij})^\beta, & S_{ij} < 0 \end{cases}, \quad i \in M, \quad j = 1, 2, 3, 4 \tag{8-22}$$

$$V_{it} = \begin{cases} (T_{it})^\alpha, & T_{it} \geq 0 \\ -\lambda(-T_{it})^\beta, & T_{it} < 0 \end{cases}, \quad i \in M, \quad t = 1, 2, 3, 4 \tag{8-23}$$

式中，α 和 β 分别表示价值函数的收益区域和损失区域的凹凸程度，$0 \leq \alpha$，$\beta \leq 1$；λ 表示决策者的损失规避程度，$\lambda > 1$。依据式（8-22）和式（8-23），可以分别建立关于新产品效益的前景值矩阵 $U = [U_{ij}]_{m \times 4}$ 和关于新产品风险的前景值矩阵 $V = [V_{it}]_{m \times 4}$。

进一步地，分别计算每个备选新产品关于效益和风险的综合前景值，其计算公式分别为：

$$U_i = \sum_{j=1}^{4} w_{I_j} U_{ij}, \quad i \in M \tag{8-24}$$

$$V_i = \sum_{t=1}^{4} w_{R_t} V_{it}, \ i \in M \quad (8-25)$$

2. 基于决策者行为的新产品组合决策模型

基于决策者行为的新产品组合决策的双目标模型如下：

$$\max U = \sum_{i=1}^{m} z_i U_i \quad (8-26)$$

$$\min V = \sum_{i=1}^{m} z_i V_i \quad (8-27)$$

$$\text{s.t.} \ \sum_{i=1}^{m} z_i h_i \leq H \quad (8-28)$$

$$\sum_{i=1}^{m} z_i q_i \leq Q \quad (8-29)$$

$$z_i = 0 \ \text{或} \ 1 \quad (8-30)$$

在上述模型中，式（8-26）和式（8-27）为目标函数，分别表示新产品组合的预期效益最大和风险最小；式（8-28）为资金约束条件，其中 H 表示企业在新产品研发中可投入的最大资金总额，h_i 表示新产品 P_i 所需要的资金；式（8-29）为人员约束条件，其中 Q 表示企业研发部门可在新产品中投入的最大人员总数，q_i 表示新产品 P_i 所需要的人员数目；z_i 为决策变量，当其值取 1 表示新产品 P_i 被选中，当其值取 0 表示新产品 P_i 未被选中。

上述决策模型为多目标 0-1 规划模型，两个目标是反向的，可利用分目标乘除法进行求解。分目标乘除法的主要特点是将模型中的各分目标函数进行相乘和相除处理后，在可行域上求解。上述模型的目标函数可转化为 $\min \dfrac{V}{U}$，然后在此基础上可运用 Lingo 等软件包进行模型求解。

四、实例分析

VV 公司是一家专注于智能手机、平板电脑、音乐播放器等智能产品的电子制造商，总部位于广东省。公司主要为充满活力、年轻时尚的群体提供外观卓越、音质专业、影像极致、体验愉悦的智能产品。随着规模的不断扩大，2014 年开始，VV 公司进军海外市场，产品远销印度、马来西亚、泰国、菲律宾等国家。为了进一步开拓海外市场，提升品牌国际影响力，VV 公司计划在美国成立研发中心,并决定把研发项目重点放在手机上,全面推进智能手机的整机技术创新。公司研发与设计部门一共给出了10个新手机的方案 P_1, P_2, P_3, …, P_{10}。为了能够使新产品的开发成功,公司希望能够运用科学的方法进行分析选出最优的产品组合。由于公司资金的限制和公司对开发时间的要求,公司计划在新产品项目上投入的研发总资金是500万元,总人力是35人,公司的研发部门对每个新产品开发方案的使用资金和所需劳动力做了预测,数据如表8-4所示。

表8-4 各新产品所需资金与人力情况

产品方案	P_1	P_2	P_3	P_4	P_5	P_6	P_7	P_8	P_9	P_{10}
需要资金(万元)	110	100	90	105	95	105	120	80	90	105
需要人力(个)	4	3	4	4	3	4	6	3	5	3

针对新产品决策问题,来自市场部、技术部、研发部以及管理部门的7位成员组成了决策委员会,对各新产品方案的预期效益和风险等属性进行了评价,并给出了针对各属性的期望水平,如表8-5所示。在表8-5中,C_{I_1}的属性值是根据市场调查和预测得到的,单位是百万元;C_{I_3}的属性值也是由市场预测得出,单位是%,其余各属性的属性值由决策委员会按照1~10分给出。决策委员会经讨论给出的关于预期效益和风险的属性权重向量分别为 w_I=(0.35, 0.23, 0.13, 0.29) 和 w_R=(0.30, 0.28, 0.26, 0.16),给出的针对效益属性和风险属性的期望水平向量分别为 F_I=(10, 6, 6, 6) 和 E_R=(3, 3, 4, 5)。下面简要说明采用本节提出方法的主要步骤。

表8-5 各新产品的属性值及决策者的期望水平

产品	效益属性				风险属性			
	C_{I_1}	C_{I_2}	C_{I_3}	C_{I_4}	C_{R_1}	C_{R_2}	C_{R_3}	C_{R_4}
P_1	14	7	6	5	4	4	6	6
P_2	9	8	9	7	3	4	3	7
P_3	8	8	9	7	1	3	4	5
P_4	10	2	4	2	2	5	2	5
P_5	7	3	3	4	5	2	5	7
P_6	8	9	8	9	3	1	5	3
P_7	15	6	6	7	5	4	6	4

续表

产品	效益属性				风险属性			
	C_{I_1}	C_{I_2}	C_{I_3}	C_{I_4}	C_{R_1}	C_{R_2}	C_{R_3}	C_{R_4}
P_8	7	2	7	2	2	1	2	5
P_9	9	2	8	3	1	4	6	6
P_{10}	12	6	8	5	2	3	7	4
E	10	6	6	6	3	3	4	5

首先,依据式(8-16)~式(8-19)将决策矩阵和期望水平进行规范化。然后,运用式(8-20)~式(8-23)计算各新产品针对各属性的前景值,结果如表8-6所示。这里,$\alpha = \beta = 0.88$,$\lambda = 2.25$。

表8-6 各新产品针对效益和风险属性的前景值

新产品	效益属性				风险属性			
	C_{I_1}	C_{I_2}	C_{I_3}	C_{I_4}	C_{R_1}	C_{R_2}	C_{R_3}	C_{R_4}
P_1	0.15	0.07	0	−0.09	0.13	0.13	0.17	0.07
P_2	−0.10	0.14	0.17	0.08	0	0.13	−0.22	0.14
P_3	−0.19	0.14	0.17	0.08	−0.55	0	0	0
P_4	0	−0.57	−0.27	−0.62	0.13	0.23	−0.37	0
P_5	−0.27	−0.45	−0.40	−0.32	0.25	−0.27	0.08	0.14
P_6	−0.19	0.20	0.12	0.21	0	−0.52	0.08	−0.35
P_7	0.19	0	0	0.08	0.25	0.13	0.17	−0.19
P_8	−0.27	−0.57	0.06	−0.62	−0.30	−0.52	−0.37	0
P_9	−0.10	−0.57	0.12	−0.47	−0.55	0.13	0.17	0.07
P_{10}	0.08	0	0.12	−0.19	−0.30	0	0.23	−0.19

在此基础上,运用式(8-24)和式(8-25)分别计算得到各新产品关于效益和风险的综合前景值,如表8-7所示。

表8-7 各新产品针对效益和风险的综合前景值

新产品	P_1	P_2	P_3	P_4	P_5	P_6	P_7	P_8	P_9	P_{10}
U_i	0.02	0.04	0.01	−0.35	−0.34	0.06	0.09	−0.40	−0.29	−0.01
V_i	0.14	0.02	−0.16	0.01	0.07	−0.23	0.10	−0.33	−0.06	−0.09

进一步地，依据式（8-26）~式（8-30）建立优化模型，并运用 Lingo 等软件包进行模型求解，结果为 z = {0, 1, 0, 0, 0, 0, 1, 0, 0, 1}，所以，应该选择新产品 P_2、P_7 和 P_{10}。

第三节　考虑投资者后悔规避的风险投资项目选择问题

针对需要考虑投资者行为的风险投资项目选择问题，本节给出一种基于后悔理论的决策方法。

一、实际背景

风险投资是对风险企业尤其是高新技术风险企业提供资本支持，并通过资本经营服务对被投资企业进行培育和辅导，在企业发展成长到一定阶段后即通过退出投资以实现自身资本增值的一种特殊形态的融资模式。风险投资对于推动高新技术产业的发展、加快国民经济增长起着非常重要的作用，因此，关于风险投资的研究成为学术界和企业界关注的焦点。由于风险投资具有高收益、高风险等特点，风险投资过程面临着极大的风险性与不确定性，如何对风险投资项目做出准确的评估，并选择最有潜力的风险投资项目，对于风险投资商或风险投资企业的生存和发展起着关键作用，因此，如何解决风险投资项目选择问题是一个非常重要的研究课题。虽然关于风险投资项目选择问题的研究已经取得了一定的成果，但关于风险投资项目选择的决策模型的研究仍面临着新的挑战。

大量事实或实验分析表明，投资者的行为因素对于投资项目的选择有一定的影响，因此，在构建风险投资项目选择的决策模型时，考虑并引入投资者的行为因素是至关重要的。这是因为：一方面，投资者在进行决策时会受到自身认知能力、心理、情绪、经验、直觉等主观因素的影响，从而会表现出损失规避、后悔规避等行为特征；另一方面，风险投资商是风险投资项目选择的决策者与执行者，若忽略其行为因素，则得到的决策结果的可信性会受到质疑，从而影响决策结果的可操作性。基于上述分析，需要研究考虑投资者行为的风险投资项目选择的决策方法。本节重点考虑投资者在决策过程中的后悔规避行为，提出一种基于后悔理论的风险投资项目选择方法。首先，建立风险投资项目选择的评价属性；其次，计算风险投资项目两两比较的后悔—欣喜值，在此基础上进行风险投资项目的排序。

二、风险投资项目选择的评价属性

由于风险投资项目具有高风险性、多因素性等特征，因此，需要建立项目综合评价的属性集合，通过对风险投资项目各方面的综合分析与评价，选择合适的投资项目。在已有研究文献的基础上，对文献中相关评价属性进行整理和归纳，本书建立起如表 8-8 所示的风险投资项目评价的属性体系。需要指出的是，针对现实中不同背景的风险投资项目，评价属性集合可能会基于实际情况有一定变化。

表 8-8　风险投资项目的评价属性体系

维度	评价属性	属性的描述
投资回收能力	预期投资收益率（C_1）	通过投资活动取得的经济回报，计算方式为年息税前利润除以总投资额的比值
	投资回收期（C_2）	以项目净收益收回全部投资所需要的时间
	净现值（C_3）	项目预期的现金流入的现值与现金流出的现值之间的差额
市场需求与发展能力	市场占有率（C_4）	产品的销售量在市场同类产品中所占的比重
	市场竞争力（C_5）	在市场竞争中获得优势的能力，包括产品竞争力、服务竞争力、信息竞争力、价格竞争力、信誉竞争力等方面
	市场发展能力（C_6）	营销策划和规划产品与技术的能力
投资偿债能力	历史财务状况（C_7）	风险企业历史经营活动中在财务上的资金筹措与资金运用状况
	资金规划的合理性（C_8）	资金的统筹管理，即能否合理安排和运用资金
企业家的技术熟练程度	企业家的技术熟练程度（C_9）	包括管理层的经历和背景、人格特点、专长能力、管理能力、经营理念等

如表 8-8 所示的评价属性中，属性 C_1、C_2、C_3、C_4、C_5 和 C_6 的属性值是风险型的，跟未来自然状态有关，其数值在不同状态下是不同的，其中，属性 C_1、C_2、C_3、C_4 的属性值是在市场调查与分析的基础上预测给出的，C_5 和 C_6 的属性

值由投资者或者相关领域专家对风险项目或风险企业进行分析的基础上，针对各可能的自然状态按照1到10分（1分表示最差，10分表示最好）评分给出；属性 C_7、C_8 和 C_9 的属性值是确定型的，由投资者或者相关领域的专家针对备选风险投资项目或风险企业按照1到10分（1分表示最差，10分表示最好）主观评价给出。

三、考虑后悔规避的风险投资项目选择方法

在考虑投资者后悔规避的风险投资项目选择问题中，为方便起见，记 $M = \{1, 2, \cdots, m\}$，$N = \{1, 2, \cdots, 9\}$，$N_1 = \{1, 2, \cdots, 6\}$，$N_2 = \{7, 8, 9\}$，$H = \{1, 2, \cdots, h\}$。设 $A = \{A_1, A_2, \cdots, A_m\}$ 表示 m 个备选风险投资项目的集合，其中 A_i 表示第 i 个风险投资项目，$i \in M$；$C = \{C_1, C_2, \cdots, C_9\}$ 表示关于风险投资项目选择的评价属性集合，其中 C_j 表示关于风险投资项目的第 j 个属性，$j \in N$；$w = (w_1, w_2, \cdots, w_9)$ 表示评价属性的权重向量，其中 w_j 为属性 C_j 的权重或者重要程度，满足 $w_j \geq 0$ 且 $\sum_{j=1}^{9} w_j = 1$，其数值由投资者以及聘请的相关领域的专家进行协商或者打分后确定。记 $X = [x_{ij}]_{m \times 9}$ 表示决策矩阵，其中 x_{ij} 为风险投资项目 A_i 针对属性 C_j 的属性值，在本书研究的问题中，考虑关于 C_1、C_2、C_3、C_4、C_5 和 C_6 的属性值是风险型的，其取值跟未来自然状态有关。记 $S = \{S_1, S_2, \cdots, S_h\}$ 表示未来自然状态集合，其中 S_t 表示第 t 种状态，$t \in H$；p_t 表示状态 S_t 发生的概率，满足 $p_t \geq 0$ 且 $\sum_{t=1}^{h} p_t = 1$；记 $x_{ij_1}^t$ 表示在自然状态 S_t 下风险投资项目 A_i 针对属性 C_{j_1} 的结果，$i \in M$，$j_1 \in N_1$，$t \in H$。关于 C_7、C_8 和 C_9 的属性值是确定型的，与自然状态无关，但可以视为风险型决策的特例。这里要解决的问题是：在考虑投资者后悔规避行为的情境下，依据决策矩阵 X 和属性权重向量 w，如何选择最优的风险投资项目。

1. 风险投资项目两两比较的后悔—欣喜值的计算

针对属性 C_1、C_2、C_3、C_4、C_5 和 C_6，计算每种自然状态下风险投资项目两两比较的后悔—欣喜值。这里，首先要构造后悔—欣喜函数 $R(\Delta x)$，函数 $R(\Delta x)$ 是单调递增的凹函数，满足 $R'(\Delta x) > 0$ 且 $R''(\Delta x) < 0$，表示投资者对后悔和欣喜都是风险规避的。另外，当 $\Delta x = 0$ 时，$R(0) = 0$。$R(\Delta x)$ 可以表示为如下形式：

$$R(\Delta x) = 1 - \exp(-\gamma \Delta x), \tag{8-31}$$

式中，γ 为投资者的后悔规避系数，$\gamma > 0$，且 γ 越大，投资者的后悔规避程度越大。当 $R(\Delta x) > 0$ 表示投资者感到欣喜，反之，当 $R(\Delta x) < 0$ 表示投资者感到后悔。

依据式 (8-31)，计算在自然状态 S_t 下针对属性 C_{j_1} 风险投资项目 A_i 相对于 A_k 的后悔—欣喜值，对于效益型属性，其计算公式为：

$$R_{ikj_1}^t = 1 - \exp[-\gamma(x_{ij_1}^t - x_{kj_1}^t)], \quad i, k \in M, \ j_1 \in N_1, \ t \in H \tag{8-32}$$

对于成本型属性，其计算公式为：

$$R_{ikj_1}^t = 1 - \exp[-\gamma(x_{kj_1}^t - x_{ij_1}^t)], \quad i, k \in M, \ j_1 \in N_1, \ t \in H \tag{8-33}$$

在此基础上，考虑各自然状态的概率，计算针对属性 C_{j_1} 风险投资项目 A_i 相对于 A_k 的后悔—欣喜值，即：

$$R_{ikj_1} = \sum_{t=1}^h p_t R_{ikj_1}^t, \quad i, k \in M, \ j_1 \in N_1 \tag{8-34}$$

针对属性 C_7、C_8 和 C_9，风险投资项目 A_i 相对于 A_k 的后悔—欣喜值为：

$$R_{ikj_2} = 1 - \exp[-\gamma(x_{ij_2} - x_{kj_2})], \quad i, k \in M, \ j_2 \in N_2 \tag{8-35}$$

基于式 (8-34) 和式 (8-35)，可建立针对各属性的风险投资项目两两比较的后悔—欣喜值矩阵 $R_j = [R_{ikj}]_{m \times m}$，$i, k \in M$，$j \in N$。

2. 风险投资项目的排序

为了消除不同物理量纲对决策结果的影响，需要将后悔—欣喜值矩阵 $R_j = [R_{ikj}]_{m \times m}$ 规范化为矩阵 $R_j' = [R_{ikj}']_{m \times m}$，其公式为：

$$R_{ikj}' = \frac{R_{ikj}}{Q_j^{\max}}, \quad i, k \in M, \ j \in N \tag{8-36}$$

其中：

$$Q_j^{\max} = \max_{i, k \in M} \{|R_{ikj}|\}, \quad j \in N \tag{8-37}$$

进一步地，建立风险投资项目两两比较的综合后悔—欣喜值矩阵 $R = [R_{ik}]_{m \times m}$，其中 R_{ik} 的计算公式为：

$$R_{ik} = \sum_{j=1}^n w_j R_{ikj}', \quad i, k \in M \tag{8-38}$$

在此基础上，计算风险投资项目 A_i 相对于其他所有项目的总体后悔—欣喜值 R(A_i)，其计算公式为：

$$R(A_i) = \sum_{k=1}^{m} R_{ik}, \ i \in M \tag{8-39}$$

R(A_i)越大，风险投资项目 A_i 越好。

四、实例分析

ZH 投资有限公司成立于 2008 年，是一家专门从事高新技术风险投资和私募股权基金管理的公司，致力于在中国大陆地区投资高成长的高科技企业，主要投资方向有信息技术、智能制造、医疗健康等行业，投资阶段涵盖种子期、创业期、扩张期、成熟期各个阶段。公司在北京、上海、天津、西安、成都、杭州、深圳等地区均设有办事机构。公司团队拥有成功的创业经历、丰富的运营经验、优秀的投资业绩，在市场开拓、资源整合等多方面助力风险企业发展。2015 年，公司开始往中国香港、中国台湾、新加坡等地发展业务。2016 年，公司计划在台湾投资一家处于扩张期的生产虚拟现实设备的高科技企业，经过对项目的可行性和风险进行一系列专业评估后，筛选出三个风险企业的投资项目，分别用 A_1、A_2 和 A_3 表示，考虑的评价属性为如表 8-8 所示的 9 个属性。ZH 公司管理层以及聘请的风险投资专家成立了决策委员会，决策委员会经过讨论确定属性权重向量为 w = (0.20, 0.15, 0.10, 0.10, 0.10, 0.10, 0.05, 0.10, 0.10)。经预测，在项目运行期间，未来市场可能有三种自然状态：S_1（市场状况好）、S_2（市场状况一般）和 S_3（市场状况差），三种自然状态发生的概率分别为 0.3、0.4 和 0.3。由 ZH 公司决策委员会及聘请的相关专家对三个风险企业的投资项目进行了深入分析与调查，经预测或者主观评价给出的属性值如表 8-9 所示。

表 8-9 三家风险企业的风险投资项目的属性值

方案	C_1 (%)			C_2 (年)			C_3 (千万)			C_4 (%)			C_5			C_6			C_7	C_8	C_9
	S_1	S_2	S_3	S_1	S_2	S_3	S_1	S_2	S_3	S_1	S_2	S_3	S_1	S_2	S_3	S_1	S_2	S_3			
A_1	30	20	10	5	7	10	10	8	5	10	8	5	9	6	5	8	6	4	10	8	8
A_2	25	20	15	6	8	9	8	6	4	8	7	6	8	7	6	7	6	5	9	7	6
A_3	20	15	10	7	8	8	7	6	5	8	6	5	7	8	6	8	6	5	7	9	8

下面简要阐述运用本节提出的决策方法的主要计算过程。首先，依据式（8-32）~式（8-35）建立针对各属性的风险投资项目两两比较的后悔—欣喜值矩阵，即：

$$R_1 = \begin{bmatrix} 0 & -0.81 & 0.60 \\ -0.81 & 0 & 0.78 \\ -7.12 & -3.48 & 0 \end{bmatrix}, R_2 = \begin{bmatrix} 0 & 0.05 & 0 \\ -0.02 & 0 & -0.02 \\ -0.15 & -0.10 & 0 \end{bmatrix},$$

$$R_3 = \begin{bmatrix} 0 & 0.05 & 0.05 \\ -0.09 & 0 & 0 \\ -0.10 & 0 & 0 \end{bmatrix}, R_4 = \begin{bmatrix} 0 & 0.02 & 0.05 \\ -0.05 & 0 & 0.03 \\ -0.10 & -0.04 & 0 \end{bmatrix},$$

$$R_5 = \begin{bmatrix} 0 & -0.01 & -0.04 \\ 0.04 & 0 & 0.05 \\ 0 & -0.06 & 0 \end{bmatrix}, R_6 = \begin{bmatrix} 0 & -0.10 & -0.02 \\ 0.06 & 0 & 0.05 \\ 0.01 & -0.08 & 0 \end{bmatrix},$$

$$R_7 = \begin{bmatrix} 0 & 0.02 & 0.05 \\ -0.02 & 0 & 0.03 \\ -0.05 & -0.03 & 0 \end{bmatrix}, R_8 = \begin{bmatrix} 0 & 0.05 & -0.05 \\ -0.05 & 0 & -0.10 \\ -0.05 & 0.10 & 0 \end{bmatrix},$$

$$R_9 = \begin{bmatrix} 0 & 0.10 & 0 \\ -0.10 & 0 & -0.10 \\ 0 & 0.10 & 0 \end{bmatrix}。$$

这里，$\gamma = 0.3$。

然后，依据式（8-36）和式（8-37）对上述矩阵进行规范化处理，并依据式（8-38）建立风险投资项目两两比较的综合后悔—欣喜值矩阵，即：

$$R = \begin{bmatrix} 0 & 0.07 & 0.06 \\ -0.24 & 0 & -0.04 \\ -0.64 & -0.22 & 0 \end{bmatrix}$$

进一步地，运用式（8-39）计算得到三个备选风险投资项目相对于其他所有项目的总体后悔—欣喜值，即 $R(A_1) = 0.13$，$R(A_2) = -0.20$，$R(A_3) = -0.86$。因此，应该选择 A_1 进行投资。

第四节 本章小结

考虑决策者行为的多属性决策问题在现实经济管理领域中有着广泛的实际背景，本章分别以考虑多种类型属性期望的产品设计方案选择问题、考虑行为的新产品组合决策问题和考虑投资者后悔规避的风险投资项目选择问题为应用背景，提出了有针对性的解决问题的行为决策方法。

第九章 结论与展望

考虑行为的多属性决策问题在现实中有广泛的实际背景，因此，关于行为多属性决策理论与方法的研究是一个非常重要的研究课题。本书对考虑行为多属性决策方法进行了研究。本章将围绕本书的主要研究成果及结论、主要贡献、局限以及后续研究工作四个方面进行阐述。

第一节 本书的主要成果及结论

本书的研究成果主要包括以下四个方面。

（1）给出了考虑行为的多属性决策问题的描述及研究框架，该方面的主要研究成果包括：

1）按照决策问题的类型将考虑行为的多属性决策问题进行分类，给出了考虑行为的确定型多属性决策问题、考虑行为的风险型多属性决策问题和考虑行为的多属性群决策问题的形式化描述，为研究框架的提出奠定基础。

2）针对考虑行为的确定型多属性决策问题、考虑行为的风险型多属性决策问题和考虑行为的多属性群决策问题，给出了不同决策问题的决策分析框架。该方面的研究为相应的决策理论与方法研究提供了理论分析框架和总体研究框架。

（2）提出了若干解决考虑行为的确定型多属性决策问题的决策分析方法，主要研究成果包括：

1）针对属性值和决策者的期望水平为清晰数和区间数两种形式共存的多属性决策问题，提出了基于前景理论的考虑期望水平的多属性决策方法。在该方法中，首先，将期望水平视为参照点，对属性值与期望水平比较的四种类型进行了描述；其次，针对四种类型分别给出了收益和损失的计算方法；最后，运用前景理论的价值函数和简单加权方法，给出了前景值的计算与方案排序方法。提出的方法对研究问题的解决具有借鉴和参考价值。

2) 针对决策者给出多种类型属性期望的多属性决策问题，提出了基于前景理论的考虑多种类型属性期望的多属性决策方法。在该方法中，首先，确定了参照点；其次，针对三种类型的属性期望，分别给出了收益和损失的计算方法；最后，依据前景理论的思想，给出了方案排序方法。提出的方法对研究问题的解决具有借鉴和参考价值。

3) 针对属性值为清晰数、区间数和模糊数三种形式的多属性决策问题，提出了具有多种形式信息的扩展 TODIM 方法。在该方法中，首先，给出了多种形式信息的处理方法；其次，给出了方案两两比较的收益和损失的计算方法；最后，依据传统 TODIM 方法的原理与思想，给出了方案排序方法。提出的方法对研究问题的解决具有借鉴和参考价值。

（3）提出了若干解决考虑行为的风险型多属性决策问题的决策分析方法，主要研究成果包括：

1) 针对属性值为随机变量、决策者的期望水平为清晰数的风险型多属性决策问题，提出了基于前景随机占优准则的风险型多属性决策方法。在该方法中，首先，将决策者的期望水平视为参照点，将具有随机变量的风险决策矩阵转化为关于参照点的收益—损失矩阵；其次，针对收益—损失矩阵，依据前景随机占优准则判断并确定两两方案之间比较所具有的占优关系，并构建相应的前景随机占优关系矩阵；最后，依据 PROMETHEE Ⅱ 方法进行方案排序。提出的方法对研究问题的解决具有借鉴和参考价值。

2) 针对决策者给出期望信息的风险型混合多属性决策问题，提出了基于前景理论的风险型混合多属性决策方法。在该方法中，首先，将决策者给出的期望水平作为参照点；其次，给出了清晰数、区间数和三角模糊数三种形式属性值的收益和损失的计算方法；最后，依据前景理论的思想，给出了方案排序方法。提出的方法对研究问题的解决具有借鉴和参考价值。

3) 针对属性值和状态概率均为区间数的风险型多属性决策问题，提出了基于后悔理论的风险型多属性决策方法。在该方法中，依据后悔理论的思想，首先，给出属性值效用值的计算方法；其次，给出了后悔值的计算方法；最后，给出了方案感知效用的计算与方法排序方法。提出的方法对研究问题的解决具有借鉴和参考价值。

4）针对属性值为区间数、状态概率为清晰数的风险型多属性决策问题，提出了考虑后悔规避的风险型多属性决策方法。在提出的方法中，考虑了决策者对两两方案比较的后悔和欣喜的心理反应，首先，给出了方案两两比较的后悔值和欣喜值的计算方法；其次，给出了方案排序值的计算与方案排序方法。提出的方法对研究问题的解决具有借鉴和参考价值。

（4）提出了若干解决考虑行为的多属性群决策问题的决策分析方法，主要研究成果包括：

1）提出了考虑群体期望水平的多属性群决策方法。在该方法中，首先，以各参与决策人的期望水平作为其参照点，依据D—S证据理论的思想，给出了确定群体参照点的方法；其次，依据前景理论的思想，给出了群体前景值的计算方法，并依据群体综合前景值的大小对所有方案进行排序。提出的方法对研究问题的解决具有借鉴和参考价值。

2）针对参与决策人没有给出期望信息的多属性多标度群决策问题，提出了基于后悔理论的多属性多标度群决策方法。在该方法中，首先，给出了多标度概率分布信息比较的优势和劣势的定义以及后悔值和欣喜值的定义；其次，给出了基于后悔理论的多属性多标度群决策方法的原理与计算步骤。具体地，给出了群体评价信息的集结方法、后悔值和欣喜值的计算方法和方案排序方法。提出的方法对研究问题的解决具有借鉴和参考价值。

（5）将上述提出的决策方法进行了应用研究。具体地，分别针对考虑多种类型属性期望的产品设计方案选择问题、考虑行为的新产品组合决策问题、考虑投资者后悔规避的风险投资项目选择问题进行了研究，提出了有针对性的行为决策方法。

本书的主要结论如下：

（1）在现实决策问题中，考虑决策者行为因素是非常必要的。大量事实或实验分析结果表明，在决策过程中，决策者具有一些有限理性的心理行为特征，这些心理行为在决策分析中起着重要作用，会对决策结果产生影响，如果忽视决策者的行为因素，将可能导致决策结果的偏差。因此，行为多属性决策理论与方法研究是一个值得关注的重要研究课题，具有前瞻性和探索性，而且具有理论意义和实际应用价值。

（2）本书对考虑行为的多属性决策问题进行了系统研究，给出了考虑行为的确定型多属性决策方法、考虑行为的风险型多属性决策方法和考虑行为的多属性群决策方法，完善和补充了行为决策理论与方法的研究，对于形成具有系统性的行为多属性决策理论与方法体系具有重要的意义。

（3）本书提出的方法中，给出的各种情形下的收益和损失的计算公式能够有效地测度决策者对超过参照点和没有达到参照点部分的感知；提出的后悔值和欣喜值的计算公式能够有效地测量决策者后悔和欣喜的心理感知；提出的群体参照点的集结方法能够有效地将各参与决策人的参照点合成一个群体参照点，并且能够反映出人的主观判断；提出的群体评价信息的集结方法能够完整地描述参与决策人评价信息的统计特征。

（4）本书提出的决策方法考虑了决策者在决策过程中的心理行为，与传统的决策方法相比，得到的决策结果能够反映决策者的实际行为。传统的多属性决策理论与方法大多建立在决策者完全理性的假设基础之上，而本书提出的决策方法建立在研究人类实际决策过程与决策行为的行为决策理论基础之上，充分借鉴了已有关于行为决策理论的研究成果，如决策主体行为特征与规律的研究成果、前景理论和后悔理论的描述性模型等，这些成果都是经过大量实验与实证检验得到的。因此，本书提出的决策方法具有坚实的理论与实际基础，能够得到反映决策者实际行为的决策结果。

（5）本书提出的方法可以用来解决现实中大量存在的需要考虑行为的多属性决策问题，如投资决策问题、新产品开发与设计问题、服务设计问题、供应商选择问题、投标与拍卖决策问题、应急决策问题、交通路径选择问题等，具有广泛的应用背景。

第二节　主要贡献

本书针对考虑行为的多属性决策问题，从理论与方法等方面进行了探讨，主要贡献如下。

第九章 结论与展望

一、对考虑行为的多属性决策问题进行了系统研究

在相关研究文献综述的基础上,对现实中大量存在的、分散于不同背景之中的行为的属性决策问题进行了分析和总结,系统地研究了考虑行为的确定型多属性决策问题、考虑行为的风险型多属性决策问题和考虑行为的多属性群决策问题,而已有研究大多是针对单一类型决策问题的某一方面开展研究的,还没有形成系统的研究问题体系。因此,本书的研究对于形成具有系统性的行为决策理论与方法体系具有重要意义。

二、给出了解决考虑行为的多属性决策问题的研究框架

针对考虑行为的确定型多属性决策问题、考虑行为的风险型多属性决策问题和考虑行为的多属性群决策问题,给出了不同决策问题的形式化描述,并在此基础上给出了解决不同决策问题的决策分析框架,为研究问题的扩展与应用提供了理论基础。

三、针对考虑行为的多属性决策问题给出了若干决策分析方法

针对考虑行为的确定型多属性决策问题提出了若干具有普适性和可扩展性的决策分析方法,包括基于前景理论的考虑期望水平的多属性决策方法、基于前景理论的考虑多种类型属性期望的多属性决策方法和具有多种形式信息的扩展TODIM方法;针对考虑行为的风险型多属性决策问题提出了若干具有普适性和可扩展性的决策分析方法,包括基于前景随机占优准则的风险型多属性决策方法、基于前景理论的风险型混合多属性决策方法、基于后悔理论的风险型多属性决策方法和考虑后悔规避的风险型多属性决策方法;针对考虑行为的多属性群决策问题提出了若干具有普适性和可扩展性的决策分析方法,包括考虑群体期望水平的多属性群决策方法和基于后悔理论的多属性多标度群决策方法。本书提出的方法对解决考虑行为的风险投资决策问题、考虑行为的新产品开发与设计方案选择问题、考虑行为的供应商选择问题等现实决策问题提供了方法与技术层面的借鉴和指导。

第三节 研究的局限性

本书的研究工作尚存在一些局限性，具体表现在以下方面。

（1）在研究问题提炼层面，由于时间和个人能力等方面的限制，本书主要研究了考虑行为的确定型多属性决策问题、考虑行为的风险型多属性决策问题和考虑行为的多属性群决策问题三类问题，而未对其他类型的决策问题进行研究，如考虑行为的不确定型多属性决策问题等。

（2）在方法层面，本书提出的决策方法主要是基于前景理论和后悔理论的思想，考虑了决策者参照依赖、损失规避、敏感性递减、后悔规避等心理行为，而在实际决策过程中决策者的心理行为特征是多种多样的，还可以表现出失望规避和案例依赖等，因此需要对这方面进行深入的研究。同时，由于现有的行为多属性决策理论与方法的研究相对比较薄弱，加上本书研究条件和实际环境的限制，本书针对行为多属性决策理论与方法仅仅做了探索性和尝试性的研究工作，尚不能从理论层面和实证层面对所提出方法的有效性进行分析。

第四节 对后续研究工作的建议

本书对考虑行为的多属性决策问题进行了初步探讨，而考虑行为的多属性决策问题是一个具有广阔探索空间的崭新研究问题，需要在理论、方法与应用层面进行进一步探讨。

（1）为了使提出的决策方法能够更加准确地反映决策者的行为，应该进一步研究考虑其他心理行为特征的行为多属性决策理论与方法，如考虑决策者失望规避、模糊规避和"羊群效应"等行为特征。

（2）进一步研究考虑行为的不确定型多属性决策理论与方法，研究决策者在不确定环境下的决策行为特征，并将这些行为特征引入决策分析中，建立考虑行

第九章 结论与展望

为的不确定型多属性决策分析模型与方法。

（3）本书提出的考虑行为的多属性群决策方法，能够较好地处理专家数量较多的群决策问题或大群体决策问题，未来可以考虑开发基于 Web 的决策支持系统，并在系统中嵌入本书给出的决策分析模型与方法，增强本书给出方法的实用性和可操作性。

参考文献

[1] Abdellaoui M, Bleichridt H, L'Haridon O. A tractable method to measure utility and loss aversion under prospect theory [J]. Journal of Risk and Uncertainty, 2008, 36 (3): 245-266.

[2] Abdellaoui M, Bleichrodt H. Eliciting Gul's theory of disappointment aversion by the tradeoff method [J]. Journal of Economic Psychology, 2007, 28 (6): 631-645.

[3] Abdellaoui M, L'Haridon O, Paraschiv C. Experienced vs. described uncertainty: Do we need two prspect theory specifications? [J]. Management Science, 2013, 57 (10): 1879-1818.

[4] Abdellaoui M. Parameter-free elicitation of utility and probability weighting functions [J]. Management Science, 2000, 46 (11): 1497-1512.

[5] Allais M. Le comportment de l'homme rationnel devant le risque: Critique des postulats et axiomes de l'école Américaine [J]. Econometrica, 1953, 21 (4): 503-546.

[6] Ang A, Chen J. Asymmetric correlations of equity portfolios [J]. Journal of Financial Economics, 2002, 63: 443-494.

[7] Asch S E. Effect of Group Pressure Upon the Modification and Distortion of Judgment [M]. In Guetzkow H (Ed.), Groups, Leadership and Men. Pittsburgh: Carnegie Press, 1951.

[8] Asch S E. Studies of independence and conformity: A minority of one against a unanimous majority [J]. Psychological Monographs: General and Applied, 1956, 70 (9): 1-70.

[9] Barberis N, Huang M, Santos T. Prospect theory and asset prices [J].

Quarterly Journal of Economics, 2001, 116 (1): 1-53.

[10] Bazzazi A A, Osanloo M, Karimi B. Deriving preference order of open pit mines equipment through MADM methods: Application of modified VIKOR method [J]. Expert Systems with Applications, 2011, 38 (3): 2550-2556.

[11] Bell D E. Disappointment in decision making under uncertainty [J]. Operations Research, 1985, 33 (1): 1-27.

[12] Bell D E. Regret in decision making under uncertainty [J]. Operations Research, 1982, 30 (5): 961-981.

[13] Bendoly E, Croson R, Goncalves P, Schultz K. Bodies of knowledge for research in behavioral operations [J]. Production and Operations Management, 2010, 19 (4): 434-452.

[14] Bendoly E, Donohue K, Schultz K L. Behavior in operations management: Assessing recent findings and revisiting old assumptions [J]. Journal of Operations Management, 2006, 24 (6): 737-752.

[15] Benzion U, Cohen Y, Peled R, et al. Decision-making and the newsvendor problem: An experimental study [J]. Journal of the Operational Research Society, 2008, 59 (9): 1281-1287.

[16] Berkelaar A B. Optimal portfolio choice under loss aversion [J]. The Review of Economics and Statistics, 2004, 86 (4): 973-987.

[17] Bernard C, Ghossoub M. Static portfolio choice under cumulative prospect theory [J]. Mathematics and Financial Economics, 2010, 2 (4): 277-306.

[18] Besharati B, Azarm S, Kannan P K. A decision support system for product design selection: A generalized purchase modeling approach [J]. Decision Support Systems, 2006, 42 (1): 333-350.

[19] Birnbaum M H, Bahra J P. Gain-loss separability and coalescing in risky decision making [J]. Management Science, 2007, 53 (6): 1016-1028.

[20] Birnbaum M H. Three new tests of independence that differentiate models of risky decision making [J]. Management Science, 2005, 51 (9): 1346-1358.

[21] Bleichrodt H, Cillo A, Diecidue E. A quantitative measurement of regret theory [J]. Management Science, 2010, 56 (1): 161-175.

[22] Bleichrodt H, Pinto J L. A parameter-free elicitation of the probability weighting function in medical decision analysis [J]. Management Science, 2000, 46 (11): 1485-1496.

[23] Bleichrodt H, Schmidt U, Zank H. Additive utility in prospect theory [J]. Management Science, 2009, 55 (5): 863-873.

[24] Bogers E A I, Van Zuylen H J. The importance of reliability in route choices in freight transport for various actors on various levels [C]. 2004 Proceeding European Transport Conference, Strasbourg, France, 2004: 136-154.

[25] Boran F E, Genc S, Kurt M, et al. A multi-criteria intuitionistic fuzzy group decision making for supplier selection with TOPSIS method [J]. Expert Systems with Applications, 2009, 36 (8): 11363-11368.

[26] Bordley R F, Kirkwood C W. Multiattribute preference analysis with performance targets [J]. Operations Research, 2004, 52 (6): 823-835.

[27] Bostian A A, Holt C A, Smith A M. Newsvendor "pull-to-center" effect: Adaptive learning in a laboratory experiment [J]. Manufacturing and Service Operations Management, 2008, 10 (4): 590-608.

[28] Bramsen J M. Behavioral economics of internet auctions-observing and predicting bidding behavior [D]. University of Copenhagen, 2008.

[29] Brans J P, Vincke P. A preference ranking organization method: The PROMETHEE method for MCDM [J]. Management Science, 1985, 31 (6): 647-656.

[30] Brugha C M. Relative measurement and the power function [J]. European Journal of Operational Research, 2000, 121 (3): 627-640.

[31] Bruin A, Flint-Hartle S. A bounded rationality framework for property investment behavior [J]. Journal of Property Investment & Finance, 2003, 21 (3): 271-284.

[32] Camerer C F. Progress in behavioral game theory [J]. The Journal of Economic Perspectives, 1997, 11 (4): 167-188.

[33] Camerer C. Bounded rationality in individual decision making [J]. Experimental Economics, 1998, 1 (2): 163-183.

[34] Caramuta D M., Contiggiani F. Memory and similarity: A graph theoretic model for case based decision theory [D]. University Nacional del Sur, Working Paper, 2006.

[35] Cattell D W, Bowen P A, Kaka A P. A proposed framework for applying cumulative prospect theory to an unbalanced bidding model [J]. Journal of Construction Engineering and Management, 2011, 137 (12): 1-8.

[36] Chen F D, Xu H, Shen K, Fan Z P. A method for evaluating service quality considering customers' psychological behavior [C]. Proceedings of 2010 IEEE International Conference on Advanced Management Science, Chengdu, China, July 9-11, 2010.

[37] Chen F D, Zhang X, Kang F, et al. A method for interval multiple attribute decision making with loss aversion [C]. 2010 International Conference of Information Science and Management Engineering, Xi'an, China. August, 7-8th, 2010.

[38] Chen Y F, Su X M, Zhao X B. Modeling bounded rationality in capacity allocation games with the quantal response equilibrium [J]. Management Science, 2012, 58 (10): 1952-1962.

[39] Chen Y F, Zhao X B. Decision bias in capacity allocation games with uncertain demand [J]. Production and Operations Management, 2015, 24 (4): 634-646.

[40] Chhaing H. Supply chain coordination model with retailer's risk attitudes [R]. Toyonaka: Osaka University, 2008.

[41] Chip H, Richard P L, Wu G. Goals as reference points [J]. Cognitive Psychology, 1999, 38 (1): 79-109.

[42] Choi S, Ruszczynski A. A risk averse newsvendor with law invariant coherent measures of risk [J]. Operations Research Letters, 2008, 36 (1): 77-82.

[43] Chorus C G. Regret theory-based route choices and traffic equilibria [J]. Transportmetrica, 2012, 8 (4): 291-305.

[44] Connolly T, Zeelenberg M. Regret in decision making [J]. Psychological Science, 2002, 11 (6): 212-216.

[45] Connors R D, Sumalee A. A network equilibrium model with travellers' perception of stochastic travel times [J]. Transportation Research Part B: Methodilogical, 2009, 43 (6): 614-624.

[46] Cruson R, Donohne K. Experimental economics and supply-chain management [J]. Interfaces, 2002, 32 (5): 74-82.

[47] Das S, Markowitz H, Scheid J, et al. Portfolio optimization with mental accounts [J]. Journal of Financial and Quantitative Analysis, 2010, 45 (2): 311-334.

[48] Dekking F M, Kraaikamp C K, Lopuhaa H P, et al. A Modern Introduction to Probability and Statistics [M]. London: Springer, 2005.

[49] Delquie H, Cillo A. Disappointment without prior expectation: A unifying perspective on decision under risk [J]. Journal of Risk and Uncertainty, 2006, 33 (3): 197-215.

[50] Dempster A P. Upper and lower probabilities induced by a multivalued mapping [J]. Annuals of Mathematical Statistics, 1967, 38 (2): 325-339.

[51] Dholakia U M. The effect of explicit reference points on consumer choice and online bidding behavior [J]. Management Science, 2005, 24 (2): 206-217.

[52] Dimova L, Sevastianov P, Sevastianov B. MCDM in a fuzzy setting: Investment projects assessment application [J]. International Journal of Production Economics, 2006, 100 (1): 10-29.

[53] Dubois D, Esteva F, Garcia P, et al. Fuzzy modeling of case-based reasoning and decision [J]. Case-Based Reasoning Research and Development, 1997, 1266 (1): 599-610.

[54] Dyer J S, Jia J. Relative risk-value models [J]. European Journal of Operational Research, 1997, 103 (1): 170-185.

[55] Edwards W. Behavioral decision theory [J]. Annual Review of Psychology, 1961, 12 (2): 473-498.

[56] Eeckhout L, Gollier C, Schlesinger H. The risk-averse and prudent newsboy [J]. Management Science, 1995, 41 (5): 786-794.

[57] Einhorn H J, Hogarth R M. Insights in decision making: A tribute to Hil-

lel J. Einhorn [M]. Chicago: University of Chicago Press, 1990.

[58] Ellsberg D. Risk, ambiguity, and the Savage axioms [J]. Quarterly Journal of Economics, 1961, 75 (4): 643-699.

[59] Engelbrecht-Wiggans R, Katok E. A direct test of risk aversion and regret in first price sealed-bid auctions [J]. Decision Analysis, 2009, 6 (2): 75-86.

[60] Engelbrecht-Wiggans R, Katok E. Regret and feedback information in first-price sealed-bid auctions [J]. Management Science, 2008, 54 (4): 808-819.

[61] Engelbrecht-Wiggans R, Katok E. Regret in auctions: Theory and evidence [J]. Economic Theory, 2007, 33 (1): 81-101.

[62] Engelbrecht-Wiggans R. The effect of regret on optimal bidding in auctions [J]. Management Science, 1989, 35 (6): 685-692.

[63] Fan Z P, Liu Y. An approach to solve group decision making problems with ordinal interval numbers [J]. IEEE transactions on Systems, Man and Cybernetics-Part B: Cybernetics, 2010, 40 (5): 1413-1423.

[64] Fan Z P, Zhang X, Chen F D, Liu Y. Extended TODIM method for hybrid multiple attribute decision making problems [J]. Knowledge-Based Systems, 2013, 42 (4): 40-48.

[65] Fan Z P, Zhang X, Chen F D, Liu Y. Multiple attribute decision making considering aspiration-levels: A method based on prospect theory [J]. Computers & Industrial Engineering, 2013, 65 (2): 341-350.

[66] Fan Z P, Zhang X, Zhao Y R, Chen F D. Multiple attribute decision making with multiple formats of attribute aspirations: A method based on prospect theory [J]. International Journal of Information Technology & Decision Making, 2013, 12 (3): 1-17.

[67] Fibich G, Gavious A, Lowengrart O. Explicit solutions of optimization models and differential games with nonsmooth asymmetric reference-price effect [J]. Operations Research, 2003, 51 (5): 721-734.

[68] Figueira J, Greco S, Ehrgott M. Multiple Criteria Decision Analysis: State of the Art Surveys [M]. New York: Springer, 2005.

[69] Filiz E, Ozbay E Y. Auctions with anticipated regret: Theory and experi-

ment [J]. The American Economic Review, 2006, 97 (4): 1407-1461.

[70] Filiz-Ozbay E, Ozbay Y E. Anticipated loser regret in third price auctions [J]. Economics Letters, 2010, 107 (2): 217-219.

[71] Fox C R, Tversky A. A belief-based account of decision making under uncertainty [J]. Management Science, 1998, 44 (7): 879-895.

[72] French K R, Poterba J M. Investor diversification and international equity markets [J]. American Economic Review, 1991, 81 (2): 222-226.

[73] Gilboa I, Schmeidler D. Act similarity in case-based decision theory [J]. Economic Theory, 1997, 9 (1): 47-61.

[74] Gilboa I, Schmeidler D. Case-based decision theory [J]. The Quarterly Journal of Economics, 1995, 110 (3): 605-639.

[75] Gilboa I, Schmeidler D. Case-based optimization [J]. Games And Economic Behavior, 1996, 15 (1): 1-26.

[76] Gomes L F A M, Lima M M P P. From modeling individual preferences to multicriteria ranking of discrete alternatives: A look at prospect theory and the additive difference model [J]. Foundations of Computing and Decision Sciences, 1992, 17 (3): 171-184.

[77] Gomes L F A M, Lima M M P P. TODIM: Basics and application to multicriteria ranking of projects with environmental impacts [J]. Foundations of Computing and Decision Sciences, 1992, 16 (4): 113-127.

[78] Gomes L F A M, Rangel L A D, Maranhao F J C. Multicriteria analysis of natural gas destination in Brazil: An application of the TODIM method [J]. Mathematical and Computer Modelling, 2009, 50 (1-2): 92-100.

[79] Gomes L F A M, Rangel L A D. An application of the TODIM method to the multicriteria rental evaluation of residential properties [J]. European Journal of Operational Research, 2009, 193 (1): 204-211.

[80] Gonzalez R, Wu G. On the shape of the probability weighting function [J]. Cognitive Psychology, 1999, 38 (1): 129-166.

[81] Grabisch M, Greco S, Pirlot M. Bipolar and bivariate models in multicriteria decision analysis: Descriptive and constructive approaches [J]. International

Journal of Intelligent Systems, 2008, 23 (9): 930-969.

[82] Grabisch M, Labreuche C, Vansnick J C. On the extension of Pseudo-Boolean functions for the aggregation of interacting criteria [J]. European Journal of Operational Research, 2003, 148 (1): 28-47.

[83] Gul F. A theory of disappointment aversion [J]. Econometrica, 1991, 59 (3): 667-686.

[84] Hayashi, T. Dynamic choice with anticipated regret [D]. Unpublished manuscript, 2008.

[85] He X D, Zhou X Y. Portfolio choice under cumulative prospect theory: An analytical treatment [J]. Management Science, 2011, 57 (2): 315-331.

[86] Helson H. Adaptation-level as a basis for a quantitative theory of frames of reference [J]. Psychological Review, 1948, 55 (6): 297-313.

[87] Ho T H, Lim N, Cui T H. Reference dependence in multilocation newsvendor models: A structural analysis [J]. Management Science, 2010, 56 (11): 1891-1910.

[88] Hsieh C C, Lu Y T. Manufacturer's return policy in a two-stage supply chain with two risk-averse retailers and random demand [J]. Operations Management, 2010, 207 (1): 514-523.

[89] Huang J J, Tzeng G H, Liu H H. A revised VIKOR model for multiple criteria decision making the perspective of regret theory [J]. Cutting-edge Research Topics on Multiple Criteria Decision Making, 2009, 35 (11): 761-768.

[90] Huang M, Qian X H, Fang S C, Wang X W. Winner determination for risk aversion buyers in multi-attribute reverse auction [J]. Omega, 2016, 59 (3): 184-200.

[91] Humphrey S J. Feedback-conditional regret theory and testing regret-aversion in risky choice [J]. Journal of Economic Psychology, 2004, 25 (6): 839-857.

[92] Hwang C L, Yoon K. Multiple Attribute Decision Making: Methods and Applications [M]. Berlin: Springer, 1981.

[93] Inman J J, Dyer J S, Jia J. A generalized utility model of disappointment and regret effects on post-choice valuation [J]. Marketing Science, 1997, 16 (2):

97-111.

[94] Jahanshahloo G R, Lotfi F H, Davoodi A R. Extension of TOPSIS for decision-making problems with interval data: Interval efficiency [J]. Mathematical and Computer Modelling, 2009, 49 (5-6): 1137-1142.

[95] Jia J, Dyer J S, Butler J C. Generalized disappointment models [J]. Journal of Risk and Uncertainty, 2001, 22 (1): 59-78.

[96] Jin F, Zhang X, Liu P D. Method for multiple attribute decision-making with continuous random variable under risk based on projection model [J]. Mathematical & Computational Applications, 2010, 15 (3): 394-403.

[97] Jin H, Zhou X. Behavioral portfolio selection in continuous time [J]. Mathematical Finance, 2008, 18 (3): 385-426.

[98] Jorgensen M, Carelius G J. An empirical study of software project bidding [J]. IEEE Transactions on Software Engineering, 2004, 30 (12): 953-969.

[99] Kahaneman D, Tversky A, Slovic P. Judgement under Uncertainty: Heuristics and Bias [M]. Cambridge: Cambridge University Press, 1982.

[100] Kahneman D, Knetsch J L, Thaler R H. Experimental tests of the endowment effect and the Coase Theorem [J]. Journal of Political Economy, 1990, 98 (6): 1325-1348.

[101] Kahneman D, Tversky A. Loss aversion in riskless choice: A reference dependent model [J]. Quarterly Journal of Economics, 1991, 106 (4): 1039-1061.

[102] Kahneman D, Tversky A. On the psychology of prediction [J]. Psychological Review, 1973 (80): 237-251.

[103] Kahneman D, Tversky A. Prospect theory: An analysis of decision under risk [J]. Econometrica, 1979, 47 (2): 263-291.

[104] Kalyanaram G, Winer R S. Empirical generalizations from reference price and asymmetric price response research [J]. Marketing Science, 1995, 14 (3): 161-169.

[105] Katok E, Thomas D, Davis A. Inventory service level agreements as coordination mechanisms: The effect of review periods [J]. Manufacturing and Service Operations Management, 2008, 10 (4): 609-624.

[106] Katok E, Wu D Y. Contracting in supply chains: A laboratory investigation [J]. Management Science, 2009, 55 (12): 1953-1968.

[107] Katsikopoulos K V, Fisher D L, Anthony D. Risk attitude reversals in driver's route choice when range of travel time is provided [J]. Human Factors, 2002, 44 (3): 466-467.

[108] Kemel E, Paraschiv C. Prospect theory for joint time and money consequences in risk and ambiguity [J]. Transportation Research Part B, 2013, 56: 81-95.

[109] Kliger D, Levy O. Theories of choice under risk: Insights from financial markets [J]. Journal of Economic Behavior & Organization, 2009, 71 (2): 330-346.

[110] Kopalle K P, Rao A G, Assunção J L. Asymmetric reference price effects and dynamic pricing polices [J]. Marketing Science, 1996, 15 (1): 60-85.

[111] Kothiyal A, Spinu V, Wakker P P. Prospect theory for continuous distributions: A preference foundation [J]. Journal of Risk and Uncertainty, 2011, 42 (3): 195-210.

[112] Krahmer D, Stone R. Dynamic regret theory [D]. Free University of Berlin/ University of College London, Working Paper, 2005.

[113] Krause A. Learning and herding using case-based decisions with local interactions [J]. Proceedings of IEEE Transactions on Systems, Man and Cybernetics, Part A: Systems and Humans, 2009, 39 (3): 662-669.

[114] Krishnan V, Ulrich K T. Product development decisions: A review of the literature [J]. Management Science, 2001, 47 (1): 1-21.

[115] Kujawski E. A reference-dependent regret model for deterministic tradeoff studies [J]. Systems Engineering, 2005, 8 (2): 119-137.

[116] Kulak O, Kahraman C. Fuzzy multi-attribute selection among transportation companies using axiomatic design and analytic hierarchy process [J]. Information Sciences, 2005, 170 (2-4): 191-210.

[117] Kulak O, Kahraman C. Multi-attribute comparison of advanced manufacturing systems using fuzzy vs. crisp axiomatic design approach [J]. International Journal of Production Economics, 2005, 95 (3): 415-424.

[118] Kulak O. A decision support system for fuzzy multi-attribute selection of material handling equipments [J]. Expert Systems with Applications, 2005, 29 (2): 310-319.

[119] Labreuche C, Grabisch M. Generalized Choquet-like aggregation functions for handling bipolar scales [J]. European Journal of Operational Research, 2006, 172 (3): 931-955.

[120] Laciana C E, Weber E U. Correcting expected utility for comparisons between alternative outcomes: A unified parameterization of regret and disappointment [J]. Journal of Risk and Uncertainty, 2008, 36 (1): 1-17.

[121] Lahdelma R, Salminen P. Prospect theory and stochastic multicriteria acceptability analysis (SMAA) [J]. Omega, 2009, 37 (5): 961-971.

[122] Le Bon G. The Crowd [M]. New York: The Viking Press, 1895.

[123] Levy H. Stochastic Dominance: Investment Decision Making under Uncertainty [M]. Dordrecht: Kluwer Academic Publishers, 2006.

[124] Levy M, Levy H. Prospect theory: Much ado about nothing? [J]. Management Science, 2002, 48 (10): 1334-1349.

[125] Li H A, Azarm S. Product design selection under uncertainty and with competitive advantage [J]. Journal of Mechanical Design, 2000, 122 (4): 411-418.

[126] Liao C N, Kao H P. Supplier selection model using Taguchi loss function, analytical hierarchy process and multi-choice goal programming [J]. Computers & Industrial Engineering, 2010, 58 (4): 571-577.

[127] Lin J K, Wang X D. The optimal bidding based on the prospect theory [C]. 2010 Asia-Pacific Power and Energy Engineering Conference, Chengdu, China, 2010: 1-4.

[128] Liu P D, Jin F, Zhang X, et al. Research on the multi-attribute decision-making under risk with interval probability based on prospect theory and the uncertain linguistic variables [J]. Knowledge-Based System, 2011, 24 (4): 554-561.

[129] Liu Y, Fan Z P, Zhang Y. Risk decision analysis in emergency response: A method based on cumulative prospect theory [J]. Computers & Operations Research, 2014, 42 (2): 75-82.

[130] Loch C H, Wu Y. Behavioral operations management [J]. Foundations and Trends in Technology, Information and Operations Management, 2007, 3 (1): 121-232.

[131] Loomes G, Starmer C, Sugden R. Observing violations of transitivity by experimental methods [J]. Econometrica, 1991, 59 (2): 425-439.

[132] Loomes G, Starmer C. Are preferences monotonic? Testing some predictions of regret theory [J]. New Series, 1992, 59 (233): 17-33.

[133] Loomes G, Sugden R. Disappointment and dynamic consistency in choice under uncertainty [J]. Review of Economic Studies, 1986, 53 (2): 271-282.

[134] Loomes G, Sugden R. Regret theory: An alternative theory of rational choice under uncertainty [J]. The Economic Journal, 1982, 92 (368): 805-824.

[135] Loomes G, Sugden R. Some implications of a more general form of regret theory [J]. Journal of Economic Theory, 1987, 41 (2): 270-287.

[136] Lopes L L. Between hope and fear: The psychology of risk [J]. Advances in Experimental Social Psychology, 1987, 20: 255-295.

[137] Lotfi V, Stewart T J. An aspiration-level interactive model for multiple criteria decision making [J]. Computers & Operation Research, 1992, 19 (7): 671-687.

[138] Lourenzutti R, Krohling R A. A study of TODIM in a intuitionistic fuzzy and random environment [J]. Expert Systems with Applications, 2013, 40 (16): 6459-6468.

[139] Lu Q, Liu R, Li W D, et al. Price-taker bidding strategy based on mental accounting [C]. 2008 International Conference on Industrial Technology, Chengdu, China, 2008: 1-6.

[140] Lu S F, Liu X M. Stochastic Prospect Value Model for Simultaneous Route Choice [C]. International Colloquium on Computing, Communication, Control, and Management, Sanya, China, 2009.

[141] Mackay C. Extraordinary Popular Delusions and the Madness of Crowds [M]. Templeton Press, 1852.

[142] Magni C A. Investment decisions, net present value and bounded ratio-

nality [J]. Quantitative Finance, 2009, 9 (8): 967-979.

[143] Matos M A. A fuzzy filtering method applied to power distribution planning [J]. Fuzzy Sets and Systems, 1999, 102 (1): 53-58.

[144] Mehra R, Sah R. Mood fluctuations, projection bias, and volatility of equity price [J]. Journal of Economic Dynamics and Control, 2002, 26 (5): 869-887.

[145] Miyamoyo J M, Wakker P P. Multiattribute utility theory without expected utility foundations [J]. Operation Research, 1996, 44 (2): 313-326.

[146] Munda G, Nijkamp P, Rietveld P. Qualitative multicriteria methods for fuzzy evaluation problems: An illustration of economic-ecological evaluation [J]. European Journal of Operational Research, 1995, 82 (1): 79-97.

[147] Nowak M. Aspiration level approach in stochastic MCDM problems [J]. European Journal of Operational Research, 2007, 177 (3): 1626-1640.

[148] Nowak M. INSDECM-an interactive procedure for stochastic multicriteria decision problems [J]. European Journal of Operational Research, 2006, 175 (3): 1413-1430.

[149] Nowak M. Interactive approach in multicriteria analysis based on stochastic dominance [J]. Control and Cybernetics, 2004 (33): 463-473.

[150] Nowak M. Preference and vote thresholds in multicriteria analysis based on stochastic dominance [J]. European Journal of Operational Research, 2004, 158 (2): 339-350.

[151] Onüt S, Kara S S, Isik E. Long term supplier selection using a combined fuzzy MCDM approach: A case study for a telecommunication company [J]. Expert Systems with Applications, 2009, 36 (2): 3887-3895.

[152] Ozerol G, Karasakal E. A parallel between regret theory and outranking methods for multicriteria decision making under imprecise information [J]. Theory and Decision, 2008, 65 (1): 45-70.

[153] Peng X D, Yang Y. Algorithms for interval-valued fuzzy soft sets in stochastic multi-criteria decision making based on regret theory and prospect theory with combined weight [J]. Applied Soft Computing, 2017, 54 (5): 415-430.

[154] Plott C R, Smith V L (Eds.). Handbook of Experimental Economics Results [M]. Amsterdam: North-Holland, 2008.

[155] Popescu I, Wu Y. Dynamic pricing strategies with reference effects [J]. Operations Research, 2007, 55 (3): 413-429.

[156] Prelec D. The probability weighting function [J]. Econometrica, 1998, 66 (3): 497-527.

[157] Qin J D, Liu X W, Pedrycz W. An extended TODIM multi-criteria group decision making method for green supplier selection in interval type-2 fuzzy environment [J]. European Journal of Operational Research, 2017, 258 (2): 626-638.

[158] Quiggin J. A theory of anticipated utility [J]. Journal of Economic Behavior and Organization, 1982, 3 (4): 323-343.

[159] Quiggin J. Regret theory with general choice sets [J]. Journal of Risk and Uncertainty, 1994, 8 (2): 153-165.

[160] Rieger M O, Wang M. Prospect theory for continuous distributions [J]. Journal of Risk and Uncertainty, 2008, 36 (1): 83-102.

[161] Roy B. Multicriteria for Decision Aiding [M]. London: Kluwer Academic Publishers, 1996.

[162] Saatty T L. The Analytic Hierarchy Process [M]. New York: McGraw-Hill, 1980.

[163] Salminen P. Solving the discrete multiple criteria problem using linear prospect theory [J]. European Journal of Operational Research, 1994, 72 (1): 146-154.

[164] Saltari E, Travaglini G. Behavioral portfolio choice and disappointment aversion: An analytical solution with "small" risks [J]. Nonlinear Dynamics in Economics, Finance and the Social Sciences, 2010: 295-311.

[165] Sang X Z, Liu X W. An interval type-2 fuzzy sets-based TODIM method and its application to green supplier selection [J]. Journal of the Operational Research Society, 2016, 67 (5): 722-734.

[166] Schmidt U, Starmer C, Sugden R. Third-generation prospect theory [J]. Journal of Risk and Uncertainty, 2008, 36 (3): 203-223.

[167] Schmidt U, Zank H. A simple model of cumulative prospect theory [J]. Journal of Mathematical Economics, 2009, 45 (3-4): 308-319.

[168] Schmidt U, Zank H. Linear cumulative prospect theory with application to portfolio selection and insurance demand [J]. Journal of Economic Literature, 2007, 30: 1-18.

[169] Schweitzer M E, Cacho G P. Decision bias in the newsvendor problem with a known demand distribution: Experimental evidence [J]. Management Science, 2000, 46 (3): 404-420.

[170] Shafer G A. Mathematical Theory of Evidence [M]. Princeton: Princeton University Press, 1976.

[171] Shefrin H, Statman M. Behavioral capital asset pricing theory [J]. Journal of Financial and Quantitative Analysis, 1994, 29 (3): 323-349.

[172] Shi Y, Cui X Y, Li D. Discrete-time behavioral portfolio selection under cumulative prospect theory [J]. Journal of Economic Dynamics and Control, 2015 (61): 283-302.

[173] Simon H A. Administrative behavior [M]. Glencoe: Free Press, 1945.

[174] Sterman J D. Modeling managerial behavior: Misperceptions of feedback in a dynamic decision making experiment [J]. Management Science, 1989, 35 (3): 321-339.

[175] Su X M. Bounded rationality in newsvendor models [J]. Manufacturing & Service Operations Management, 2008, 10 (4): 566-589.

[176] Su X M. Intertemporal pricing with strategic customer behavior [J]. Management Science, 2007, 53 (5): 726-741.

[177] Sun M, Steuer R E. InterQuad: An interactive quad tree based procedure for solving the discrete alternative multiple criteria problem [J]. European Journal of Operational Research, 1996, 89 (3): 462-472.

[178] Tamura H, Yamamoto K, Tomiyama S, et al. Modeling and analysis of decision making problem for mitigating natural disaster risks [J]. European Journal of Operational Research, 2000, 122 (2): 461-468.

[179] Tamura H. Behavioral models for complex decision analysis [J]. European

Journal of Operational Research, 2005, 66 (3): 655-665.

[180] Terol A B, Arenas-Parra M, Canal-Fernandez V, Bibao-Terol C. Multi-criteria decision making for choosing socially responsible investment within a behavioral portfolio theory framework: a new way of investing into a crisis environment [J]. Annals of Operations Research, 2016, 247 (2): 549-580.

[181] Thaler R. Mental accounting and consumer choice [J]. Marketing Science, 1985, 4 (3): 199-214.

[182] Thaler R. Toward a positive theory of consumer choice [J]. Journal of Economic Behavior and Organization, 1980, 1 (1): 39-60.

[183] Trautmann S T, Traxler C. Reserve prices as reference points-evidence from auctions for football players at Hattrick. Org [J]. Journal of Economic Psychology, 2010, 31 (2): 230-240.

[184] Tversky A, Fox C R. Weighting risk and uncertainty [J]. Psychological Review, 1995, 102: 269-283.

[185] Tversky A, Kahneman D. Advances in prospect theory: Cumulative representation of uncertainty [J]. Journal of Risk and Uncertainty, 1992, 5 (4): 297-323.

[186] Tversky A, Kahneman D. Judgement under uncertainty: Heuristics and biases [J]. Science, 1974, 185 (4157): 1124-1131.

[187] Tversky A, Kahneman D. The framing of decisions and the psychology of choice [J]. Science, 1981, 211 (4481): 453-458.

[188] Tversky A. Preference, Belief, and Similarity [M]. London: The MIT Press, 2004.

[189] Von Neumann J, Morgensterm O. The Theory of Games and Economic Behavior [M]. Princeton: Princeton University Press, 1944.

[190] Wakker P P, Deneffe D. Eliciting von Neumann-Morgenstern utilities when probabilities are distorted or unknown [J]. Management Science, 1996, 42 (8): 1131-1150.

[191] Wakker P P. Prospect Theory: For Risk and Ambiguity [M]. Cambridge: Cambridge University Press, 2010.

[192] Wang J G, Zionts S. The aspiration level interactive method (AIM) reconsidered: Robustness of solutions [J]. European Journal of Operational Research, 2006, 175 (2): 948-958.

[193] Wang J Q, Li K J, Zhang H Y. Interval-valued intuitionistic fuzzy multi-criteria decision-making approach based on prospect score function [J]. Knowledge-Based Systems, 2012, 27 (3): 119-125.

[194] Wang L, Wang Y M, Martinez L. A group decision method based on prospect theory for emergency situations [J]. Information Sciences, 2017 (418-419): 119-135.

[195] Wang L, Zhang Z X, Wang Y M. Aprospect theory-based interval dynamic reference point method for emergency decision making [J]. Expert Systems with Applications, 2015 (42): 9379-9388.

[196] Weber M, Kilka M. What determines the shape of the probability weighting function under uncertainty? [J]. Management Science, 2001, 47 (12): 1712-1726.

[197] Wu G, Markle A B. An empirical test of gain-loss separability in prospect theory [J]. Management Science, 2008, 54 (7): 1322-1335.

[198] Wu J, Li J, Wang S Y, et al. Mean-variance analysis of the newsvendor model with stockout cost [J]. Omega, 2009, 37 (3): 724-730.

[199] Wu W Y, Lin B S, Cheng C F. Evaluating online auction strategy: A theoretical model and empirical exploration [J]. Journal of Computer Information Systems. 2009, 49 (3): 22-30.

[200] Xu H L, Zhou J, Xu W. A decision-making rule for modeling travelers' route choice behavior based on cumulative prospect theory [J]. Transportation Research Part C: Emerging Technologies, 2011, 19 (2): 218-228.

[201] Yager R R, Detyniecki M, Meunier B B. A context-dependent method for ordering fuzzy numbers using probabilities [J]. Information Sciences, 2001, 138 (1-4): 237-255.

[202] Yan H B, Huynh V N, Murai T, et al. Kansei evaluation based on prioritized multi-attribute fuzzy target-oriented decision analysis [J]. Information Sci-

ences, 2008, 178 (21): 4080-4093.

[203] Yang J B, Singh M G. An evidential reasoning approach for multiple attribute decision making with uncertainty [J]. IEEE Transactions on Systems, Man, and Cybernetics, 1994, 24 (1): 1-18.

[204] Yang J B, Wang Y M, Xu D L, Chin K S. The evidential reasoning approach for MADM under both probabilistic and fuzzy uncertainties [J]. European Journal of Operational Research, 2006, 171 (1): 309-343.

[205] Yang J B. Rule and utility based evidential reasoning approach for multi-attribute decision analysis under uncertainties [J]. European Journal of Operational Research, 2001, 131 (1): 31-61.

[206] Yoon K P. A probabilistic approach to rank complex fuzzy numbers [J]. Fuzzy Sets and Systems, 1996, 80 (2): 167-176.

[207] Zaras K. Rough approximation of a preference relation by a multi-attribute dominance for determinist, stochastic and fuzzy decision problems [J]. European Journal of Operational Research, 2004, 159 (1): 196-206.

[208] Zaras K. Rough approximation of a preference relation by a multi-attribute stochastic dominance for determinist and stochastic evaluation problems [J]. European Journal of Operational Research, 2001, 130 (2): 305-314.

[209] Zeelenberg M. Anticipated regret, expected feedback and behavioral decision making [J]. Journal of Behavioral Decision Making, 1999, 12 (2): 93-106.

[210] Zhang L, Song S J, Wu C. Supply chain coordination of loss-averse newsvendor with contract [J]. Tsinghua Science and Technology, 2009, 10 (2): 1007-1014.

[211] Zhang S T, Zhu J J, Liu X D, Chen Y. Regret theory-based group decision-making with multidimensional preference and incomplete weight information [J]. Information Fusion, 2016, 31 (9): 1-13.

[212] Zhang X L, Xu Z S. The TODIM analysis approach based on novel measured functions under hesitant fuzzy environment [J]. Knowledge-Based Systems, 2014, 61 (2): 48-58.

[213] Zhao X B, Geng W, Chao X L, et al. A periodic review inventory sys-

tem with S-shaped utility function [J]. Technical Report 09-04. October 29, 2009.

[214] Zhao Y K, Zhao X B, Wang L H, et al. Does elicitation method matter? Behavioral and neuroimaging evidence from capacity allocation game [J]. Production and Operations Management, 2016, 25 (5): 919-934.

[215] Zhu J J, Ma Z Z, Wang H H, Chen Y. Risk decision-making method using interval numbers and its application based on the prospect value with multiple reference points [J]. Information Sciences, 2017, 385-386: 415-437.

[216] Zimmermann H J. Fuzzy Set Theory and its Applications [M]. Boston/Dordrecht/London: Kluwer Academic Publishers, 1991.

[217] 曹兵兵, 樊治平, 于淑静. 考虑决策者心理行为的证券投资组合决策方法研究 [J]. 运筹与管理, 2015, 24 (2): 178-184.

[218] 曾燕, 康俊卿, 陈树敏. 基于异质性投资者的动态情绪资产定价 [J]. 管理科学学报, 2016, 19 (6): 87-97.

[219] 陈立文. 一种项目投资多元风险决策方法 [J]. 系统工程学报, 1997, 12 (2): 1-7.

[220] 褚宏睿, 冉伦, 张冉, 李金林. 基于前景理论的报童问题: 考虑回购和缺货惩罚 [J]. 管理科学学报, 2015, 18 (12): 47-57.

[221] 崔崟, 陈剑, 肖勇波. 行为库存管理研究综述及前景展望 [J]. 管理科学学报, 2011, 14 (6): 96-108.

[222] 董志勇. 行为经济学原理 [M]. 北京: 北京大学出版社, 2006.

[223] 段新生. 证据理论与决策、人工智能 [M]. 北京: 中国人民大学出版社, 1993.

[224] 樊治平, 陈发动, 张晓. 考虑决策者心理行为的区间数多属性决策方法 [J]. 东北大学学报 (自然科学版), 2011, 32 (1): 136-139.

[225] 樊治平, 刘洋, 沈荣鉴. 基于前景理论的突发事件应急响应的风险决策方法 [J]. 系统工程理论与实践, 2012, 32 (5): 977-984.

[226] 郭茜, 李延来, 陈思. 基于累积前景理论的产品开发项目中止决策方法 [J]. 计算机集成制造系统, 2015, 21 (9): 2312-2321.

[227] 郭三党, 刘思峰, 方志耕. 基于后悔理论的多目标灰靶决策方法 [J]. 控制与决策, 2015, 30 (9): 1635-1640.

[228] 郝晶晶，朱建军，刘思峰.基于前景理论的多阶段随机多准则决策方法 [J].中国管理科学，2015，23（1）：73-81.

[229] 胡军华，陈晓红，刘咏梅.基于语言评价和前景理论的多准则决策方法 [J].控制与决策，2009，24（10）：1477-1482.

[230] 黄成.行为决策理论及决策行为实证研究方法探讨 [J].经济经纬，2006，5：102-105.

[231] 姜继娇，杨乃定.基于流动性风险的行为资产定价模型研究 [J].南方经济，2006，2：5-12.

[232] 姜旭平.信息系统分析 [M].湖南：湖南科学技术出版社，1993.

[233] 姜艳萍，程树磊.基于前景理论的新产品开发方案选择方法 [J].管理学报，2012，9（5）：767-771.

[234] 李春好，杜元伟，刘成明等.基于基元前景交叉判断的前景价值模型 [J].管理科学学报，2010，13（2）：12-23.

[235] 李春好，杜元伟.不确定环境下的两层交互式有限理性决策方法 [J].系统工程理论与实践，2010，30（11）：2004-2012.

[236] 李根道，熊中楷，李薇.基于收益管理的动态定价研究综述 [J].管理评论，2010，22（4）：97-108.

[237] 李广海.基于有限理性的投资决策行为研究 [D].天津大学博士学位论文，2007.

[238] 李欢，朱建军，张世涛，刘小弟.考虑三参照点累积前景理论的风险型动态决策方法 [J].中国管理科学，2014，22（专辑）：42-50.

[239] 李欢，朱建军，张世涛.考虑双参照点累积前景理论的风险型群决策方法 [J].运筹与管理，2016，25（3）：117-124.

[240] 李进芳.带信息的情绪资产定价研究 [J].系统工程理论与实践，2016，36（5）：1156-1168.

[241] 李鹏，刘思峰，朱建军.基于MYCIN不确定因子和前景理论的随机直觉模糊决策方法 [J].系统工程理论与实践，2013，33（6）：1509-1515.

[242] 李荣喜.基于价格参考效应的消费者需求与产品定价模型 [J].管理评论，2006，18（11）：39-42.

[243] 李纾，时勘，高利苹.从对框架效应的分析看风险决策的神经基础

[J]. 心理科学进展，2006，14（6）：859-865.

[244] 李纾，谢晓非. 行为决策理论之父：纪念 Edwards 教授 2 周年忌辰 [J]. 应用心理学，2007，13（2）：99-107.

[245] 李纾. 发展中的行为决策研究 [J]. 心理科学进展，2006，14（4）：490-496.

[246] 李永海，陈曦，张尧，樊治平. 基于 CBDT 的新产品开发项目风险应对方案选择方法 [J]. 管理工程学报，2015，29（3）：257-264.

[247] 李永海，樊治平，李铭洋. 解决广义不确定型决策问题的案例决策方法 [J]. 系统工程学报，2014，29（1）：21-29.

[248] 林祥亮，马成虎，范龙振. 离散累积前景理论下的投资组合选择 [J]. 系统工程学报，2015，30（4）：494-508.

[249] 刘成明. 多属性行为决策方法研究 [D]. 吉林大学博士学位论文，2009.

[250] 刘明，刘新旺. 前景理论下的损失规避研究综述 [J]. 价值工程，2008（10）：143-146.

[251] 刘培德，关忠良. 属性权重未知的连续风险型多属性决策研究 [J]. 系统工程与电子技术，2009，31（9）：2133-2137.

[252] 刘培德. 一种基于前景理论的不确定语言变量风险型多属性决策方法 [J]. 控制与决策，2011，26（6）：893-897.

[253] 刘咏梅，李立，刘洪莲. 行为供应链研究综述 [J]. 中南大学学报（社会科学版），2011，17（1）：80-88.

[254] 刘咏梅，彭民，李立. 基于前景理论的订货问题 [J]. 系统管理学报，2010，19（5）：481-490.

[255] 刘云志，樊治平. 基于前景理论的具有指标期望的多指标决策方法 [J]. 控制与决策，2015，30（1）：91-96.

[256] 刘作仪，查勇. 行为运作管理：一个正在显现的研究领域 [J]. 管理科学学报，2009，12（4）：64-74.

[257] 罗党，刘思峰. 灰色多指标风险型决策方法研究 [J]. 系统工程与电子技术，2004，26（8）：1057-1059.

[258] 马长青. 基于损失规避效应的资产定价模型 [J]. 系统工程，2014，32

(5): 59-64.

[259] 钱丽丽, 刘思峰, 方志耕, 刘勇. 基于后悔理论的灰色随机多准则决策方法 [J]. 控制与决策, 2017, 32 (6): 1069-1074.

[260] 饶从军, 肖新平. 风险型动态混合多属型决策的灰矩阵关联度法 [J]. 系统工程与电子技术, 2006, 28 (9): 1353-1357.

[261] 任剑, 高阳, 王坚强, 等. 随机多准则决策的 PROMETHEE II 方法 [J]. 管理学报, 2009, 6 (10): 1319-1322.

[262] 邵希娟, 杨建梅. 行为决策及其理论研究的发展过程 [J]. 科技管理研究, 2006, 5: 203-205.

[263] 盛骤, 谢式千, 潘承毅. 概率论与数理统计 [M]. 北京: 高等教育出版社, 2001.

[264] 谭春桥, 贾媛. 基于证据理论和前景理论的犹豫——直觉模糊语言多准则决策方法 [J]. 控制与决策, 2017, 32 (2): 333-339.

[265] 汪新凡, 王坚强. 基于后悔理论的具有期望水平的直觉语言多准则决策方法 [J]. 控制与决策, 2016, 31 (9): 1638-1644.

[266] 王佳, 金秀. 多阶段损失厌恶投资组合优化模型与实证研究 [J]. 系统管理学报, 2015, 24 (5): 711-716.

[267] 王坚强, 孙腾, 陈晓红. 基于前景理论的信息不完全的模糊多准则决策方法 [J]. 控制与决策, 2009, 24 (8): 1198-1202.

[268] 王坚强, 周玲. 基于前景理论的灰色随机多准则决策方法 [J]. 系统工程理论与实践, 2010, 30 (9): 1658-1664.

[269] 王亮, 王应明, 胡勃兴. 基于前景理论的应急方案动态调整方法 [J]. 控制与决策, 2016, 31 (1): 99-104.

[270] 王倩, 周晶, 徐薇. 基于累积前景理论考虑路网通行能力退化的用户均衡模型 [J]. 系统工程理论与实践, 2013, 33 (6): 1563-1569.

[271] 王效俐, 吴健中. 风险型多目标决策的非线性规划模型 [J]. 决策与决策支持系统, 1995, 5 (1): 54-59.

[272] 王旭坪, 马超, 阮俊虎. 考虑公众心理风险感知的应急物资优化调度 [J]. 系统工程理论与实践, 2013, 33 (7): 1735-1742.

[273] 王应明, 阙翠平, 蓝以信. 基于前景理论的犹豫模糊 TOPSIS 多属性决

策方法[J]. 控制与决策, 2017, 32 (5): 864-870.

[274] 王增强, 蒲云, 尹念红. 基于多粒度不确定语言和前景理论的应急方案选择[J]. 系统管理学报, 2016, 25 (5): 844-851.

[275] 王正新, 党耀国, 裴玲玲, 等. 基于累积前景理论的多指标灰关联决策方法[J]. 控制与决策, 2010, 25 (2): 232-236.

[276] 徐玖平, 吴巍. 多属性决策的理论与方法[M]. 北京: 清华大学出版社, 2006.

[277] 薛求知, 黄佩燕, 鲁直, 等. 行为经济学——理论与应用[M]. 上海: 复旦大学出版社, 2003.

[278] 于义彬, 王本德, 柳澎, 李卫. 具有不确定信息的风险型多目标决策理论及应用[J]. 中国管理科学, 2003, 11 (6): 9-12.

[279] 余高锋, 李登峰, 叶银芳, 邱锦明. 考虑后悔规避的异质多属性变权决策方法[J]. 计算机集成制造系统, 2017, 23 (1): 154-161.

[280] 袁媛, 刘洋, 樊治平. 考虑后悔规避的突发事件应急响应的风险决策方法[J]. 系统工程理论与实践, 2015, 35 (10): 2630-2636.

[281] 岳超源. 决策理论与方法[M]. 北京: 科学出版社, 2003.

[282] 张波, 隽志才, 倪安宁. 基于累积前景理论的动态交通流演化博弈模型[J]. 管理工程学报, 2014, 28 (3): 163-173.

[283] 张军伟, 徐富明, 刘腾飞, 等. 行为决策中模糊规避研究的回顾与展望[J]. 应用心理学, 2009, 15 (3): 245-250.

[284] 张全, 樊治平, 孟军. D—S理论在不确定性多属性决策中的应用[J]. 系统工程与电子技术, 1999, 21 (11): 7-10.

[285] 张全, 樊治平, 潘德惠. 不确定性多属性决策中区间数的一种排序方法[J]. 系统工程理论与实践, 1999, 19 (5): 129-133.

[286] 张全, 樊治平, 潘德惠. 区间数多属性决策中一种带有可能度的排序方法[J]. 控制与决策, 1999, 14 (6): 703-706.

[287] 张世涛, 朱建军, 刘小弟. 方案对多维偏好信息下基于后悔理论的群决策方法[J]. 中国管理科学, 2014, 22 (专辑): 33-41.

[288] 张晓, 樊治平, 陈发动. 基于后悔理论的风险型多属性决策方法[J]. 系统工程理论与实践, 2013, 33 (9): 2313-2320.

[289] 张晓, 樊治平, 陈发动. 考虑后悔规避的风险型多属性决策方法 [J]. 系统管理学报, 2014, 23 (1): 111–117.

[290] 张晓, 樊治平. 基于前景理论的风险型混合多属性决策方法 [J]. 系统工程学报, 2012, 27 (6): 772–781.

[291] 张晓, 樊治平. 基于前景随机占优的多属性多标度大群体决策方法 [J]. 控制与决策, 2014, 29 (8): 1429–1433.

[292] 张晓, 樊治平. 考虑群体参照点的多属性决策方法 [J]. 运筹与管理, 2015, 3: 106–111.

[293] 张晓, 樊治平. 一种基于前景随机占优准则的随机多属性决策方法 [J]. 控制与决策, 2010, 25 (12): 1875–1879.

[294] 张尧, 樊治平. 基于累积前景理论的考虑群体参照点的多指标风险决策方法 [J]. 运筹与管理, 2013, 22 (4): 6–11.

[295] 赵凛, 张星臣. 基于"前景理论"的路径选择行为建模及实例分析 [J]. 土木工程学报, 2007, 40 (7): 82–86.

[296] 赵凛, 张星臣. 基于"前景理论"的先验信息下出行者路径选择模型 [J]. 交通运输系统工程与信息, 2004, 6 (2): 42–45.

[297] 郑晶, 王应明, 蓝以信. 考虑决策者心理行为的多时期应急决策方法 [J]. 系统科学与数学, 2015, 35 (5): 545–555.

[298] 郑君君, 韩笑, 邹祖绪. 引入前景理论的股权拍卖异质投标者竞价策略演化均衡研究 [J]. 管理工程学报, 2015, 29 (4): 109–116.

[299] 钟伟锋, 徐宗玲. 基于行为经济学方法的完全信息静态博弈修正框架 [J]. 经济评论, 2007 (4): 74–80.

[300] 周凯波, 冯珊, 莫赞, 等. 基于可能性理论的案例决策方法研究 [J]. 控制与决策, 2003, 18 (2): 181–189.

[301] 周维, 王明哲. 基于前景理论的风险决策权重研究 [J]. 系统工程理论与实践, 2005, 25 (2): 74–78.

[302] 周艳菊, 应仁仁, 陈晓红, 王宗润. 基于前景理论的两产品报童的订货模型 [J]. 管理科学学报, 2013, 16 (11): 17–29.